科学出版社"十四五"普通高等教育本科规划教材

Business Research Methods
商业研究方法

李宗敏　编著

科学出版社

北京

内 容 简 介

本书系统性地介绍商业研究方法论以及多种具体研究方法。其中，基础篇介绍研究基础概念、研究类型、科学研究的特征、商业研究基础、道德与伦理问题、AI 科研辅助工具与使用规范；过程篇介绍了商业问题定义、研究综述、理论框架和假设建立、商业研究设计、商业数据搜集、商业数据分析、商业信息可视化的方法；报告撰写篇展现了商业研究计划书、商业计划书、商业调查报告和商业研究论文撰写的流程和方法。本书包含了丰富的商业研究前沿拓展和商业研究案例，并嵌入了六个研究专题，每个专题都会介绍一个具体的研究方法或软件工具。

本书适合管理科学、工商管理、市场营销、数据科学等专业本科生学习，也适合刚刚开始着手商业、社会、管理研究工作的研究生或研究者学习。

图书在版编目（CIP）数据

商业研究方法 / 李宗敏编著. -- 北京：科学出版社，2025.6. --（科学出版社"十四五"普通高等教育本科规划教材）. -- ISBN 978-7-03-082310-6

Ⅰ.F7-3

中国国家版本馆 CIP 数据核字第 2025E4R443 号

责任编辑：方小丽 / 责任校对：姜丽策
责任印制：张　伟 / 封面设计：有道设计

科 学 出 版 社 出版
北京东黄城根北街 16 号
邮政编码：100717
http://www.sciencep.com

天津市新科印刷有限公司印刷
科学出版社发行　各地新华书店经销

*

2025 年 6 月第　一　版　　开本：787×1092　1/16
2025 年 6 月第一次印刷　　印张：14 1/2
字数：344 000
定价：58.00 元
（如有印装质量问题，我社负责调换）

序　言

党的二十大报告指出:"我们要坚持教育优先发展、科技自立自强、人才引领驱动,加快建设教育强国、科技强国、人才强国,坚持为党育人、为国育才,全面提高人才自主培养质量,着力造就拔尖创新人才,聚天下英才而用之。"教材是教学内容的主要载体,是教学的重要依据、培养人才的重要保障。在优秀教材的编写道路上,我们一直在努力。

商业研究是指通过对市场、企业、消费者行为等相关信息的搜集与系统化分析,为企业经营决策提供科学依据的过程。本书既包含商业研究的方法,也包含商业研究的方法论。"方法"(method)指的是具体做法,而"方法论"(methodology)指处理问题的一般路径和程序,本书主要探讨方法论,也涉及具体方法,如图1所示。

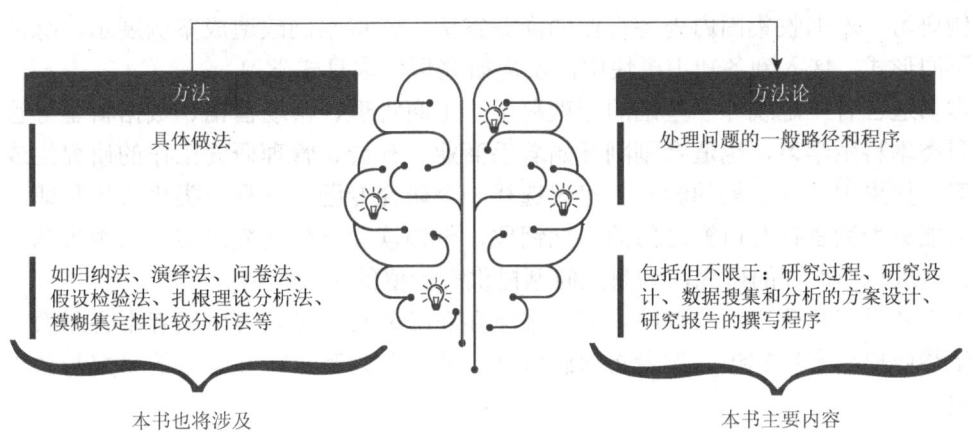

图1　方法与方法论

"方法论"本意是想找出一条规范的思维路径,并非提出一种呆板的套路,要求研究者亦步亦趋地去做研究。明确重要的原则、正确的方向,重要的次序不颠倒,符合学术界的普遍认同,使研究工作少走弯路,研究过程更加严谨,研究结果更有价值。

笛卡儿(1596—1650)在著作《谈谈方法》中提到"我甚至于宁愿先付出充分的时间为自己所要从事的工作拟出草案,为认识自己力所能及的一切事物寻找可靠的方法"。科学严谨的研究需要规范的方法论,研究方法论可以看作研究逻辑,人们运用这套逻辑能够提高研究工作的效率和质量。任何研究方法或研究逻辑只能对一门学问的研究过程给予形式化的界定,并不增添所需的专业内容。

本书强调研究设计的科学性和研究过程的规范性,包含科学研究的8个特征、问题定义的4个步骤、研究设计的6个方面等内容,但需要声明的是,本书绝不是倡导模板式的研究套路。一流的研究者都有自己的独特风格,不拘泥于呆板的程序,却又不违背基本规则。没有基本规范的训练，绝没有更高层次的输出，因此研究方法论是创新的基础；如果没有研究者的个人努力、领悟力和创造性，研究方法论钻研得再深刻，也做不出优秀的研究成果。最理想的状态是：学过研究方法论而最后抛开方法论，研究过程中却又找不到违反它的地方。

本书按基础篇、过程篇、报告撰写篇来布局，共15章内容。

基础篇包括第1章到第5章，涵盖了研究基础概念、研究类型、科学研究的特征、商业研究基础、道德与伦理问题、AI科研辅助工具与使用规范。

过程篇包括第6章到第11章，系统介绍了商业问题定义、研究综述、理论框架和假设建立、商业研究设计、商业数据搜集和分析、商业信息可视化的方法。

报告撰写篇包括第12章到第15章，展现了商业研究计划书、商业计划书、商业调查报告和商业研究论文撰写的流程和方法。

本书的特色有：一是研究专题，本书在三篇共15章的内容中，埋藏了6个"宝箱"，也就是6个研究专题，有待读者开启，每个专题都会介绍一个具体的前沿方法或软件工具，都可以形成高质量的研究成果。二是丰富的拓展，本书在相关知识点处插入了一些有趣的原理、前沿的进展或更深入的探索等拓展知识，以启发创新，引导深入探索。三是案例研习，本书收集国内外各行业的商业案例，并将案例改造成案例展示、练习、思考等不同形式，嵌入到各知识模块中，实现研究型、项目式学习。

本书适合有一定统计学基础的管理科学、工商管理、市场营销、数据科学等管理类或商科类本科生学习，也适合刚刚开始着手商业、社会、管理研究工作的研究生或研究者学习。如果用于一学期的教学，建议选择一个研究专题，选择一类报告撰写即可。希望本书能成为读者打开研究之门的一把钥匙，带领读者感受研究之美，沿着规范的思维路径，追求科学严谨的研究，为商业问题提供有价值的决策支持。

因作者学识和研究经验有限，书中难免存在疏漏与不足，若蒙读者不吝赐教，指出书中纰缪或提出宝贵建议，作者将深感荣幸，并以此为鞭策，在未来的研究与教学中不断精进。

李宗敏

2025年3月

四川大学诚壹楼

目 录

第一篇 基 础 篇

第1章 研究之美 ··· 3
1.1 什么是研究 ·· 3
1.2 你需要学习研究吗 ·· 4
1.3 研究者是怎么做研究的 ··································· 5
1.4 研究的类型 ·· 11
1.5 专题一：基于扎根理论的质性研究 ····················· 20

第2章 怎样的研究是科学的 ······································ 29
2.1 目的性 ··· 29
2.2 严谨性 ··· 29
2.3 可重复性 ·· 32
2.4 可测性 ··· 33
2.5 精确度和可信度 ·· 34
2.6 客观性 ··· 34
2.7 普遍性 ··· 36
2.8 简单性 ··· 36

第3章 商业研究基础 ··· 39
3.1 商业研究本质 ··· 39
3.2 商业研究的管理价值 ····································· 40

第4章 道德与伦理问题 ··· 42
4.1 商业伦理与道德 ·· 42
4.2 科研伦理与道德 ·· 44
4.3 学术规范 ·· 49
4.4 抄袭与引用 ··· 50

第5章 AI科研辅助工具与使用规范 ······························ 52
5.1 AI科研辅助工具 ·· 52
5.2 AI工具使用规范 ·· 54
5.3 AI工具引用/声明格式 ··································· 56

第二篇 过程篇

第 6 章 商业研究的初始阶段 63
6.1 商业问题的提出 63
6.2 文献综述 70
6.3 专题二：文献挖掘以及元分析 71
6.4 变量设计 76

第 7 章 理论框架和假设建立 82
7.1 什么是理论框架 82
7.2 怎么建立理论框架 83
7.3 提出假设 85
7.4 专题三：中介效应及调节效应的检验 87

第 8 章 商业研究设计 91
8.1 研究目的 91
8.2 调查类型 92
8.3 介入程度 93
8.4 研究设定 94
8.5 分析单元 95
8.6 时间维度 99
8.7 专题四：基于 fsQCA 的条件组态研究 101

第 9 章 商业数据搜集 110
9.1 测量 110
9.2 抽样 118
9.3 数据的类型 130
9.4 搜集商业一手数据 133
9.5 搜集商业二手数据 145
9.6 专题五：商业实验设计 145

第 10 章 商业数据分析 150
10.1 七武器 150
10.2 和统计成为最好的朋友 164
10.3 专题六：商务智能大数据分析 167

第 11 章 可视化 184
11.1 为数据量体裁衣 184
11.2 展示更丰富的信息 189

11.3 商业大数据可视化技术 ·· 191

第三篇　报告撰写篇

第 12 章　商业研究计划的撰写 ·· 199
12.1 商业研究计划的作用 ·· 199
12.2 商业研究计划的结构 ·· 200

第 13 章　商业计划书的撰写 ·· 203
13.1 商业计划书概述 ·· 203
13.2 商业计划书的撰写原则 ·· 203
13.3 商业计划书的内容 ·· 205

第 14 章　商业调查报告的撰写 ·· 209
14.1 商业调查报告的作用及特点 ·· 209
14.2 商业调查报告的结构 ·· 210
14.3 撰写报告应注意的问题 ·· 213

第 15 章　商业研究论文的撰写 ·· 215
15.1 商业研究论文的类型和目的 ·· 215
15.2 商业研究论文的结构和写作 ·· 216

参考文献 ·· 220

第一篇 基　础　篇

本篇学习目标

- 理解什么是研究，什么不是研究
- 理解怎样的研究是科学的
- 认识到研究的意义
- 正确区分研究的类型
- 初步了解研究的步骤并尝试应用
- 建立商业伦理、科研伦理的意识
- 掌握商业研究的本质、过程及管理意义
- 符合规范地运用 AI 科研辅助工具

第 1 章 研 究 之 美

计算机算法大师高德纳（Donald E. Knuth），以三卷本的《计算机程序设计艺术》（*The Art of Computer Programming*）一举获得 IEEE（Institute of Electrical and Electronics Engineers，电气电子工程师学会）计算机先驱奖和图灵奖这两个计算科学界最高奖项。以出版物的成就拿到这两个奖项的，在历史上是空前的。《计算机程序设计艺术》作为计算机科学领域的经典巨著，其学术价值与理论深度堪称卓越。可是，高德纳本人却一直都认为，再深入的研究也是从最简单的情况入手的。一旦掌握了几种做研究的固定套路，即使是普通人也可以着手做研究，甚至还可能做出一流的成果来。这里所说的研究，并非单指数学研究（或者本书涉及的商业研究），而是指从一系列基本的事实或定义出发，通过若干明确的规则，推导出满足这些前提条件的有价值的结论。研究，是最能够体现人类心智的活动，也是创新乃至人类进步的根本源动力。人们在日常工作和生活中，进行着不同程度的研究活动。但是高德纳所主张的研究，既是自觉的、有目的的研究，更是一种工作和生活的基本态度。高德纳不仅把研究看作一种高级的智力活动，更认为其是给心灵带来深层次乐趣的生活方式（高德纳，2012）。唯有如此，才能使研究活动走出象牙塔，打破原本就不存在的条条框框，让每一个人都能领略研究带来的美学享受，提升生活的品质和境界。

1.1 什么是研究

研究可以定义为：对特定问题的有组织的、系统化的、基于数据和事实的、客观科学的调查和分析，目的是寻找答案或解决方案。简单地说，就是一个认真提出问题，并以系统的方法寻找问题答案的过程（风笑天，1997）。也有人说，研究就是问题求解的过程（research is the process of problem-solving）。无论如何定义，研究一定是系统化、逻辑化的过程，一定是为针对的问题提供某种程度的回答，一定对知识有新的贡献（图 1.1）。

Research = Re + Search
研究 = 重复 + 搜寻（问题的答案）

图 1.1 什么是研究？

什么是商业研究呢？商业研究是指通过对市场、企业、消费者行为等相关数据的搜集与系统化分析，为企业经营决策提供科学依据的过程，是指采用系统性的、逻辑化的、科学的、严谨的方法来探讨商业管理决策者所欲探讨的商业现象。商业研究的特征包括如下几点：①是系统的，事先规划周密、组织严谨的过程；②获得相关资料的方法是客观的，不因研究者的个人喜好、研究过程而有所偏差；③研究的结论将帮助决策者解决特定的商业问题,如提高员工满意度、提高顾客忠诚度等(齐克芒德等,2012)。与"什么是研究"相比,"什么不是研究"可能是一个更重要的问题。

(1)研究不是单纯的信息搜集。从书籍或杂志等资源中单纯收集信息,而不加分析,没有洞察,不是研究,因为没有对新知识的贡献。刚刚接触研究的学生容易按自己的想法搜集一些任意的材料,简单地总结,其实这并不是真正的研究。

(2)研究不是事实的简单传递。仅将事实从一种渠道或资源转移到另一种并不构成研究,因为对新知识并无贡献,尽管这可能会使现有知识更容易获得。因此,把一项研究从一种语言翻译为另一种语言来发表,并不是研究,更不用说抄袭他人的想法或结论,这不仅不是研究,还违反了学术道德,这是很严重的学术不端行为。

(3)那些不是为了寻找真理,而是带有私利的、为了鼓吹或刻意支持已有倾向性决策的伪研究(pseudo-research)也不是真正的研究。在商业研究领域,这种情况并不少见。例如,某些保健品商家鼓吹某种保健品对健康的益处,请"专家"站台,拿出一些所谓的数据,这并不是真正的研究,而是伪研究。如果研究人员发现,管理层做研究的唯一目的是支持自己的已有决定,就不应该接受这项工作。当然,如果是外部研究公司,放弃这项研究很容易,但如果是自己内部的研究部门,就很难说"不"了。因此,避免做伪研究既是研究者的权利也是管理者的义务(齐克芒德等,2012)。

1.2 你需要学习研究吗

谁需要研究?当提到研究者你会想到什么形象?你会把自己想象成研究者吗?如果不想读研读博,不想进高校研究所,还需要学习研究吗?

提到研究者你可能会想到一个戴着眼镜的老教授在安静的图书馆写着笔记,一个穿着白大褂的实验员在实验室观察着显微镜,这是一般的刻板印象。事实上,成功明星的经纪人,世界上每个大联盟棒球队、橄榄球队和篮球队的经理,乃至大学校长,每天都在解决企业实际问题的 CEO、CFO 等,他们不仅是自己领域的研究专家,而且是科学利用他人研究成果的专家。

你需要学习研究吗?答案是肯定的。

获得研究能力应该成为你在高等院校学习的重要目标。在中学阶段,你可能习惯了"已知……条件,求解……问题"的模式,如已知 $y=\sqrt{x^2-2x+2}+\sqrt{x^2+2x+2}$,求 y 的最小值。在大学阶段,你或多或少会面临一些有实际背景的问题,如从一个火柴厂随机抽取了 100 盒火柴进行调查,经检查平均每盒装有火柴 98 支,标准差 10 支,试以 95% 的置信度推断该仓库中平均每盒火柴支数的可能范围。

然而,进入职场,你面临的问题可能是这样的:2024 年 5 月的销售额同比下降了 10%,为什么?预测 2025 年第三季度的产品销售量。为什么公司的利润率下降了?为什么我们的市场占有率没有达到预期?这一季度产品的营销活动怎么安排?新产品怎么定价?2999 元?2680 元?3200 元?

不再有人帮你整理已知条件了,不再有明确的方法指向了,你自己,或者你的团队必须通过系统化、逻辑化的路径,透过纷繁复杂的因素,识别问题的本质,采用恰当的方法,提取出支撑决策的信息，传达客观、清晰的洞见——这要求你必须成为一名研究者。

在过去，研究者仅仅被看作技术支持者，只有在需要研究方法和数据分析方面的技术专长时，这些专家才会参与到项目中来。现在，情况已经发生了变化。新的技术、更好的运算工具（人工智能、虚拟现实、更好的移动设备以及物联网等），甚至新的运算环境（云计算）都在加剧现实的复杂性和对新研究方法的需求。在商业世界的巨变中，研究者面临新的压力。仅仅把数据添加到数据库已经不够，业务管理者需要从每个新数据的添加中获得用于决策的有效信息和洞见。曾经将研究项目委派给专家的管理者也需要精通研究方法和工具。

研究不是一定要做的事，而是你想要去做的事。

毫不夸张地说，可能不是今天或明天，而是有一天，你的研究可以改变世界，至少可以改变你所在的领域。

1.3 研究者是怎么做研究的

1.3.1 推理方式

与其他科学研究一样，商业研究中研究者普遍使用两种推理方式：归纳推理（induction）和演绎推理（deduction）。归纳推理的过程是从特殊到一般，从具体事实到抽象理论，即从一组具体的观察结果推导出一般性的规律或法则，如图1.2所示。例如，我们观察到张三、李四等许多人在工作上都相当熟练，进而发现他们的工作绩效非常高，所以我们提出一个命题：工作越熟练，则工作绩效越高。由于在现实中常常不可能进行完全的、穷尽的具体观察，因而，由归纳推理所得出的结论也容易遭到意想不到的驳斥。在这方面最为人们所熟知的例子是由波普尔（Karl Raimund Popper）等所引证的有关白天鹅的结论。许多年来，人们所观察到的天鹅都是白色的，因而生物学家们设想所有的天鹅都是白色的。但是，当人们在塔斯马尼亚看到黑天鹅时，"天鹅都是白色的"这一概括就在被事实证明是错误的了。

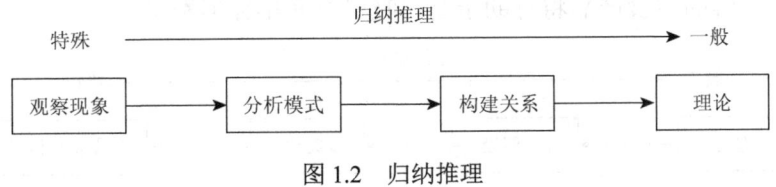

图 1.2 归纳推理

◎ **案例：电商平台的用户行为分析**

一家大型电商平台为了提升用户转化率和购买频率，进行了深入的用户行为分析。数据分析团队收集了海量的用户数据，包括浏览记录、购买历史、关键词搜索等。通过对这些数据的分析，团队发现如下内容。

- 特定商品组合购买模式：用户经常在购买电子产品时，同时搜索和购买相关配件（如购买手机时，也会搜索并购买手机壳和充电器）。

> - 节假日购物高峰：在重要的节假日前夕，用户的购物频率和购买金额都有显著提升。
>
> 基于这些观察，团队归纳出以下结论。
> - 商品组合推荐：平台可以优化推荐算法，根据用户的购买历史和浏览行为，推荐相关的商品组合，以提升销售额。
> - 节假日促销活动：在节假日前加大促销力度，设计吸引人的促销活动，可以有效提升用户购买意愿和购买量。
>
> 这些归纳出的结论被应用于平台的实际运营中，显著提升了用户满意度和平台销售额。

◎案例：产品改进的市场调研

> 一家汽车制造企业为了提升新车型的市场竞争力，进行了大规模的市场调研。调研团队通过问卷调查、访谈、竞品分析等方式，收集了关于消费者需求、偏好、驾驶习惯等多方面的数据。
>
> 通过对这些数据的分析，团队归纳出以下结论。
> - 续航里程需求：大部分消费者对于新能源汽车的续航里程有较高的要求，特别是在长途旅行时。
> - 智能化配置偏好：消费者越来越倾向于选择具备智能驾驶辅助系统、车载娱乐系统等智能化配置的车型。
>
> 基于这些结论，企业在新车型的研发中重点提升了续航里程和智能化配置，并在市场推广中强调了这些优势。最终，新车型在市场上获得了广泛认可，销量显著提升。

与归纳推理的过程相反，演绎推理的过程是从一般到特殊，从抽象理论到具体事实，如图1.3所示。研究者从他所希望检验的一般性理论开始，然后到现实中去观察、收集资料，以检验这种一般性理论。例如，已知当代年轻人偏爱健康零食，可以演绎推理出，开发低糖、高纤维的零食产品将有助于公司吸引更多年轻消费者。

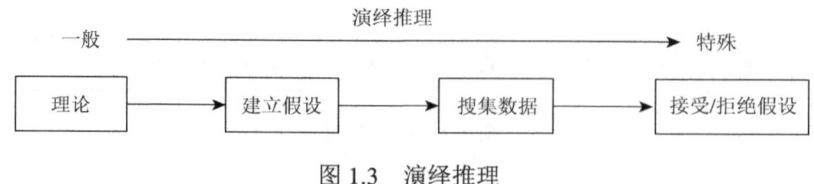

图1.3 演绎推理

◎案例：供应链风险管理

> 一家全球性的电子产品制造商，为了降低供应链中断的风险，进行了供应链风险管理的演绎推理。首先，企业基于过往的供应链中断事件和行业数据，提出了以下一般性原则。
> - 原则一：全球政治经济环境的变化可能导致供应链中断。

- 原则二：关键零部件的单一供应商会增加供应链风险。

根据这些原则，企业进行了以下推理。

- 推理：考虑到当前全球政治经济环境的不确定性（大前提），以及我们某些关键零部件仅依赖于单一供应商（小前提），我们面临较高的供应链中断风险（结论）。

为了降低这一风险，企业采取了多元化供应商策略，增加了关键零部件的供应商数量，并加强了与供应商的合作关系。这些措施有效降低了供应链中断的风险，保障了企业的稳定运营。

◎ **案例：市场推广策略制定**

一家新兴科技公司，为了推广其最新研发的智能家居产品，进行了市场推广策略的演绎推理。企业基于市场调研和行业趋势，提出了以下一般性原则。

- 原则一：年轻消费群体对于智能家居产品有较高的接受度和购买意愿。
- 原则二：社交媒体是年轻消费群体获取信息和交流的主要渠道。

根据这些原则，企业进行了以下推理。

- 推理：既然年轻消费群体是我们的目标市场（大前提），并且他们更倾向于通过社交媒体获取信息和交流（小前提），那么我们应该在社交媒体上加大推广力度（结论）。

基于这一推理，企业制定了针对性的市场推广策略，通过社交媒体平台发布产品信息、开展互动活动、邀请网红和 KOL（key opinion leader，关键意见领袖）进行产品推荐等，有效提升了品牌知名度和产品销量。

应该说，两种推理方式在科学研究中都具有重要的作用。归纳推理在系统地提出问题、提出带规律性的结论、建构解释现象的理论方面无疑是一个有用的阶梯；演绎推理在帮助人们检验一种理论、判断一种理论的正确性方面起着至关重要的作用。没有经过经验检验的理论解释常常只是一种可能的解释。

单纯的归纳或单纯的演绎都有其局限性。归纳逻辑的局限在于：①由一些个别事例概括出的一般性结论并不可靠，它有可能被其他未观察到的事例所推翻；②由归纳不可能逻辑地推论出一般原理，因为由归纳得到的结论只是对一些具体的、个别的经验现象的概括，它只适合于一定的时间、地点、场合、范围。由观察结论上升到理论命题实际上经历了认识上的一个飞跃，这一过程要依靠猜测、想象、洞察或思辨，而并不是靠归纳完成的。可以说，归纳逻辑的主要作用是发现经验事实之间的联系，而不是发现一般原理。

演绎逻辑的局限是，由于演绎的大前提，即一般原理或公理有可能是错的，由它推演出的命题也可能是错的，这样的命题不可能有效地解释具体现象。此外，单纯靠演绎也不可能发现理论的错误。

1.3.2 假设演绎法

由于两种推理方式都存在局限，在科学研究中，一般是将这两种推理过程有机地结合起来，构成一种被称作假设演绎法（hypothetic-deductive method）的逻辑过程。这种过程由以下七个步骤组成（Sekaran and Bougie，2016）。

（1）观察一种现象或一组完整的事件。
（2）搜集初始信息，证实有值得研究的问题的存在。
（3）对观察的结果进行概括，试图形成一种能够解释所观察的现象的理论。
（4）从这种概括出的理论出发，推演出具有逻辑性的某种结论——提出假设。
（5）为验证该假设，搜集所需的信息或数据。
（6）分析数据。
（7）检验这种理论。若理论为检验所证实，那我们就可以得出结论说，我们获得了能够解释这种现象的知识；若理论不能为我们的检验所证实，我们就得回过头来修改原始的理论，并进行新的检验。

在这一过程中，1～3步采用的是归纳推理（即从具体的观察中概括出一般性的结论），而4～7步采用的是演绎推理（即从一般性的理论推演到新的经验性现象）。

以下用一个简化的案例来说明假设演绎法的应用过程。

◎案例：客户满意度研究

> 销售经理可能会发现，客户可能不像以前那么满意了。经理可能不确定情况是否属实，但可能会对客户满意度下降感到焦虑和不安。这种对我们周围现象的观察或感知过程是大多数研究——无论是应用研究还是基础研究——开始的原因。经理的下一步是确定是否存在真正的问题，如果存在，问题的严重程度如何。对这个问题的识别需要一些初步的数据收集。
>
> 经理可能会随意地与一些客户交谈，了解他们对产品和客户服务的感受。在这些对话过程中，经理可能会发现客户喜欢这些产品，但很沮丧，因为他们需要的许多商品经常缺货，他们认为销售人员没有提供帮助。从与一些销售人员的讨论中，经理可能会发现工厂没有按时供货，虽然承诺过新的交货日期，但有时却没有遵守。销售人员也可能表示，他们曾努力通过与工厂沟通，请工厂提前交货日期，以此来维系客户的信任。
>
> 初步收集的信息有助于经理确定确实存在问题，也有助于管理者制定一个概念模型或理论框架。在这种情况下，以下因素之间存在着一个联系网络：工厂延迟交货、未按时发货、销售人员对客户的承诺（希望留住他们）无法兑现，所有这些都会导致客户不满，这就是一个理论框架或者理论生成的过程。
>
> 理论框架是对收集到的所有信息的有意义的整合，从理论框架中可以生成并测试几个假设，如工厂延迟交货的时间越长，客户满意度降低程度越大。然后在操作上定义概念，以便对其进行测量，如如何度量客户的满意度，是5级测量还是7级测量，或是100分制。为了科学严谨地搜集数据，需要进行研究设计，搜集到所需数据后，进行分析和解释（data analysis），并最终为假设提供是接受或拒绝的答案，这种从逻辑分析中得出一个决定性的推论的过程被称为推论。

※ **思考：你能用假设演绎法规划这个研究过程吗？**

> 一家科技公司观察到，在不同网站和社交媒体平台上，采用 AI（artificial intelligence，人工智能）聊天机器人提供客户服务的用户满意度呈现出显著差异。该公司想要明确影响用户对 AI 聊天机器人服务满意度的因素，计划开发出新一代的"AI 客服"，请尝试规划这个研究过程。

1.3.3 研究地图

研究人员必须选择合适的研究步骤。我们可以把研究过程看成一幅地图，如图 1.4 所示（Sekaran and Bougie，2016）。在地图上，通向目的地的途径不止一种。研究人员选择何种途径，取决于研究目标和他手中掌握的资金、时间及人力等，特别是在商业研究领域，商业研究的投资回报、能不能及时把握商业时机都尤为重要。如果时间限制比较紧，最快的方式可能是最适合的途径。如果时间、资金和人力都比较宽裕，研究人员会有更多的选择。

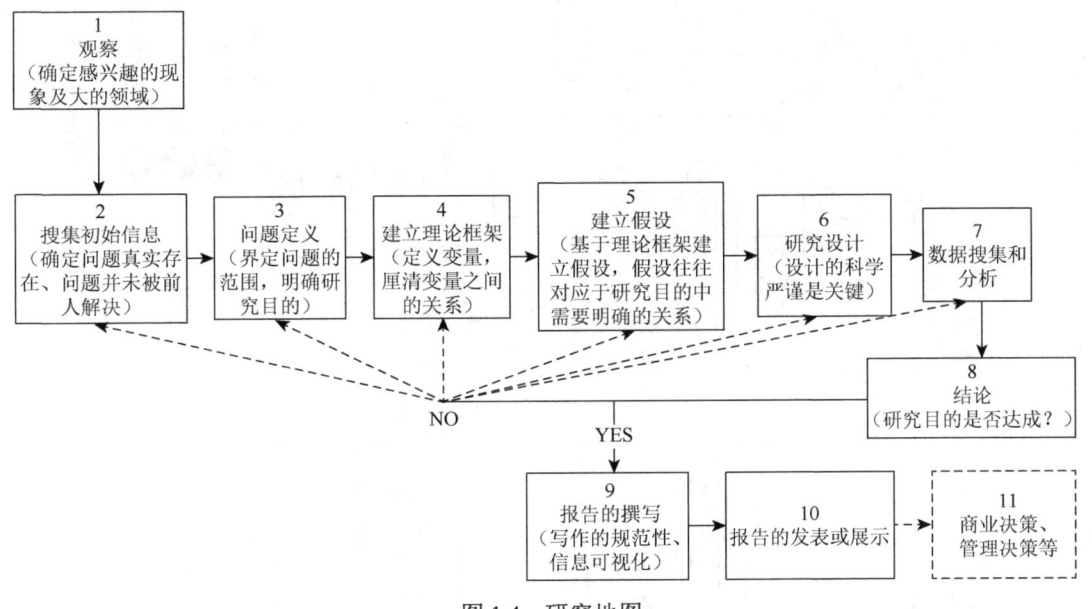

图 1.4 研究地图

所有科学研究都有一个相关的程序（process），商业研究的步骤是重叠的，不能简单化为一个程序结束，另一个程序开始，一般而言，商业研究的步骤有如下几步：①确定研究目标；②研究设计；③抽样；④数据搜集；⑤数据处理和分析；⑥总结并撰写研究报告。

每一阶段的研究结果获得的新知识和概念都可能指向更深一步的研究。

在实际研究中，有些步骤在时间上是重叠的。

本书的研究地图如图 1.5 所示，从文献调查和初始调研确定研究目标开始，到形成报告结束，本书将在整个研究过程中埋藏 6 个"宝箱"，即 6 个研究专题，每个专题都会介绍具体的研究方法和工具，都可以形成高质量的研究成果。

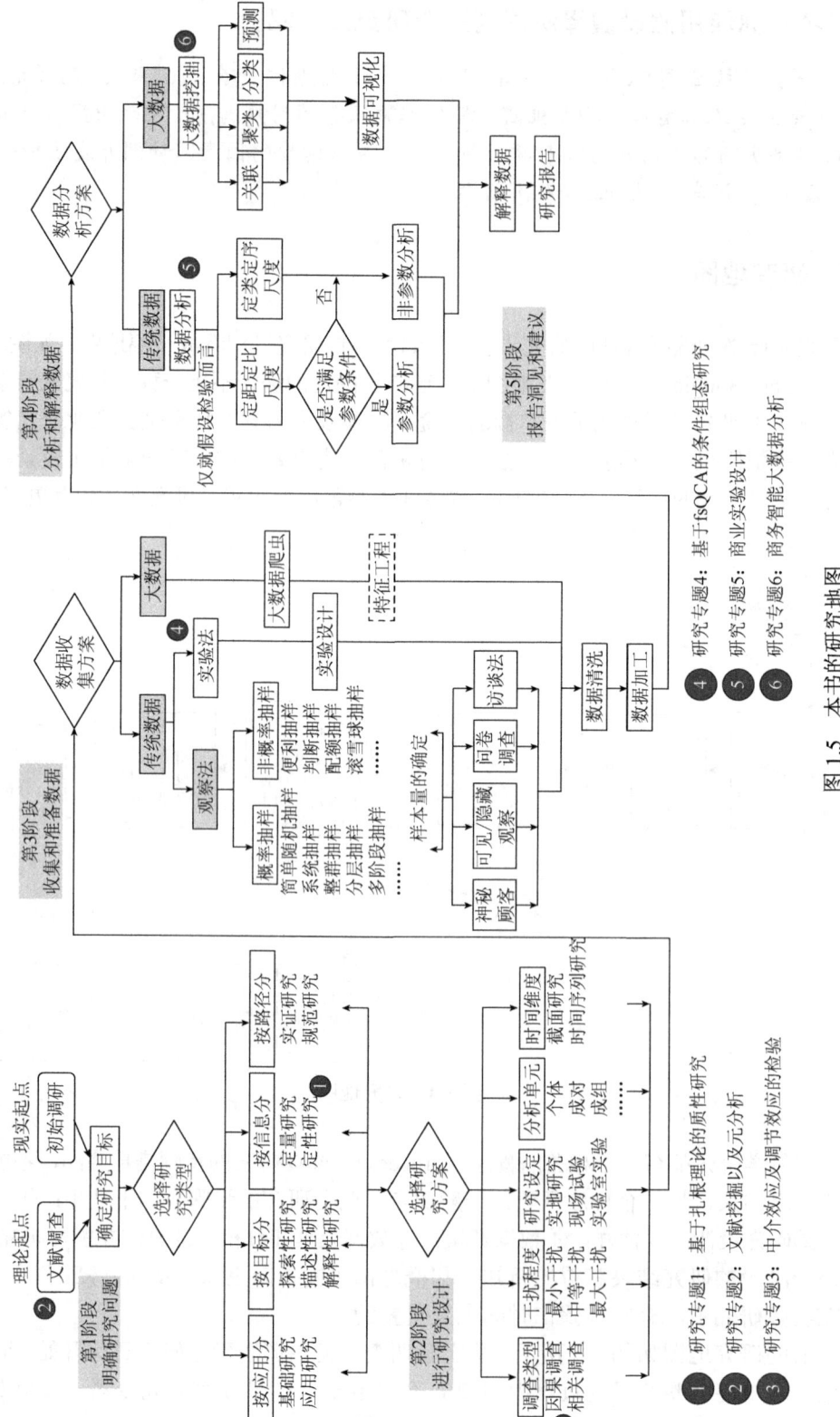

图 1.5 本书的研究地图

1.4 研究的类型

研究有多种分类方式,如图 1.6 所示。按应用领域分,可以分为基础研究和应用研究;按研究目标分,可以分为探索性研究、描述性研究和解释性研究;按信息类型分,可以分为定量研究和定性研究;按研究路径分,可以分为实证研究和规范研究。这一部分我们将学习各种研究类型的特点,我们需要学会正确区分研究的类型,今后明确自己研究的类型。

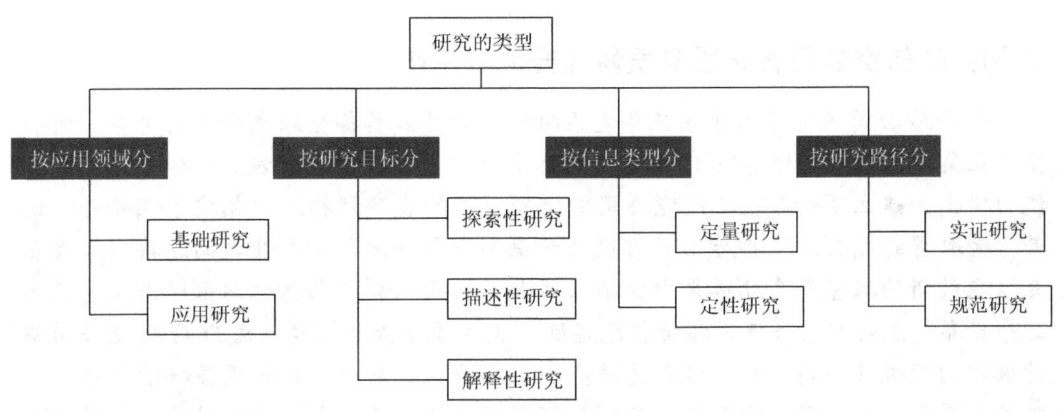

图 1.6 研究的类型

1.4.1 按应用领域分

按应用领域分,研究可以分为基础研究和应用研究(齐克芒德等,2012)。

基础研究(basic research):通过对企业现实问题的观察、概括和抽象,探讨有关管理学或商学规律性的知识,对管理和商业行为与现象做出机理性的解释,证实或证伪现有理论并提出新理论。先探讨某些共性问题如何被解决,以增加知识,然后再利用这些知识来帮助管理者解决特定问题。

应用研究(applied research):为解决特定组织的特定问题或是特定组织在采取某项行动或政策前所做的研究。它要求解决该组织现实的问题,并为该组织带来实际利益。

两者的区别如表 1.1 所示。

表 1.1 基础研究和应用研究的区别

项目	基础研究	应用研究
目的	为建立基础理论而进行的研究	为解决特定企业问题而做的研究
选题	研究者对研究主题的选择享有极大的自主权	常常由学界之外的赞助者、企业遇到的实际问题来决定研究的选题
导向	研究问题的判断根据严谨的科学规范、追求科学客观的学术标准	研究问题主要是问题导向,为了符合业主或赞助者的需要

续表

项目	基础研究	应用研究
关注点	主要关心的是研究设计的内在逻辑与严谨度	依照研究目的、预算及时间,研究可能会草率、简陋,也有可能符合严格的学术标准
	对基本理论知识有所贡献是推动研究的驱动力	主要关心的问题是能否把研究发现应用到企业关心的问题上
成功的标志	研究的成功与否看研究结果是否对学科发展有所贡献,尽管不强调实际应用,但着眼于长远效益	成功与否决定于是否被业主应用在决策上,并且产生积极的影响

◎案例:G 航空公司客舱服务质量提升的应用研究

  G 航空公司确定了力争用三年左右时间初步建成具备全球竞争力的世界一流航空产业集团的目标。现阶段 G 航空公司已成功实现了安全运营能力全球领先,经营能力突出,建立了世界主要航空公司中比较健康的资产结构。但相较于在安全、运营方面取得的成功,G 航空公司在服务方面与世界一流航空企业之间还存在较大差距,在最新的旅客满意度排名中仅排名第七,与明确的旅客总体满意度进入前三名这个世界一流航空服务评判指标相距甚远。服务质量提升问题已成为 G 航空公司亟待破解的短板性问题。客舱服务是航空公司全流程服务中,旅客服务接触点最多、服务人员与旅客接触时间最长、互动最频繁的一个环节,也是旅客对航空公司服务满意度评价中最重要的环节之一,开展客舱服务质量提升研究将能有效推进 G 航空公司服务质量的整体改善,进而提高 G 航空公司在全球的整体竞争实力。
  G 航空公司内部以客舱服务质量提升为研究对象,依据顾客体验、服务蓝图和服务质量理论,对航空服务、客舱服务以及客舱服务蓝图进行界定和描述,形成客舱服务质量评价体系。G 航空公司研究了旅客和客舱服务现状,设计调查问卷收集统计客舱服务满意度评价,据此提出相应问题并结合 G 航空公司实际,深入分析问题原因并提出了改进建议。

◎案例:一项关于国家双创示范基地内上市公司财务绩效分析的基础研究

  创新是企业家利润的一般来源,国家政策是企业创新的重要推手,因此评估双创基地政策的经济效益具有重要的现实意义,为客观评价国家双创基地批复后所产生的经济效益,一项研究基于 120 个双创基地内相关的 417 家上市公司数据,考察其整体财务绩效是否在双创基地设立之后有所提升。在对双创基地上市公司整体的财务绩效进行测算和分类比较的基础上,采用倾向评分匹配(propensity score matching, PSM)并结合双重差分(difference in differences, DID)的方法分别为各年度双创基地上市公司匹配对照样本,再进行差额分析,以去除外部因素影响从而得出其净增长。研究结论为:①整体上,2016 年双创基地设立以来,双创基地上市公司的财务绩效有所下降,但是比对照组则明显要高;②结构上,企业双创基地和区域双创基地上市公司的财务绩效相对于对照组显著提升，但高校院所双创基地的财务绩效相对于对照组有所下降；③双创基地设立显著促进了双创基地上市公司财务绩效的提升，其净利率和扣非净利率分别显著提高了 3.2%和 3.3%（赵宇等，2023）。

※ 思考：以下研究是基础研究还是应用研究？

（1）HX 公司根据全面质量管理理论和 ISO 9000 标准的要求，结合公司房地产项目设计质量管理体系现状，对设计质量管理体系运行过程中存在的问题以及导致问题的原因做了详细的分析和阐述，针对存在的问题提出优化对策，并跟踪实施效果。

（2）某公司推出一款复合维生素片产品，经过市场调研发现，其定价为 20 元一瓶最具竞争力。

（3）某研究针对网上直销和网上代销两种 O2O（online to offline，线上线下商务）模式分别构建 O2O 供应链定价与网上交货期决策模型，研究渠道成员的最优策略并分析其性质，接着，通过数值算例分析了价格敏感型消费者情境和网上交货期敏感型消费者情境下消费者网上销售渠道偏好程度和佣金率对 O2O 供应链最优策略和利润的影响。

1.4.2 按研究目标分

按研究目标分，研究可以分为探索性研究、描述性研究和解释性研究。如图 1.7 所示，从探索到描述再到解释，知识的丰富程度越来越高，我们对现象的了解越来越深入，获得的研究结论也能发挥更大的作用。探索性研究以小样本的定性观察、访谈为典型形式，对现象进行形式自由、简单的初步了解；描述性研究通过有代表性的调查，对现象进行多维度的定量描述；解释性研究通过调查、实验、理论建模等相关或因果分析，对现象进行解释，其研究结论能够为我们改变现状提供管理决策建议（齐克芒德等，2012）。三种不同目的的研究类型的特征如表 1.2 所示。

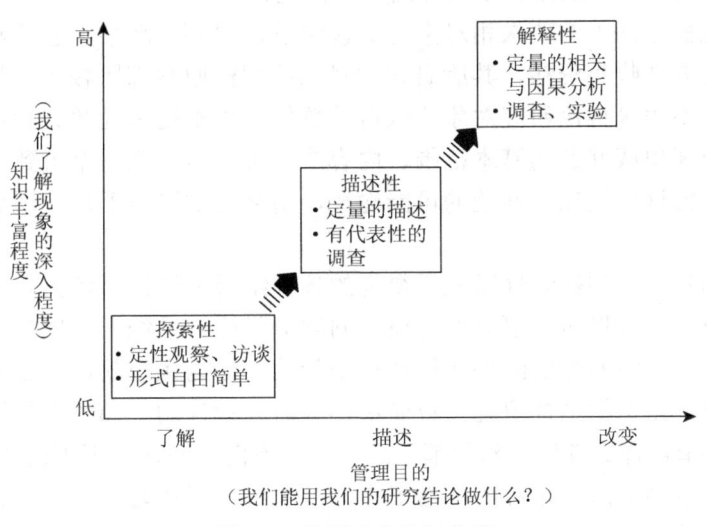

图 1.7 按照研究目标分类

表 1.2　三种不同目的研究类型的特征

对比	探索性研究	描述性研究	解释性研究
对象规模	小样本	大样本	中样本
抽样方法	非随机选取	强调代表性、随机性	强调针对性
研究方式	观察、无结构访问	问卷调查、结构式访问	调查、实验等
分析方法	主观的、定性的	定量的描述统计	相关与因果分析
主要目的	形成概念和初步印象	描述总体状况和分布特征	变量关系和理论检验
基本特征	设计简单、形式自由	内容广泛、规模很大	设计复杂、理论性强

确定研究目标是研究设计的重要一环，我们将在第 8 章回顾这一部分。

1. 探索性研究

探索性研究是一种对所研究的现象或问题进行初步了解，以获得初步的印象和感性认识，同时为今后更周密、更深入的研究提供基础和方向的研究类型。探索性研究经常出现在下列两种情况中：一是当研究者准备研究的问题或现象十分特殊、十分新鲜，且很少有人涉及时；二是研究者本人对打算研究的问题或现象不大熟悉、了解很少时。比如，关于 ChatGPT 在商业方面的应用，生成各种类型的文章、新闻稿、广告文案等，帮助媒体、广告公司等快速创建内容。这种新事物刚出现，人们对它的了解很少，对它进行的科学研究就更少。在这种情况下，研究者往往需要采用探索性研究的方法，对它进行初步的了解。

探索性研究的直接成果包括：①形成关于所研究现象或问题的初始命题或假设；②发展和尝试可用于更为深入的研究的方法；③探讨进行更为系统、更为周密的研究的可能性。正是在这种意义上，探索性研究常常成为一种先导性的研究——这种研究的成果往往为后继的研究开辟道路、指示方向和提供途径。

探索性研究在方法上的要求相对来说比较简单，也不太严格。它通常采用参与观察和无结构访问等方法收集资料，其所研究的对象的规模通常都比较小；从资料中所得出的各种结果，并不用来推论研究对象所取自的总体，也不用来检验某种理论假设，而主要用来探测某类现象或问题的基本范围、内容或特征，给人们一个大致的轮廓或印象，用来提示深入研究这一现象或问题的可能途径，用来尝试可用于这一现象或问题研究的合适的方法与工具。

需要注意的是，一项探索性研究所得到的各种结果和结论，都只是有关某种现象或问题的初步印象，它难以对所研究的现象或问题提供比较系统、比较肯定和比较满意的答案。或者说，探索性研究的结果，往往只是新的、更为系统的，也更加专门的研究的一种背景或起点。虽然探索性研究比较简单，其研究设计的严谨性不如解释性研究等，但不能否定其价值。探索性研究对厘清头绪、找准方向，简化接下来的研究工作很重要。如果一开始研究就马上进行琐碎的问卷工作，可能只是浪费时间、金钱和精力，结果却得到一些不相关的信息。这是商业研究工作中常犯的错误。

◎ **案例：新产品开发的探索性研究**

> 探索性研究对新产品的研发非常有帮助。索尼和本田都在研究机器人技术。制作一个可以完成基本动作、听指令并且能够与人对话的机器人并不是一件难事。索尼和本田想研究的问题是机器人技术的商业机会。公司通过进行探索性研究发现，消费者更喜欢具有人类特点的机器人，如双腿直立行走等。研究人员还发现，当机器人具有人类特点时，人们更愿意和它们交谈（机器人可以理解基本的口头指令）。此外，会走、会说话、会跳舞的机器人看起来也很招人喜爱。所有这些研究获得信息，对公司而言都非常有价值。公司在具体研发时，会考虑这些因素，针对消费者的需要研发娱乐性机器人或机器人保安等。

2. 描述性研究

描述性研究通常是要发现总体在某些特征上的分布状况，或者说，描述性研究的主要目的是收集有关总体分布特征的资料，提供有关总体结构、现象特点等方面的信息。正如它的名字一样，描述性研究的主要目的是描述物体、人物、团体组织或环境的特征，描述性研究试图给研究人员一个图景。比如，当研究者需要了解那些在规模、结构和社会地位上不同的家庭如何使用他们的收入；碳关税来临的时候，不同规模和行业的企业有何反应；新产品发布后，不同地区、不同背景消费者态度有何差异，往往要进行这种以描述为主要目的的研究。

描述性研究在方法上与探索性研究有较大的差别。这种差别突出地表现在描述性研究所具有的系统性、结构性和全面性上。描述性研究通常需要采取严格的随机抽样方法来选择研究对象，并且研究样本的规模要比探索性研究中的规模大得多（在三种不同目的的研究中，描述性研究的样本规模往往最大，解释性研究次之，探索性研究的样本规模则最小）。描述性研究中资料的收集主要采用封闭式问题，所得的资料必须经过统计处理，得出以数据形式为主的各种结果，并要将这些结果和结论推论到总体中去。或者说，要用来自样本的资料去描绘总体的面貌。

对商业现象的描述应当注意两个方面：一是描述的准确性；二是描述的概括性。准确性的要求指的是对商业现象的分布状况、基本特征等，都要做出定量的和精确的描述与说明。概括性的要求则是指研究结果所描述的不应当是个别的或片面的，而应当是能反映出总体及各个组成部分一般状况的普遍现象。或者说，根据样本研究的结果应能够反映出总体的水平和趋势。

总之，描述性研究在对商业现象的认识上，比探索性研究前进了一大步。如果说探索性研究只是对现象的一种初步的探测，那么描述性研究则可以说是一种对现象的全面的清查和系统的反映；如果说探索性研究所得到的只是某种提示、某种印象，那么描述性研究所得到的则应该是有关这一现象的整体照片。

在进行描述性研究时，准确度非常重要。如果描述性研究错误估计了某大学 MBA 学生的需求（即使是几个学生），也可能导致这个项目难以为继，或耗尽本来就稀缺的教育资源。例如，如果研究预计将有 25 个学生，但实际注册的学生只有 15 个，结果 MBA 项目就会因缺乏经费而难以维持。所以,我们不难看出,描述性研究在预测销售收入、成本、消费者满意度等方面,必须做到准确,否则会误导决策。

◎ 案例:描述性研究助力市场细分

> 描述性研究有助于市场细分。例如,研究人员利用描述性研究,分析购买有机食品消费者的分类情况。研究结果表明,购买有机食品的消费者一般居住在人口大约为50万人的海滨城市,而且大部分都分布在西海岸。经常购买有机食品的消费者是年龄为45～54岁(占36%)和18～34岁(35%)的富裕人群。一个非常有意思的现象是:购买有机食品的消费者不注重产品的品牌,他们当中81%的人都说不上来有机食品的品牌。这类研究对高端超市(如 Whole Foods)的选址很有价值。在Whole Foods 销售的产品中,一半以上是有机食品。

3. 解释性研究

人们对事物和现象的认识不会只停留在全面了解其状况的层次上。研究者在认识到现象"是什么"(what)及其状况"怎么样"(how)的基础上,还需要进一步弄明白事物和现象"为什么"(why)是这样。比如,在研究顾客满意度时,研究者除了想知道目前的顾客满意度是怎样的、总体满意度是高还是低、不同地区的顾客满意度表现出什么样的差异以外,还希望知道满意的顾客为什么满意,不满意的顾客为什么不满意,在顾客满意度表现出差异的过程中,有没有一种具有一般性的规律在起作用等。因此,商业研究常常被用于回答商业活动中的"为什么"。对于这样一类研究,我们称之为解释性研究。简单地说,解释性研究指的是探寻现象背后的原因,揭示现象发生或变化的内在规律,从而为各种"为什么"提供科学合理的解释。现实生活中,对影响消费者行为的因素研究、商业数据的预测研究、商业定位/模式/业务/策略等方面的优化研究、商业风险防范机制和政策机制研究,都是解释性商业研究的例子。

由于解释性研究的目标是回答"为什么",是解释原因,是说明关系,因而它的理论色彩往往更浓。它通常是从理论假设出发,经过深入实地收集经验材料,并通过对资料的分析来检验假设,最后达到对现象进行理论解释的目的。也正因为如此,解释性研究在研究方案的设计上,除了与描述性研究一样,具有系统性和周密性以外,它还比描述性研究显得更为严谨,针对性也更强。

解释性研究在内容上不要求具有广泛性,不要求面面俱到,但是它特别注重研究内容的适用性和针对性。它往往要求研究内容必须紧紧围绕所要验证的理论假设。在分析方法上,解释性研究往往要求进行双变量和多变量的统计分析。比如,对于消费者的购买行为,就可以通过产品价格、产品实用性等产品特征变量,以及性别、受教育程度、收入情况、价值取向、心理因素等人群变量或因素来进行分析和解释。一旦研究者详细考察了这些变量或因素与消费者是否做出购买决策之间的关系,他就能够尝试着解释消费者购买行为的内在机制。

解释性研究与描述性研究在有无假设上也有较大差别。描述性研究一般不需要假设。

通常，研究者以描述性研究为先导，以帮助他开掘所研究的领域，收集与所研究的题目直接或间接有关的资料，使问题得以突出，使值得探索的环节得以被揭示出来。然后，在这样的信息资料的引导下，他可以在进一步的经验性研究中制定和检验一系列的假设。总之，研究中是否应有假设应根据研究的目的来确定。对于以描述为目的的研究，一般不需要假设；而对于以解释为目的的研究，则需要有明确的假设。

需要说明的是，一方面，对研究目的所作的这种划分并不是绝对的，而是相对的；另一方面，现实生活中的每一项具体社会研究往往表现为更侧重于某一种目的，它同时还可能包含其他两方面的目的。比如，现实中的大多数研究实际上是描述和解释两种作用兼而有之，只是对二者的侧重程度有所不同。在对商业现象的探索中，描述性研究和解释性研究发挥着不同的作用。前者的作用更为基础，后者的作用则更为深入。正如有的学者所言：经验的、在观察和实验基础上获得的知识构成整个知识的根基，它们是任何概括、类型化及随后的各种理论分析阶段的基础。

◎ 案例：解释性研究发现电商平台在线销售额增长的原因

近年来，随着电子商务的迅猛发展，越来越多的消费者选择在网上购物。某电商平台作为一家知名的在线零售商，在过去一年中实现了在线销售额的大幅增长。为了深入理解这一现象背后的原因，公司决定开展一项解释性研究，以揭示推动销售额增长的关键因素。

该公司收集并分析顾客购买行为数据，包括购买频率、购买金额、购买品类等，以揭示消费者的购买偏好和趋势。通过问卷调查、访谈等方式，收集消费者对平台的满意度、购物体验等方面的反馈，以了解平台在用户体验方面的优势和改进空间。此外，还研究竞争对手的营销策略、产品定价、促销活动等方面的信息，以识别公司在市场竞争中的优势和劣势。同时分析公司内部的营销活动数据、广告投放效果等，以评估这些活动对销售额增长的贡献。

经过深入研究和分析，公司得出了以下刺激销售额增长的原因。

（1）大数据分析的应用：公司利用大数据分析技术，对顾客购买行为进行了深入挖掘和分析，从而实现了精准的产品推荐和个性化的营销策略。这大大提高了顾客的购买意愿和满意度，推动了销售额的增长。

（2）用户体验的提升：公司通过优化网站界面、提高网站响应速度、加强售后服务等措施，显著提升了用户体验。这些改进使得消费者更愿意在该平台购物，从而促进了销售额的提升。

（3）有效的营销策略：公司制定了一系列有效的营销策略，如限时折扣、满减活动、积分兑换等，这些活动吸引了大量消费者的关注和参与，进一步推动了销售额的增长。

（4）市场竞争优势：与竞争对手相比，公司在产品质量、价格、服务等方面具有一定的竞争优势。这些优势使得消费者更倾向于选择该平台购物，从而促进了销售额的提升。

综上所述，该电商平台在过去一年中在线销售额大幅增长的原因主要包括大数据分析的应用、用户体验的提升、有效的营销策略以及市场竞争优势等多个方面。这些因素的共同作用使得公司能够在激烈的市场竞争中脱颖而出，实现销售额的大幅增长。未来，公司将继续优化这些关键因素，以保持其在电商领域的领先地位。

1.4.3 按信息类型分

在商业或管理研究中，存在两种基本的方法论：实证主义方法论或人文（阐释）主义方法论。实证主义方法论是一种以实证数据（如文献研究、实验、案例研究等）为主要研究方法的社会科学方法论，主张抓住实证数据的条件来厘清研究对象的可预测性和变化性。实证主义方法论强调以系统分析和多元实证数据指导原则下研究方法和结果的可靠性，关注现实世界现象及其彼此之间的关系，反对直观的推测和假设。与实证主义方法论相对应的是定量研究。人文主义着重强调的是研究个人世界或者个案，强调个别性和主观性的表现，而且这些是不重复的。人文主义方法是作为反科学主义出现的一种研究方法。人文主义者强调社会事实中人的主观性方面。与人文（阐释）主义方法论相对应的是定性研究（图 1.8）。

实证主义方法论 （定量研究）	①占研究方法论的主流地位 ②对现象及其相互联系进行类似于自然科学的探讨 ③通过非常具体、客观的数据，以量化的资料形成研究结论 ④研究过程是可以重复的
人文（阐释）主义 方法论 （定性研究）	①充分考虑到人的特殊性，发挥研究者在研究中的主观性 ②通过观察、访谈等方式与被研究者接触，在互动的过程中寻找现象背后的本质，进而做系统性的归纳 ③适合对新问题、资料缺乏的问题和复杂现象作探索性研究 ④研究过程较难重复

图 1.8 研究按信息类型分类

定性研究是指研究者不使用数字测度，仅根据研究目标，对现象作详尽描述。定量研究是利用数字测度和分析。一般而言，研究对象越不具体，越适合用定性研究。当研究的重点是深入理解某种动机或形成创新的概念时，也适合用定性研究。定性研究在界定问题、深化理解以及明确研究议题方面发挥着至关重要的作用。当研究旨在探索现象在自然情境下的实际运作方式，或是探究如何以日常语言精准表述特定概念时，定性研究尤为适用。例如，它能帮助我们理解消费者在实际生活中是如何操作和使用某一产品的，以及财务部门是如何处理发票这类日常财务事务的。通过定性研究，我们可以获到丰富、细致且深入的洞察，为后续的研究方向和实践应用奠定坚实的基础。当某些问题需要采用新的研究方法，特别是定量研究不能得到令人满意的结果时，定性研究可能为企业找到新的方向。在涉及管理行为标准的研究中，定量研究更合适，如某调味料公司打算采用新配方，调查品尝者对新旧配方的打分。定性研究和定量研究的比较如表 1.3 所示（齐克芒德等，2012）。

表 1.3 定性研究与定量研究的比较

项目	定性研究	定量研究
共同的目的	用在描述性研究中，找出一般性的研究目的	验证假设或具体的研究问题
方法	观察和解释说明	测度和验证
数据收集方法	形式自由，没有固定结构	具有结构化的形式
研究人员独立性	研究人员深入参与研究，研究结果主观	研究人员不参与，结果客观
样本	样本小，取样背景简单	样本大，归纳出结果（普遍性更好）
使用范围	探索性研究设计	描述性研究和因果关系研究设计

长期以来，商业研究或管理学研究领域有一种重视定量研究，认为定量研究更科学、更理性、更有意义的倾向，定量的研究方法和模型的丰富程度远远超过了定性研究。其实我们的研究对象很多时候都是充满了主观色彩的人，把定性研究扎实、严谨地做好，能够很好地刻画人的态度、行为、情感、体验等。目前已有很多研究将定性与定量方法相结合，同时考虑研究对象的理性面和感性面，这是值得学习的。

本书在第 9 章、第 10 章将介绍很多定量方法，在此介绍一些定性方法。表 1.4 罗列了一些定性研究的常用方法，下面的案例和专题一重点介绍扎根理论的方法。

表 1.4 定性研究的常用方法

方法	描述	研究类型	主要优点	主要缺点
焦点小组访谈	小组讨论由受过培训的主持人引导	现象学 案例研究	时间短； 看问题角度多； 形式灵活	结果很大程度上取决于主持人； 不适用于较大的人群； 不便于讨论敏感问题； 成本高
深度访谈	一对一的形式，受过培训的研究者和受访者之间的对话	民族志学 扎根理论 案例研究	从受访者那里得到深入的见解 有助于理解某些与众不同的行为	结果依赖于研究人员的解释； 研究结果没有普遍性； 成本高
对话	形式自由的对话，由研究人员负责记录	现象学 扎根理论	从受访者那里获得独特的见解； 适用敏感话题； 成本比深度访谈或焦点小组访谈低	容易跑题； 解释依赖研究者
半定式访谈	开放式问题，常用书面的形式回答，受访者写一篇简短的评论	民族志学 扎根理论	解决更多的具体问题； 结果容易解释； 成本比深度访谈或焦点小组访谈低	缺乏灵活性； 很难得到具有创新性或新鲜的解释
自由联想技巧或填空法	记录受访者对事物的第一印象	扎根理论 案例研究	比较经济； 耗时短	缺乏灵活性； 很难得到具有创新性或新鲜的解释
观察法	用笔记记录被观察对象	民族志学 扎根理论 案例研究	比较隐蔽； 得到受访者真实的行为模式	隐蔽观察可能存在伦理问题，成本较高
拼贴画	受访者用图片表达自己的想法或感情	现象学 扎根理论	非常灵活，可以获得具有新意的观点	特别依赖研究人员对图片的解释
主题统觉测试	研究人员给受访者看一张主题模糊的图片，请对方看图说话	现象学 扎根理论	可以研究敏感话题； 形式灵活	主要依赖研究人员的解释

◎ **案例：城市"烟火气"游客体验的定性研究**

> "烟火气"所代表的市井气息，被赋予了一种"接地气并且亲近大方的怡然姿态"，逐渐成为人们的一种精神需求。蒋婷等（2024）透过"烟火气"这一滤镜去审视城市游客体验，运用深度访谈法探究游客的"烟火气"体验。针对旅游经验丰富的中国成年游客进行抽样。通过半结构化访谈的方式与 24 名参访对象进行 30~60 分钟面对面的交流，主要涉及如下问题：①您怎么理解"烟火气"；②在您旅行中去过的城市中，您认为最具"烟火气"的城市是哪里，哪些地方让您觉得充满"烟火气"；③在旅游目的地城市那些您觉得充满"烟火气"的地方，您的心情和感受是怎样的。对访谈内容进行扎根理论编码，构建了城市"烟火气"游客体验的理论模型，发现"烟火气"感知下的游客家乡情结在目的地地方认同形成机理中的关键作用。

1.4.4 按研究路径分

按研究路径分，研究可以分为实证研究和规范研究。

实证研究是通过观察获取经验，再将经验归纳为理论。实证研究方法可以概括为通过对研究对象大量的观察、实验和调查，获取客观材料，从个别到一般，归纳出事物的本质属性和发展规律的一种研究方法。这是从事实到理论的路径。

规范研究从某些假设出发，通过逻辑演绎得到理论。在经济、会计理论研究中用得比较多。这是从理论到理论的路径。

※ **思考**

> 以下研究是实证研究还是规范研究？
> （1）以已知的几条几何公理为基础进行逻辑推演得到了勾股定理。
> （2）收集所见直角三角形三边长度数据，发现所有直角三角形直角边平方的和都等于斜边的平方，于是归纳得到勾股定理。
> （3）某电商平台收集了过去 3 年的用户购买数据，分析得出：夏季空调类商品销量比冬季高 60%。
> （4）根据 SERVQUAL（service quality，服务质量量表）模型的五个维度，即有形性（tangibles）、可靠性（reliability）、响应性（responsiveness）、保证性（assuranee）、移情性（empathy），某连锁酒店管理层制定了一个酒店服务质量评估和改进的框架与流程。

1.5 专题一：基于扎根理论的质性研究

1.5.1 认识扎根理论

扎根理论于 1967 年由社会学家格拉泽（Glaser）和斯特劳斯（Strauss）提出，扎根理论并不是一种实体理论，而是一种研究路径与方法论，其研究目的是从经验资料中生成、发展和检验理论，它强调运用归纳推理来进行理论建构，因此，扎根理论一般属于实证研究。

理论建构的过程可以分为三个步骤：①未经研究假设直接从实际观察入手；②从观察资料中归纳出经验概括；③由经验概括上升到理论。这个理论建构的过程揭示了扎根理论的两个特点。其一，扎根理论方法是从经验事实抽象出新概念和新思想，完成从经验层次到理论层次的跳跃；其二，扎根理论方法其实是一种事后解释，是在收集事实后的主观解释，这种解释与所观察到的事实一致，但不是唯一的，从同一个事实可以跳跃出不同的理论解释。

扎根理论可以分为三个流派，分别是经典扎根理论、程序化扎根理论和建构型扎根理论。其中，程序化扎根理论是最常用的。

经典扎根理论（classical grounded theory）是由格拉泽和斯特劳斯于 1967 年提出的。该理论强调通过对数据的系统分析来发展理论，从而形成对现象的深入理解。经典扎根理论的核心是将数据视为理论构建的基础，通过不断比较和整合数据来生成新的理论概念。这种方法强调对数据的开放性，尽可能减少对现有理论的预设。

程序化扎根理论（proceduralised grounded theory）是对经典扎根理论的一种改进。斯特劳斯在 1987 年的著作中提出了这个概念。程序化扎根理论相较于经典扎根理论更加注重理论的系统性和可操作性。它强调通过对数据的编码和分析来构建理论，同时借鉴已有的理论和概念。相比于经典扎根理论，程序化扎根理论更加注重研究者的主观解读和理论构建过程。

建构型扎根理论（constructivist grounded theory）是对经典扎根理论的另一种变体。这个流派的代表人物是卡麦兹（Charmaz）。建构型扎根理论强调研究者的主观认知和社会背景对理论构建的影响。它认为理论是通过对数据的解释和建构而形成的，同时也受到研究者的个人和文化背景的影响。建构型扎根理论主张对数据进行系统的解释和解构，以便发现其中的模式和主题，并通过不断反思和重塑来构建理论。

对三个流派的比较可以从认识和技术两个层面展开，如表 1.5 所示。

表 1.5 扎根理论的三个流派

三个流派	认识层面	技术层面
经典扎根理论	**实证主义** • 追求研究过程的科学化、客观性和研究结果的普适化，坚持问题从情境中涌现、不带有任何理论预设的研究原则，强调理论形成的客观性和科学性。 • 探索不以人的意志而转移的客观规律	• 实质性编码：包括开放式编码和选择性编码。 • 理论性编码
程序化扎根理论	**诠释主义** • 要求对研究现象有足够想象力的解释，认为一套在关系命题中相互联系的完善概念共同构成了一个完整的框架，可用来解释和预测客观现象。 • 强调主观	• 开放式编码：资料打散、概念化、范畴化（逐行编码）。 • 主轴编码：根据类属关系和相关关系将范畴归纳抽象为更高一级的主范畴。 • 选择性编码：通过对主范畴进行归纳、提炼，最终得到能够概括所有范畴的核心范畴，并建立核心范畴、主范畴与其他范畴之间的关联，以故事线来描述现象及其背后的驱动因素，从而发展成为一个新的、完整的理论模型

续表

三个流派	认识层面	技术层面
建构型扎根理论	建构主义 • 认为社会中不存在"客观真实",社会习俗和规则都是人为的建构,注意研究者在理解和解释中的能动作用,研究是一种理论建构过程。 • 希望主客观融合	• 初始编码(类似于前面的开放式编码)。 • 聚焦编码(在初始编码的基础上,进一步聚焦和提炼核心概念,建立概念之间的联系)。 • 轴心编码(类似于前面的主轴编码)。 • 理论编码(在轴心编码的基础上,形成系统的理论,解释现象背后的本质和规律)

1.5.2 扎根理论的应用步骤

该部分以最常用的程序化扎根理论为例,来说明扎根理论的应用步骤,如图 1.9 所示,主要分为以下四个步骤。

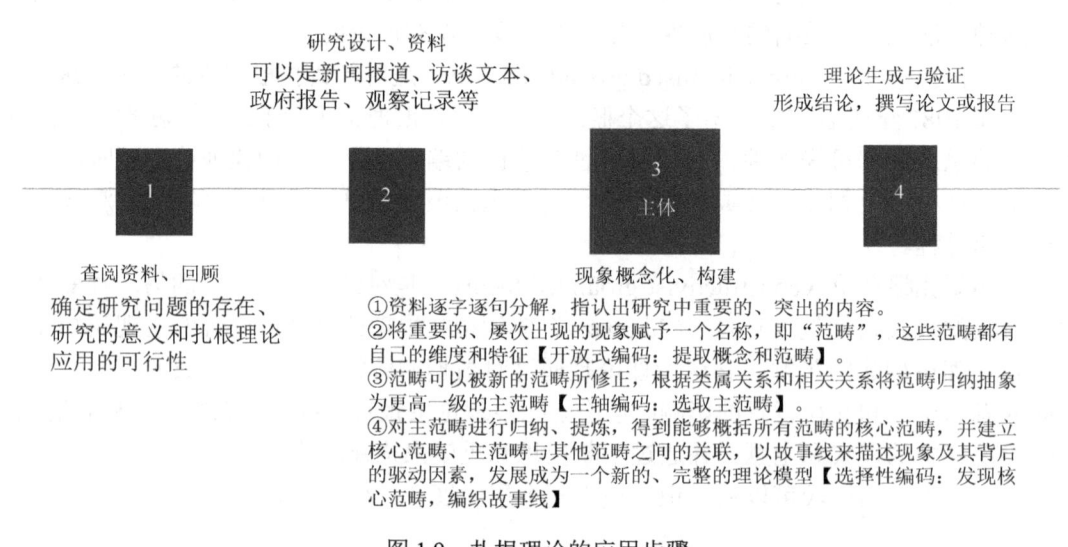

图 1.9 扎根理论的应用步骤

需要强调的是,扎根理论方法虽然逻辑性强,但是存在先天的缺陷。首先,因为一个事实可以得出不同的理论解释,而我们无法在多种可能的理论中判断或检验哪一种理论解释更真实可信,这个缺点其实也是由经验出发的社会研究的共同缺陷,或者说是归纳推理的共同缺陷;其次,即使我们的观察资料再丰富、完整,我们所依据的经验证据也是由不完全归纳提供的,缺乏必然的可信性,今后一旦发现反例那么全部理论成果都会被推翻,可以回想我们在归纳推理部分介绍的"所有的天鹅都是白的"例子。

那么我们应该如何尽量消除这种缺陷呢?最重要、最有效的方法就是不断地在实践中检验理论从而增加其可信度。在我们应用上述步骤的时候,在理论生成的最后,需要验证,一般是再搜集一部分材料,或者在原材料中预留一部分,来做理论饱和度检验,看看是否有遗漏的范畴或关系。

◎ 案例：城际旅行意愿影响因素与动力机制研究

为了方便理解，下面以城际旅行意愿影响因素与动力机制研究为例，详细展示扎根理论应用的第3步和第4步。

（1）研究者在武汉的热门景点采访外地来的游客，询问他们为什么选择来武汉旅游，录音并将语音资料转换为文本资料，对文本资料逐字逐句分解，提取概念化内容。通过开放式编码，将重要的、屡次出现的现象赋予一个名称，即"初步范畴"。例如，在对搜集到的文本资料进行逐字逐句分析时发现了一些与游客产生旅游动机有关的重要概念，如"微博""观赏花""旅费促销"等，将这些概念提取出来，赋予一个名称："微博"——"微博"，"樱花"——"观赏花"，"机票特价"——"旅费促销"等，如表1.6所示。

表1.6 开放式编码

文本资料	概念化	初步范畴
某天上微博，偶然看到一条转发："春天到了，去武大看樱花吧！"于是问我的朋友："下周末咱们去武汉看樱花吧！"我朋友说："行啊。"我们一拍即合，立马订票了	微博	微博
	樱花	观赏花
无意间在网络上看到去武汉的机票特价，一冲动就订了，和我室友一起，这也算是毕业旅行吧	机票特价	旅费促销
	毕业旅行	毕业旅行
武汉有很多美食	美食	美食
喜欢武汉的特色建筑，在小红书上被种草了	小红书	小红书
	特色建筑	特色建筑
我在音乐博主那看到，武汉音乐节要举行了，就觉得不能错过，一定要来一趟	博主	博客
	音乐节	音乐节
……	……	……

（2）通过主轴编码，将"初步范畴"按某种方式分类成"主范畴"。在开放式编码所获得的初步范畴基础上，不断分析和挖掘各初步范畴之间显性和隐性的逻辑关系，发现"微博""小红书""博客"都属于"自媒体"，"观赏花""特色建筑"都属于"景观"，以此类推，根据类属关系和相关关系将范畴归纳抽象为更高一级的主范畴，如表1.7所示。

表1.7 主轴编码

初步范畴	主范畴
微博	自媒体
小红书	
博客	
观赏花	景观
特色建筑	
毕业旅行	特殊事件
音乐节	
美食	美食
旅费促销	价格
……	……

（3）通过选择性编码，获得核心范畴。进一步对主范畴进行更高层次的归纳、概括和提炼。例如，将"自媒体"提炼为"城市营销"，将"美食"和"景观"归纳为"地方特色"，以此类推，通过对主范畴进行归纳、提炼，最终得到能够概括所有范畴的核心范畴，如表1.8所示。

表1.8 选择性编码

初步范畴	主范畴	核心范畴
微博	自媒体	城市营销
小红书		
博客		
美食	美食	地方特色
观赏花	景观	
特色建筑		
毕业旅行	特殊事件	特殊事件
音乐节		
旅费促销	价格	价格
……	……	

（4）生成理论，形成研究结论。之后，就可以建立核心范畴、主范畴与其他范畴之间的关联，以故事线来描述现象及其背后的驱动因素，从而发展成为一个新的、完整的理论模型，对于这个例子，根据合理的逻辑推导，以美食和景观为代表的地方特色影响人们的城际旅行意愿，这一过程受到城市营销、价格、特殊事件等的外部刺激，从而建立了一个城际旅行意愿影响因素与动力机制模型，如图1.10所示。为了验证这个模型是否完备，我们可以再采访一组在武汉的热门景点旅游的外地游客，再次编码，确定不存在遗漏的范畴，完成理论饱和度检验。组织整个过程，整合所有的分析和结论，可以撰写一篇论文或报告——《基于扎根理论的城际旅行意愿影响因素与动力机制研究》。

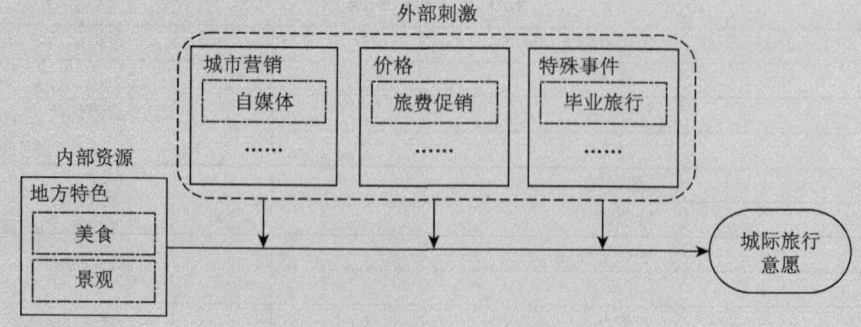

图1.10 基于扎根理论的城际旅行意愿影响因素与动力机制模型

1.5.3 NVivo 实现扎根理论

当资料很多，文本庞杂的时候，最好采用软件辅助编码。NVivo 是实现扎根理论最常用的软件，应用 NVivo 实现扎根理论的步骤如下。

（1）创建一个新的 NVivo 项目，将相关数据导入到项目中。可以是采访记录、文本文件、视频、图片等形式的数据。

（2）根据扎根理论的基本原则，制定研究问题和研究目标。明确你想要探索的现象、问题或主题。

（3）运用 NVivo 的标注和分类功能对数据进行初步整理和标记。可以使用标签、主题、节点等工具将数据进行分类和分析。

（4）根据扎根理论的理论框架和概念，建立起数据的理论代码系统。将数据通过与理论框架的结合进行编码。使用 NVivo 的查询和可视化功能，对编码后的数据进行深入分析。可以通过搜索、交叉引用、实体关系图等功能来探索数据之间的关联和模式。

（5）根据分析的结果，生成扎根理论的描述性报告或论文，并加入自己的理论判断和解释。

总结来说，使用 NVivo 实现扎根理论需要将数据导入项目、制定研究问题和目标、对数据进行标注和分类、建立理论代码系统、进行数据分析和可视化、生成报告或论文。这些步骤可以帮助你探索和理解数据，进而实现扎根理论的研究目标。

◎ 案例：企业质量提升特色举措

某项目为全面了解制造型企业在质量提升方面的特色举措，调研了 1600 家四川省内的制造型企业，其中有 617 家企业提供了具有特色的质量提升举措。对特色举措文本做词云图，设定停用词，排除无意义的词，得到原始词云图，如图 1.11 所示。合并近似词，得到词云（图 1.12）。可见，四川省企业质量提升特色举措集中在培训、改进、体系、宣传、标准、安全、检查等方面。进一步为提炼四川省企业质量提升特色模式，运用了程序化扎根理论分析。

图 1.11 原始词云图

图 1.12 合并近似词词云图

1. 开放式编码

借助 NVivo 软件实现扎根理论方法实践。运用软件的自由节点和树节点标注初始概念和范畴,通过整合规范形成工匠精神等 66 个初始概念,经过仔细审阅和反复归纳,对类似的概念进行融合,重新整合序化形成监管筛查、企业精神等 17 个初始范畴,开放式编码结果如表 1.9 所示。

表 1.9 开放式编码结果

编号	范畴	初始概念
1	监管筛查	a10 QC 小组, a19 第三方检查, a27 定期检查, a35 领导监督, a40 流程监控, a50 强抓严管, a56 三控, a59 严格检验, a60 员工自检, a65 专人监管
2	质量活动	a5 质量日月年, a26 质量培训, a51 其他质量活动
3	生产与产品	a1 安全生产, a18 干净环保, a22 关注关键节点, a45 区分项目, a49 设备管理, a55 专注产品
4	品牌品质	a38 品牌品质
5	主动纠错	a2 不找借口, a29 源头管控, a44 专项治理
6	对标客户	a13 诚信经营, a21 顾客分析, a36 市场分析
7	质量理念	a3 零缺陷高标准, a34 质量第一, a57 质量融入文化
8	明确标准	a8 标准化生产, a28 质量认证, a43 质量体系
9	总结反思	a11 定期总结, a20 反馈体系
10	团队建设	a6 合作意识, 30a 加强党建, a37 建立企业文化, a42 全员参与, a53 团建活动, a61 文化教育
11	关注供应链	a16 关注供应链
12	制度保障	a15 公司规章, a31 责任具体
13	激励措施	a4 绩效考核, a24 奖项激励, a46 树立标杆, a47 质检公示
14	学习进步	a14 积极学习, a25 提升计划, a39 同行业学习, a62 政企合作
15	创新发展	a9 技改科研, a32 人才引进, a63 数智管理, a66 与时俱进
16	现代管理方法	a12 7S 管理, a17 QHSE 管理, a23 精益管理, a48 六西格玛, a52 全面质量管理, a54 以人为本, a58 卓越运营, a64 其他管理方法
17	企业精神	a7 航天精神, a33 水稻精神, a41 工匠精神

注:QC 是指质量控制;三控是指质量控制、进度控制、成本控制;7S 管理是指以整理(seiri)、整顿(seiton)、清扫(seiso)、清洁(seiketsu)、素养(shitsuke)、安全(safety)、节约(save)为核心的综合现场管理方法;QHSE 管理是指将质量(quality)、健康(health)、安全(safety)和环境(environment)四位一体的管理体系进行整合,以实现企业管理的标准化和系统化

2. 主轴编码

主轴编码是在开放式编码的基础上,建立概念与主范畴之间的关系,通过寻找语义、过程、情境、因果等逻辑关系确定归纳形成行动指南、发现问题解决问题、

革新进步、经营过程、理论基础、精神建设六大主范畴,在此基础上进一步解析理论与精神、实践两个维度。主轴式编码结果见表 1.10 所示。

表 1.10 主轴式编码结果

维度	主范畴	对应范畴	含义
实践维度	行动指南	明确标准	进行质量认证、建立质量体系,明确标准,标准化生产
		制度保障	企业制定书面文件,规范质量活动
	发现问题解决问题	监管筛查	三方检查、领导监管、员工自查等消除质量问题
		主动纠错	寻找问题源头,针对性解决根源问题
		总结反思	定期总结反馈,积累经验
	革新进步	创新发展	通过技术创新、人才引进、数字化变革提高产品质量
		学习进步	员工内部学习,同行业学习,参加政府讲座等
	经营过程	对标客户	专注客户服务,以满足顾客需求为质量标准
		关注供应链	关注供应链原材料质量
		品牌品质	加强品牌建设,重视企业质量声誉
		生产与产品	关注生产线及产品质量,严格规范生产
理论与精神维度	理论基础	现代管理方法	运用现代管理方法管理企业
		质量活动	举办相关活动提高员工质量意识和能力
		质量理念	企业的质量理念、对质量的态度
	精神建设	激励措施	制定奖惩措施,鼓励员工专注质量
		企业精神	构建企业精神,鼓舞员工
		团队建设	丰富团队活动,鼓励全员参与质量管理

3. 选择性编码

选择性编码是通过不断地分析,把与之相关的范畴和主范畴集中起来,以系统地说明和验证主范畴与范畴之间的关系。通过理论编码得到四川省企业质量提升的特色举措实施路径,如图 1.13 所示。由该路径可知,四川省企业质量提升的特色举措主要包含理论与精神维度和实践维度。理论方面主要包含对于现代管理方法的培训和学习,开展质量日等活动,建立质量第一等质量理念与文化;精神方面主要包括进行团队和企业精神的建设,通过激励措施提升员工参与质量提升活动的积极性。在实践方面,通过技改科研、人才引进、政企合作等举措积极革新;通过质量认证、体系建设和企业规章制定行动指南及提供制度保障;进行定期检查、源头管控和总结反思,不断发现问题解决问题;在质量提升特色举措中,也包含了针对经营全过程的供应链、客户、产品和品牌的管理。

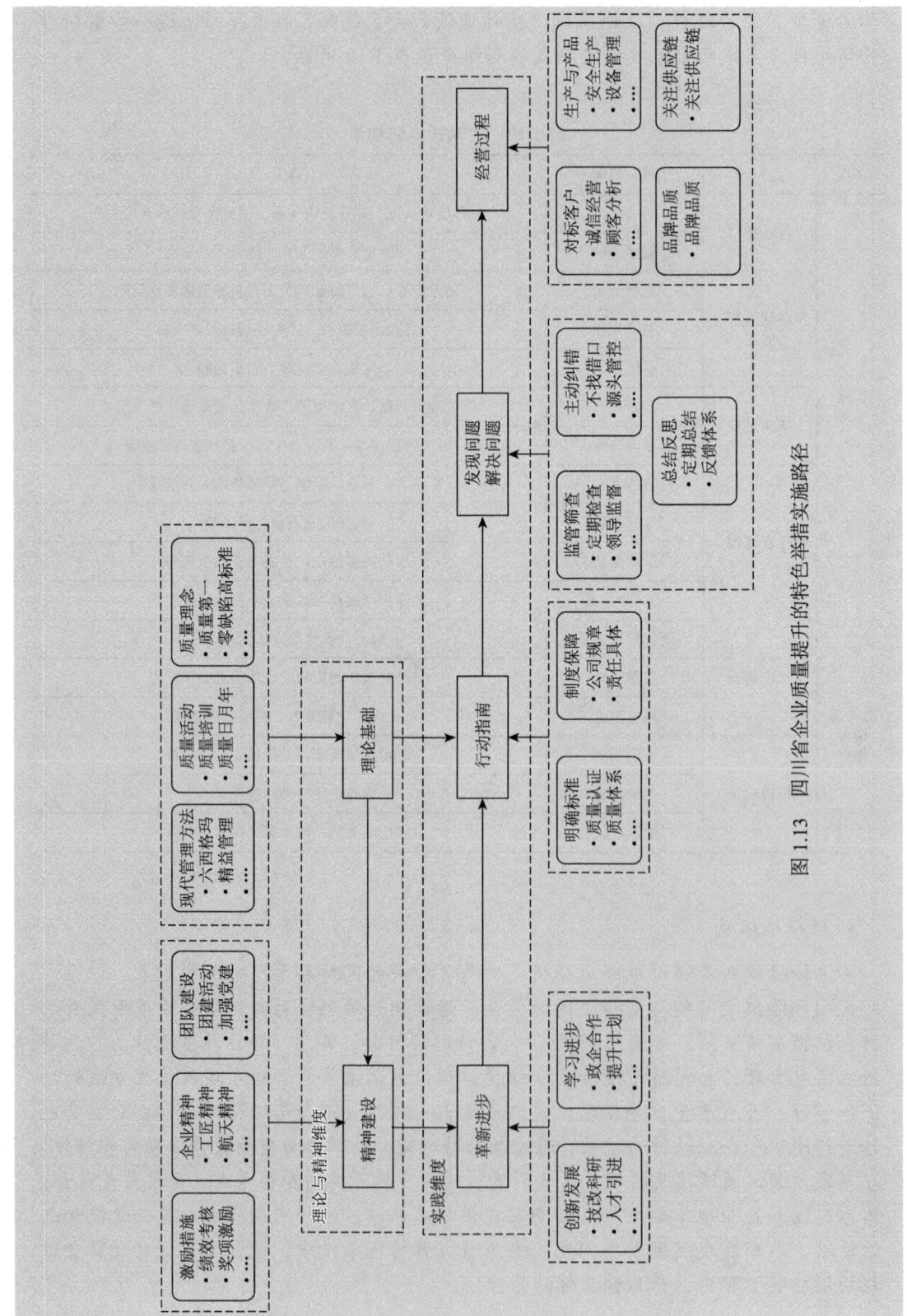

图1.13 四川省企业质量提升的特色举措实施路径

第 2 章 怎样的研究是科学的

如果有人问你，什么是最好的研究，你会怎么回答呢？这个问题很难回答，其实研究追求真理，而不是价值，我们通常不会去比较研究好与不好，人们无法对科研成果做出价值判断。对于商业研究来说，你可以说它的内在价值取决于它在多大程度上可以帮助管理者做出比根据已有信息所做决策更好的决策，从而实现商业目标。有人认为基础科学没有直接的实践价值，但研究确实有科学和不科学之分。研究是对客观世界及其规律的描述和理解。判断这种理解是否正确，取决于与客观现实的符合程度。一致性程度越高，对真理的理解就越紧密。为了找出真相，研究人员付出了艰辛的努力。无论是社会研究、生物研究还是商业研究等，从一开始，研究者就要致力于科学的研究，追求真理。

通过第 1 章我们已经知道了什么是研究，什么不是，那么怎样的研究是科学的呢？科学的研究的标志或主要区别特征有以下 8 个：目的性（purposiveness）、严谨性（rigor）、可重复性（replicability）、可测性（testability）、精确度和可信度（precision and confidence）、客观性（objectivity）、普遍性（generalizability）、简单性（parsimony）。

2.1 目 的 性

目的性是指研究者在研究问题陈述中阐明研究目的，实现该研究目的具有明确的理论或现实意义。

◎**案例：蛋糕营销案例一**

> 某全国连锁糕点店的营销经理打算推出一款新的冷冻糕点，决定以提供优惠券的方式来吸引人们购买这款新糕点。这样就产生了一个问题：是向所有人发放优惠券，还是有针对性地只向特定人群发放呢？漫无目的地发放优惠券，不仅会增加营销推广成本，而且效果不一定好。如果直接把优惠券发放给那些最有可能使用它们的人，那么有限营销推广费用所起到的效果会更好一些。营销经理提出的下一个问题是：哪些是最有可能使用新优惠券的人？
>
> 以往的研究和经验表明，曾经大量使用过优惠券的人，通常也是最有可能使用新优惠券的人。营销经理接下来将要提出的问题是：通过哪些可识别的人口统计特征来遴选出大量使用者？

2.2 严 谨 性

良好的理论基础和合理的方法设计将为有目的的研究增加严谨性。严谨意味着细心、谨慎和研究调查的精确程度。

◎案例：蛋糕营销案例二

营销经理希望通过消费者行为调查数据，识别大量使用消费券的人口统计特征，向具备这种特征的人分发优惠券。那么如何获取这些使用优惠券消费者的人口统计资料？营销经理发现公司的数据库里有一些历史资料，但是只有往年营销活动中优惠券的一些使用记录，这些记录只包含生日蛋糕券，并且总共只有 100 多个消费者的使用信息，由于这些消费者中很多并不是会员，记录中不包含他们完整的人口统计特征数据。如果仅仅使用这些数据，这个研究的严谨性就要被质疑。因此，营销经理决定找到一家知名的市场调研公司，该公司对消费者日常消费行为有多年的追踪调查，并建立了全国范围内完善的消费者资料库。

★ 拓展：样本容量的确定

商业或管理研究中最能体现严谨性的方面之一是数据搜集的严谨性。与之相关的一个重要问题就是，我们的商业调查到底需要多少样本。

样本容量就是样本规模，指的是样本内所含个体数量的多少。武断地确定样本容量会使得实证研究不够严谨，研究结论的可信度将受到质疑。样本容量还直接影响调查的费用和人力，太大的样本会浪费成本，甚至难以完成，太小的样本会失去对总体的代表性。因此适当的样本容量是非常重要的。假如你设计的调研总体是全国所有的全日制本科在校大学生，那么你认为大概要选择多大的样本才能很好地代表总体？200 个？500 个？1000 个？还是 2000 个？我们有多种方式比较科学地确定样本容量。

第一种方式是文献法。无论是社会研究、管理研究还是商业研究，文献中已有很多经典的、有效的实证研究案例，前人早已总结出一套根据调查允许误差与所需的样本容量之间的对应关系，我们可以根据前人的经验，确定大致的样本容量。例如，袁方和王汉生的《社会研究方法教程》给出了 1%~7%的允许误差和两种置信水平下，大规模总体情况下简单随机抽样所需样本数，如表 2.1 所示。

表 2.1　简单随机抽样所需要的样本数

允许误差	置信水平	
	95%	99%
1%	9 604	16 589
2%	2 401	4 147
3%	1 067	1 849
4%	600	1 037
5%	384	663
6%	267	461
7%	196	339

此外，对一组已知的条件（总体可信度、方差、误差界限等）来说，当总体规模从 1000 人增加到 500 000 人或更大时，样本必需量有所增长，但当总体规模达到足够大时，样本的必需量相对于总体来说，只受到较小影响，实际上规模在 10 000

人以上的总体，样本必需量是相当接近的，《社会研究方法教程》（袁方和王汉生，1997）给出了如图 2.1 所示的参考关系。

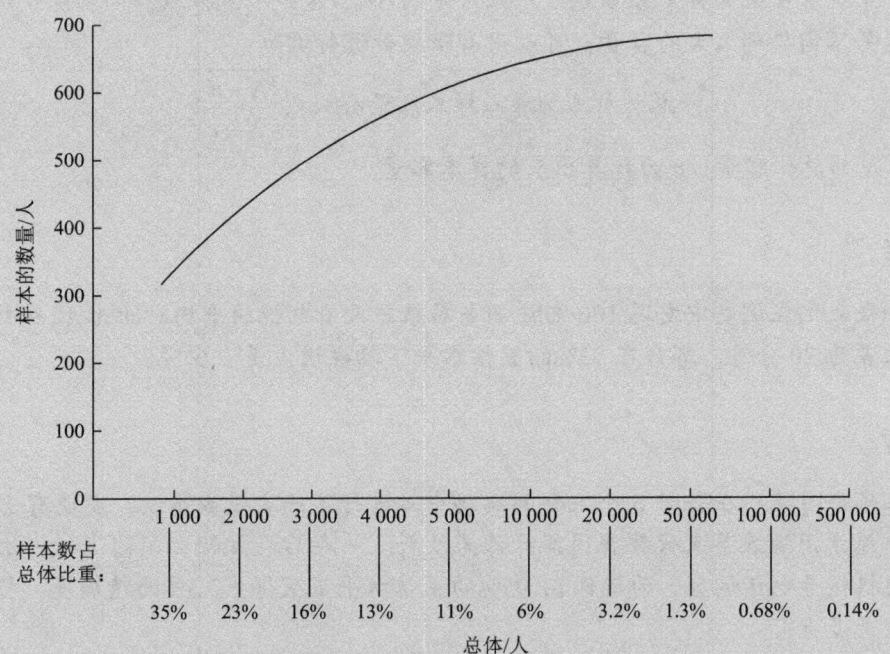

图 2.1　总体规模与样本数量

置信水平 95%，置信区间±3%，总体异质性较大

文献中还有关于分析要求与样本容量、经费与样本容量对应关系的结论，可以帮助我们确定样本容量，成为我们论文或报告中数据搜集方案的支撑，为我们的研究增加严谨性。

第二种方式是计算法。我们可以通过检验的功效、预测的功效等计算出所需的样本容量，这部分介绍最简单的一种——置信区间法确定样本容量。我们已知：①允许的抽样误差越小，精确度越高，所需的样本容量越大；②受访者对某一特定问题回答的相异性（差异性）越大，所需的样本容量越大。

n——样本容量

$z_{a/2}$——与选择的置信水平对应的 Z 值

p——样本百分比

q——$100-p$

s——样本的标准差

e——可接受的抽样误差水平

$$\pm 抽样误差\% = z_{a/2} s_{\bar{p}} = z_{a/2}\sqrt{\frac{p \times q}{n}}, \quad \pm 抽样误差 = z_{a/2} s_{\bar{x}} = z_{a/2}\frac{s}{\sqrt{n}}$$

如果给定了抽样误差为 e，可以换算出所需要的样本容量：

$$n=\frac{z_{a/2}^2(pq)}{e^2}, n=\frac{z_{a/2}^2 s^2}{e^2}$$

如果计算出来的样本容量超过总体容量的5%，这是小总体抽样的特殊情况，此时可能并不需要那么大的容量，可以用有限乘数进行调节：

$$\text{小总体样本容量} = \text{样本容量公式} \times \sqrt{\frac{N-n}{N-1}}$$

其中，N为总体容量；n为计算出来的样本容量。

※ 思考

如果我们在调查中发现100名被调查对象每天看电视的平均时间为45分钟，样本标准差为20分钟，那么在95%的置信水平下抽样误差是多少呢？

※ 思考

立顿公司某年在全国6个主要的购物中心进行了一次拦截访谈，发现有20%的公众更愿意用袋装茶来代替普通茶叶作为饮料。一年后，立顿公司想进行一次全国性的随机拨号电话调查。为确保在95%的置信水平下获得±2.5%的精确度，样本容量应该是多少？

※ 思考

某时装店统计发现有50%的顾客投诉尺寸不准，老板改进了设计，现在已经卖了1000件新版时装出去，采用95%置信水平，请问老板至少要调查多少个新版顾客对尺寸的满意度，才能保证投诉率的估计精确在±5%以内？

2.3 可重复性

如果在其他组织采用相同方法收集的数据的基础上有类似的发现，我们将认为这些发现和结论更可信。当采用同样的研究设计重复相同类型的研究时，假设检验的结果应该得到一次又一次的支持。如果确实发生这种情况（即结果被复制或重复），我们将对我们研究的科学性充满信心。

地质学家约翰·克拉尔布特（John Claerbout）将可重复研究定义为"其他科学家复制（论文）"的可能性。Hamermesh（2007）建议区分两个概念：纯复制（pure replication）和科学复制（scientific replication）。纯复制是指几乎完全复制手头研究的能力，主要用于验证。科学复制是指在其他数据库上重复使用现有的研究材料，并将其视为稳健性测试或拓展原始研究工作。

对于许多研究项目来说，如果该项目的作者为所有其他研究人员提供了用以完全重现论文结果的所有资料（数据和程序），则该项目被认为是可重复的。

为什么可重复性是科学研究的重要特征呢？第一，科学研究的目标是通过不断验证和证伪来建立知识，而可重复性研究正是验证的一种重要方式。只有研究结果可以被独立的研究者在相同条件下重复并得出相同结论，才能保障研究的可信度和有效性。第二，可重复性研究有助于发现科学研究中的偏见和错误。研究者可能在采集数据和分析结果等环节中出现无意识的偏见，这些偏见可能导致研究结果的不准确。通过可重复性研究，独立的研究者可以用不同的角度和方法来验证原来的结论，从而发现并纠正潜在的偏见。第三，重复研究有助于推进科学进步和创新。科学研究应该是一个累积的过程，不同研究者对同一问题进行多次的独立验证，可以进一步加深对研究对象的理解。第四，重复研究有助于发现原研究的局限性，促使其他研究者提出更全面、深入的问题并展开进一步的研究。

◎案例：小保方晴子论文涉嫌造假[①]

【起始】2014年1月，日本女科学家小保方晴子在《自然》上发表论文，宣称发现类似干细胞的多能细胞（"万能细胞"，STAP），引起学界重视。

【发展】其他科学家发现其论文中的实验不具备可重复性。这也牵涉了小保方晴子2011年向早稻田大学提交的博士毕业论文的真实性。2014年4月，日本理化学研究所的调查委员会就STAP细胞研究论文存疑的问题召开新闻发布会，宣布研究负责人小保方晴子等发表的STAP细胞研究论文确实存在数据造假等问题，属于学术不端行为。

2.4 可测性

科学研究要有经验内涵，也就是可观察性和可测量性，无法观察和测量的事物无法进入科学研究领域。这就要求我们对于研究对象有清晰的界定，对研究涉及的核心概念有明确的定义，即具体化。

拉扎斯菲尔德将概念具体划分为图2.2的四个阶段。

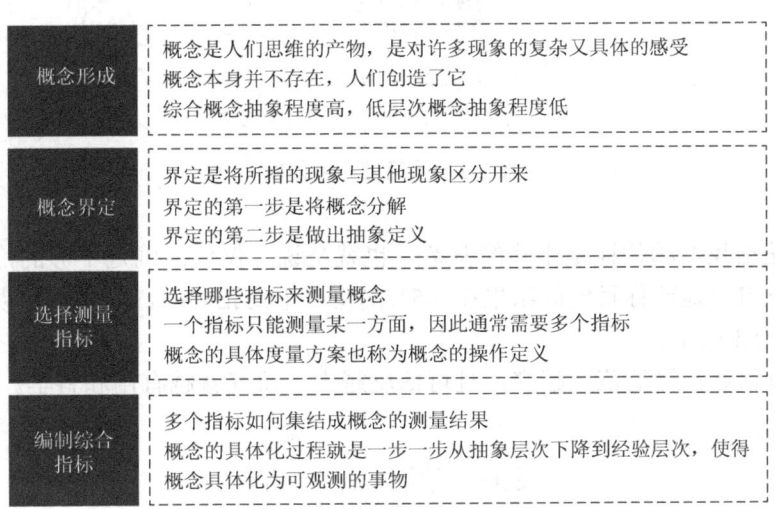

图2.2 概念的四个阶段

---

① 《日本女科学家小保方论文造假事件追踪》，https://news.sciencenet.cn/news/sub2.aspx?id=1739[2024-10-24]。

◎ **案例：蛋糕营销案例三**

> 接下来营销经理还需要考虑哪些问题？首先，"大量使用""少量使用"应该如何界定？营销经理设定为：一个月之内在所有使用优惠券的人中，使用优惠券数据最多的前20%的人和使用优惠券最少的后20%的人。其次，影响消费者使用优惠券的人口统计特征有哪些？据经验和过去研究结论，这些特征包括：家庭规模、收入、开支、女户主的年龄、女户主的受教育水平、女户主有无全职工作。

※ **思考**

> 如何将"顾客满意度"这个概念具体化？

2.5 精确度和可信度

精确性是指基于样本的调查结果与现实的接近程度。如果估计一年中因缺勤而损失的生产天数在30到40之间，比在20到50之间的估计要精确，如图2.3所示。

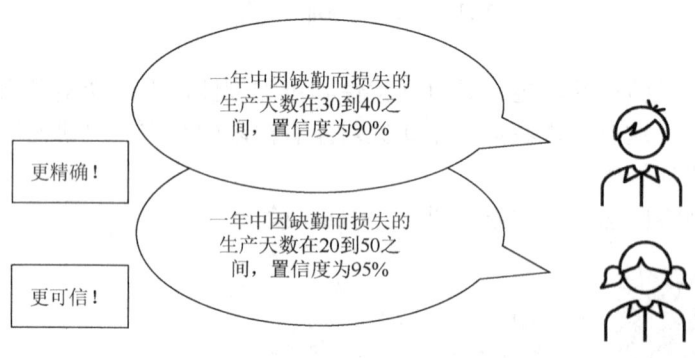

图2.3 精确度和可信度

可信度是指我们的估计是正确的概率。也就是说，仅仅准确是不够的，同样重要的是，我们可以自信地声称我们的结果在95%的情况下是正确的，而我们错误的可能性只有5%，如图2.3所示。

我们可以估计预测的范围越窄，且可信度越大，研究就越有用和科学。

2.6 客观性

科学研究应该基于实际数据和事实，而不是基于我们的主观想法、情感或价值观。

实施非基于数据或从研究中得出的误导性结论的组织可能会遭受很大损害。对数据的解释越客观，研究调查就越科学。

在论文写作中，客观性是首要的原则，如图2.4所示。为了确保研究结果的客观性，研究人员应该尽量避免个人偏见和主观判断，并遵循科学严谨的研究方法。以下是几种确保研究结果客观的方法。

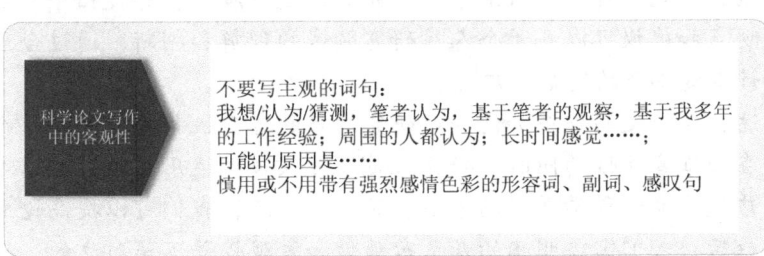

图 2.4　论文写作的客观性

1. 使用客观数据

研究人员应该使用客观的数据来支持研究结果。这些数据可以来自实验观测、统计分析或其他可靠的信息源。使用客观数据，可以减少主观偏见的可能性，提高研究结果的客观性。

2. 遵循科学方法

在研究过程中，应该遵循科学的研究方法和实证主义的原则。科学方法要求研究人员进行精确的观察和实验，并根据实际数据进行推理和判断。通过遵循科学方法，可以确保研究结果的客观性和可靠性。

3. 借鉴他人研究

在论文写作中，可以引用和借鉴他人的研究成果。引用他人的研究成果，可以增加研究结果的客观性和可信度。同时，研究人员也需要对引用的研究进行准确的解读和分析，确保研究结果的客观性。

★ 拓展：合理利用主观性

尽管客观性对于论文写作至关重要，但是在处理研究结果的主观性时，也需要适当地运用主观观点和个人态度，以增加研究结果的深度和广度。以下是几种合理运用主观性的方法。

1. 分析和解释

在研究结果中，研究人员可以通过分析和解释来发表个人观点。这些观点可以基于个人经验、专业知识或对研究结果的深入理解。合理地运用主观性，可以提升研究结果的丰富性和独特性。

2. 讨论局限和不确定性

研究结果往往存在局限和不确定性。研究人员可以在论文中诚实地讨论这些局限和不确定性，并提出个人观点和建议。通过这种方式，可以展示研究人员的主观态度，同时也能提升研究结果的客观性。

3. 对未来研究的展望

在论文中，研究人员可以对未来的研究工作进行展望，并提出个人观点和研究建议。这些观点和建议可以基于个人对研究领域的理解和判断。通过合理运用主观性，可以为读者提供新的思路和启发。

综上所述，在论文写作中如何处理研究结果的客观性与主观性是一个复杂而重要的问题。在保证客观性的同时，研究人员还应该合理运用主观性，以增加研究结果的深度和广度。通过科学严谨的方法和独到的观点，我们可以提高论文的质量和学术价值。最后，我们需要明确的是，客观性和主观性并不是对立的，正确的处理方法应该是在两者之间取得平衡。

2.7 普遍性

普遍性是指研究结果在一种组织环境中的适用范围。显然，研究产生的解决方案的适用范围越广，研究就越有用。例如，如果研究人员发现参与决策提高组织承诺的研究结果在各种制造、工业和服务组织中是正确的，而不仅仅是在研究人员研究的特定组织中，那么研究结果的普遍性就较好。

※ 思考

（1）严格来说，案例研究是科学的研究吗？
（2）从普遍性的角度来说，基础研究比应用研究更科学吗？

2.8 简单性

简单地解释发生的现象或问题，以及为问题生成解决方案，总是比考虑无法管理的因素的复杂研究框架更受欢迎。

例如，一旦明确了工作环境中的两个或三个关键变量，并对其进行调整，员工的组织承诺将显著提升45%。相较于建议经理改变十个不同的变量以仅获得48%的提升而言，这一策略无疑更具实用性和价值。

★ 拓展：奥卡姆剃刀原理

公元14世纪，英国威廉·奥卡姆（William Ockham）对当时无休无止的关于"共相""本质"之类的争吵感到厌倦，于是著书立说，宣传唯名论，只承认确实存在的东西，认为那些空洞无物的普遍性要领都是无用的累赘，应当被无情地"剔除"。他所主张的"思维经济原则"，概括起来就是"如无必要，勿增实体"。因为他叫威廉，来自奥卡姆，人们为了纪念他就把这句话称为奥卡姆剃刀。

苹果公司的核心价值是"一切始于简洁"；日本的山下英子提出"断舍离"；佛教提倡"禁欲主义和极简主义"；老子说"大道至简"；亚里士多德说"自然界选择最短的道路"，这一切都折射了奥卡姆剃刀原理的影子。

简单性几乎是科学家的信仰。对于科学家，奥卡姆剃刀原理还有一种更为常见的表述形式：当你有两个或多个处于竞争地位的理论能得出同样的结论，那么简单或可证伪的那个更好。这一表述也有一种更为常见的强形式：如果你有两个或多个原理，它们都能解释观测到的事实，那么你应该使用简单或可证伪的那个，直到发现更多的证据。对于现象最简单的解释往往比较复杂的解释更正确。如果你有两个或多个类似的解决方案，选择最简单的。需要最少假设的解释最有可能是正确的（或者以这种自我肯定的形式出现：让事情保持简单！）。注意这个原理是如何在上述形式中被加强的。严格地说，它们应该被称为吝啬定律（law of parsimony），或者被称为朴素原则。

许多科学家接受或者（独立地）提出了奥卡姆剃刀原理，如莱布尼茨的"不可观测事物的同一性原理"和牛顿提出的一个原则：如果某一原因既真又足以解释自然事物的特性，则我们不应当接受比这更多的原因。奥卡姆剃刀以结果为导向，始终追寻高效简洁的方法，600多年来，这一原理在科学上得到了广泛的应用，从牛顿的万有引力到爱因斯坦的相对论，奥卡姆剃刀已经成为重要的科学思维理念。

奥卡姆剃刀不断在哲学、科学等领域得到应用，但使它进一步发扬光大，并广为世人所知的，则是在近代的企业管理学中。好的理论应当是简单、清晰、重点突出的，企业管理理论也不例外。在管理企业制定决策时，应该尽量把复杂的事情简单化，剔除干扰，抓住主要矛盾，解决最根本的问题，才能让企业保持正确的方向。对于现代企业而言，信息爆炸式的增长，使得主导企业发展的因素盘根错节，做到化复杂为简单就更加不易。企业管理是系统工程，包括基础管理、组织管理、营销管理、技术管理、生产管理、企业战略，奥卡姆剃刀所倡导的简单化管理，并不是把众多相关因素粗暴地剔除，而是要穿过复杂，走向简单，通过奥卡姆剃刀将企业最关键的脉络明晰化、简单化，增强核心竞争力。

图 2.5 展示了预测中几种拟合的情况，其中图 2.5(b) 显示了恰当的拟合状态。最后一定有人会问了，过拟合的那张图也很棒（图 2.5c），非常完美地学习到了各种情况，但是我要说了，实际的数据中是会有噪声现象的，一个模型完美地学习出了一些随机的噪声并不是一个好事情。所以评价一个模型的好坏就要引入奥卡姆剃刀原则，这个原则是说能用简单的方法完成任务的就尽量不要用复杂的方法，在这里就是能用简单的模型去拟合，就不需要用复杂的、把噪声都刻画出来的方法。

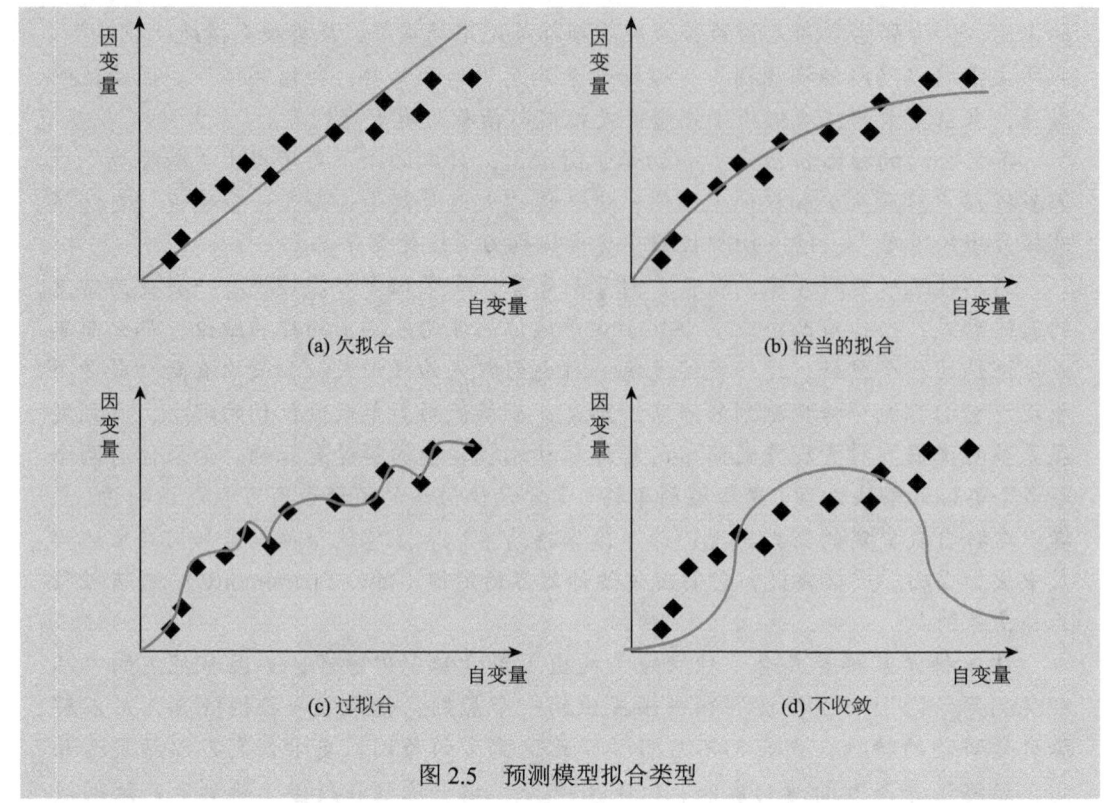

图 2.5 预测模型拟合类型

※ 思考

　　一天丢丢跑去找李老师，说道："老师，我知道什么是科学的研究，也知道科学研究的意义了，但是却不知道如何把 research process（研究过程）真正应用到我自己的研究中。到底管理的研究是不是科学的呢？比如，我研究的是'领导风格对员工创新能力和行为的影响'，我研究的对象是有血有肉的人，他们的行为和决策不像大自然的现象一样，那么客观，我发现我对不同人调研的结论飘忽不定，是不是意味着商业和管理研究是不可重复的呢？以人为主要研究对象的商业和管理研究是不是本质上就不科学啊？"

　　你能回答一下丢丢的问题吗？

第 3 章 商业研究基础

商业研究是为了给商业决策提供信息。商业决策涉及做出决定短期和长期组织活动的选择。商业决策可以是：①运营类，如客户订单、部门预算、产品库存和其他日常活动；②财务类，如产品定价、投资机会、生产或制造成本以及债务管理；③战略类，如扩大客户群、并购和提高生产力；④招聘类，如筛选潜在候选人、入职和培训；⑤政策类，如员工产假、陪产假、薪酬和福利；⑥技术类，如业务管理软件、通信和协作系统以及数据仓库。任何竞争型企业在做出明智的决策以解决所面临的关键问题时，都需要信息。商业研究可以提供所需的信息。没有商业研究，企业所有涉及战术和战略的业务决策将无异于盲人摸象。

3.1 商业研究本质

商业研究的目的是方便管理层做决策，而决策涉及方方面面，如财务、营销、人力资源等。财务经理可能会有这样的疑问："未来两年的长期资金通融情况会好转吗？"人事经理的问题是："生产线上的员工需要何种培训？为什么企业的高级雇员会离职？"销售经理可能会问："如何监管公司的零售业务和销售额？"要回答上述问题，我们需要获取信息，这样才能对有关决策的一些因素，如外部环境、员工情况、消费者态度或者整体经济情况有一个良好的把握。商业研究是回答这些问题的途径之一。由于商业研究能给企业提供必要的信息，减少错误判断，所以它是管理层在解决所有问题和做决策时的重要工具。然而，需要指出的是，调研结果只是给决策层做参考。

所有的企业经营问题，归根结底都是信息问题，商业研究的最终目的是为企业提供准确的信息，以减少企业决策的不确定性。企业做决策时掌握的信息不足，通常有很多原因，如降低成本的考量、没有足够的时间进行调研，或者是决策者认为他们已掌握足够的信息。事先不调研，凭经验做决策，就好比赌马时仅因为那匹马的名字好听就选择获胜概率不大的那一匹。这么做，偶尔会获得成功，但是从长期来看，凭感觉做事终归要失败。进行商业研究可以帮助决策者系统、客观地调查研究情况，而不是凭感觉做判断。虽然信息可以通过调研获得，但商业研究并不仅限于做调查。整个商业研究的过程一般包括：提出理论和设想、找出问题所在、收集信息、分析数据和研究调查结果。

当然，商业研究也有多种分类，如按照应用范围来分，可以分为应用商业研究和基础商业研究。

应用商业研究（applied business research）是为某个具体的企业或组织解决具体决策问题的方法。本篇已提供了一些应用商业研究的案例。

基础商业研究（basic business research）（有时也称为纯研究）不是为了解决某个组织

的具体问题，而是纯理论知识的研究。我们利用基础商业研究来验证一般商业理论（适用于所有组织）的正确性，或者挖掘某个特殊的商业现象。例如，对某行业中小型企业进行抽样，开展调研，探究领导如何才能激励下属为公司的利益而努力工作。通过进行这一类调研，我们了解到员工最关心的是什么，如何为他们创造一个和谐、满意的工作环境。因此，基础商业研究并不是从某一个机构的角度来考虑问题。尽管如此，企业仍可以利用基础商业研究来设计自己的应用商业研究。所以，这两类调研并不是完全独立的，基础商业研究可以为后期应用商业研究提供理论基础。

在本书中，我们提到的商业研究既包括应用商业研究也包括基础商业研究。

3.2 商业研究的管理价值

不同经营导向的企业，研究的对象和目的有所不同，如图3.1所示。企业可以是产品导向（product-oriented）型的，这类企业在做决策时，把提高产品技术放在优先考虑的位置。因此，在收集数据进行调研时，来自技师和专家的信息是非常重要的。企业也可以是生产导向（production-oriented）型的，生产导向型企业一般都是产量很高的大型企业，此类企业在做决策时，首先考虑的是生产的效率和效能问题，降低成本是企业的主要目标。企业还可能是营销导向（marketing-oriented）型的。这类企业关注的焦点既不是具体的产品也不是生产过程，而是服务消费者。同样我们在研究时，也把主要精力放在消费者身上，以了解他们的愿望和想法。

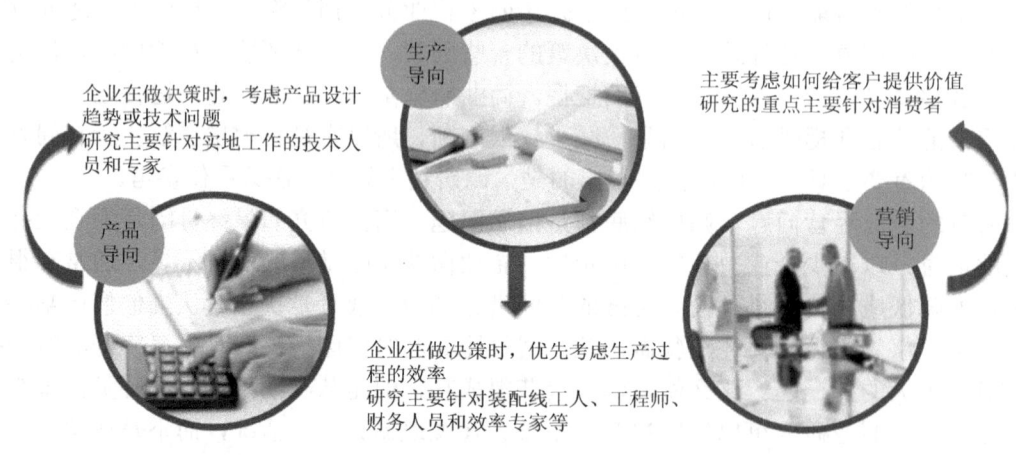

图3.1 不同经营导向企业的决策

◎**案例：法国优诺乳业的成功营销案例**

> 法国优诺乳业的成功营销证实了商业研究的作用。通过对消费者的调研，公司发现经常带酸奶到学校喝的孩子，希望酸奶能够携带方便，且饮用简单。有些品牌把小勺贴在包装上，但是在认真调研之后，优诺乳业认为，需要针对小孩的特点重新设计包装。参加公司产品测试的妈妈和孩子们，受邀品尝不同包装的酸奶，有长

管的、细管的、粗管的等。工作人员事先没有告诉大家如何打开包装，调研人员说"看到妈妈们把酸奶拿在手上不知如何下手，真的很有意思，而孩子们跑上来一下子就找到了机关。"……在调研的基础上，优诺乳业推出了一种三边软管型酸奶，大小刚好可以放入孩子们的饭盒中。这款产品在市场上取得了喜人的成绩，推出第一年销售额突破了1亿美元。

优诺乳业的例子说明，商业研究在管理方面的主要作用体现在，它提供的信息优化了决策过程，在一个经营战略规划和实施中，决策过程包括了：①找出问题和机会；②诊断并评估问题和机会；③选择一种方案并执行；④评估所选方案。

第 4 章 道德与伦理问题

科学研究是推动社会进步和发展的重要力量，而科研伦理道德则是科学研究不可或缺的基石。伦理道德原则在科研领域起着指导、规范和约束的作用，能确保研究的真实性、可靠性和公正性。科研伦理道德能够维护科研的真实性和可靠性。科学研究必须建立在真实的基础上，而伦理道德原则要求研究者诚实、正直地开展研究，真实地呈现研究结果，避免虚假数据和研究成果的出现。本章将探讨商业伦理与道德、科研伦理与道德相关问题，事实上，科研道德、商业伦理和科研伦理这几个概念既有交叉也各有侧重，如图4.1所示。

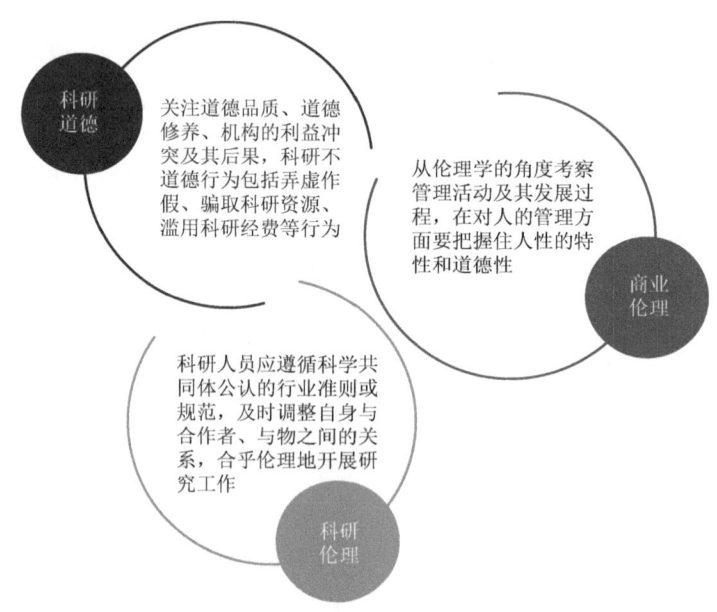

图 4.1 科研道德、商业伦理和科研伦理

4.1 商业伦理与道德

伦理（ethics）是验证社会或自身道德标准的准则，是生活中普遍存在的，对人们所做行为的一种规范。伦理研究这些标准如何适用于生活，以及这些标准是否合理，即它们是否有正当的理由支撑。所以，当个人接受了从家庭、学校和朋友那里吸收的道德标准，并询问自己以下问题时，就开始了伦理思考：这些标准在个人所处的情境中暗示了什么？这些标准真的有意义吗？支持或反对这些标准的理由是什么？为什么要继续相信它们？可以说些什么来支持或反对它们？真的应该坚持这些标准吗？它们在特定情况中的含义合理吗？

商业伦理（business ethics）是在伦理的基础上进行限定性选择，对商业行为的操控者进行约束，商业伦理形成于商品交易，并不断地发展，起源比较久远。随着近年来经济和网络的高速发展，商业伦理才被越来越多的人所关注，食品安全问题、企业丑闻这些年也在公众的视野中不断被曝光。商业伦理研究道德标准以及这些标准如何应用于现代社会生产，如何应用于分配产品、服务的社会制度和组织，如何应用于这些组织中的员工活动。换言之，商业伦理是应用伦理学的一种形式。它不仅包含对道德规范和价值观的分析，还试图将这些分析结论应用于各类商业机构、商业制度和具体商业活动中。

事实上，人们已经指出，除非商人和商业社会遵守一些非常细节的伦理标准，否则商业将难以存续（贝拉斯拉克，2020）。

企业的商业伦理主要包括以下内容。

（1）企业对外经营的经营伦理观念。①企业和客户。企业和客户之间的关系，应该是平等且相互尊重的，作为企业，应该生产出合格产品，在质量上可靠，并且主动告知客户产品的用途以及潜在的问题，确保客户的知情权。在双方交易达成后，也要及时跟进做好售后服务，为客户提供售后保障，一旦产品有质量问题，应当及时、有效地解决，而不是一经售出概不负责。②企业与竞争者。每个企业都有自己的竞争对手，这是作为企业无法避免的，敌对关系不一定是企业和竞争对手唯一的关系，也可以为了企业双方共赢的目的而构建合作关系，一个良好的市场环境对企业来说是有益无害的，如果市场环境恶劣，秩序得不到保证，有些企业为了利润，可能会生产假冒伪劣产品，从而损害竞争对手的利益，扰乱市场，在这种情况下，企业可能短期获利，但没有良好商业伦理道德的企业不可能长期存在，最终会自食恶果，但如果企业之间进行良性竞争，不仅会促进双方创新，推动企业的发展，同时也会有利于双方实现利益共赢。

（2）企业对内经营的经营道德观念。①企业与所有者。企业与所有者的关系在于企业所有者出资成立公司，但由于各种原因，企业所有者对公司的经营不直接进行参与，而是通过雇佣优秀的专业人员对企业进行运营。企业的所有者有权力对企业的日常经营活动和财务状况进行了解和掌握，经营者应当如实告知企业的实际情况，以便所有者进行决策。当前，有很多经营者在进行数据汇报时，选择性地上报信息，对企业好的方面详细说明，对企业存在的问题选择不报或者一带而过，导致所有者利益受到了损害。同时，所有者也要适当在日常经营活动中给予企业经营者一定的权力，这不仅有助于提高企业的经营效益，而且能够更好地促进企业发展。②企业与员工。企业运营离不开人力资源。人才给企业带来的价值是无法估量的，而企业和员工应该被看作一个不可分割的整体，而不是简单的管理和被管理的关系。作为企业，首先要给员工提供最基本的办公环境和设备，要按时发工资，提供福利保障，要尊重员工的权利。从长远来看，一个成功的企业在保障员工权利的同时，也应提高员工的忠诚度。作为一名员工，在享受企业带给自己的权利和福利的同时，更应该在公司遇到困难的时候，在不做危害公司利益的事情的情况下，同舟共济，各尽其责，把自己分内的事情做好。

了解商业伦理对研究者有什么启示呢？商业伦理本身就是一个重要的研究议题，商业行为准则、利益冲突、消费者权益、商业竞争、企业社会责任、道德决策都是非常有意义的研究选题。此外,研究者不应参与到违背商业伦理的研究活动中,如与虚假宣传保健品、仿冒品营销有关的研究。

商业道德是指在商业环境中,道德对行为的约束。一般来说,好的道德规范是做我们认为正确的事情,道德缺失相当于做了我们认为错误的事情。良好的道德行为应该是公正、公平并且被大家认同的。一个人的道德价值受道德标准的影响。道德标准是信念的集中体现,它明确界定了什么行为是道德的,什么行为是不道德的。简而言之,道德标准就是我们用来评判善恶、衡量行为对错的重要准则。道德困境是指一个人面临两种不同的行动选择,每种选择意味着不同的道德结果。商业方面的道德困境确实存在,并经常考验着企业和个人的良知与责任感。

◎案例:互联网企业的道德困境:算法推送与信息茧房

> 互联网商业巨头通过后台记录用户的行为特点,并据此大量推送类似的信息,以满足用户需求。这种算法推送机制在带来个性化体验的同时,也引发了深刻的道德困境。
>
> 算法推送是否涉及泄露用户信息?虽然算法公司声称不会泄露用户信息,但实际上这些公司可能会使用用户数据来推送相关购买信息。例如,给经常看魔方视频的人推送购买魔方的链接,给爱看某类汽车的人推送购买汽车的链接。这种直接或间接的隐私泄露使用户成为被购买的商品,其个人的信息被商业化利用。
>
> 算法推送机制导致用户被大量同类信息包围,形成了一个"信息茧房"。在这个茧房里,用户很难接触到不同的观点和信息,从而可能导致其思维变得狭隘和片面。长此以往,用户可能会逐渐失去独立思考和判断的能力,被算法所塑造的信息环境所左右。
>
> 综上所述,商业方面的道德困境需要企业和个人在追求商业利益的同时,时刻关注道德和责任的问题,确保商业活动的合法性和正当性。这些深刻的问题同样启发了很多商业研究选题,如商业推送算法伦理与道德责任研究、个性化推荐系统的道德影响分析、商业平台的数据隐私保护策略研究、用户自主性与算法控制权的平衡研究等。

4.2 科研伦理与道德

科研伦理可分为内部伦理和外部伦理两个方面:①内部伦理主要是指在科学知识的生产、交流、传播和评价过程中出现的科学共同体内部的伦理问题;②外部伦理则涉及科学成果在社会应用过程中引起的诸多伦理问题,如生态伦理、生命伦理、核伦理、工程伦理、医学伦理等。

19世纪以前,科学活动的方式主要是非职业的、兴趣驱动的个人独立研究。非职业化科学活动的道德特点包括:淡化了功利目的,缺少外界诱惑,但是业余科学研究因缺少统一的方法论纲领和学术规范而产生了道德争执。20 世纪以来，科学研究完成了从行业向职业的转变。职业化科学活动的道德特点包括：①利益与道德的冲突，科学研究中的伦理问题迭出；②引发诸多社会伦理问题。科研伦理问题真正引起重视并对此开展系统的学理研究，始于 20 世纪 70 年代。

4.2.1 在美国

美国医学科学院和美国科学三院国家科研委员会（2007）在《科研道德：倡导负责行为》中指出："科研诚信，是指在科研活动这一特定情况下的道德原则的坚定性。"美国政府制定了《国家研究法案》（National Research Act）等专门法律，明确规定了科研伦理的基本原则和要求。这些法律为科研活动提供了明确的法律框架，确保科研行为符合社会伦理和道德标准。美国政府设立了多个专门机构来监管和审查科研活动，如国家卫生研究院下设的机构审查委员会等。美国科研界制定了一系列行业规范，如《世界医学协会赫尔辛基宣言》等，为科研活动提供了具体的伦理指导。这些规范强调了科研活动的合法性、公正性和人道性，要求科研人员遵守相关伦理原则。

4.2.2 在欧洲

关于科研伦理的教育在欧洲大学里也普遍开展起来。德国、英国等国家和世界科学联盟国际科学组织在近十几年建立起各种"科学道德与责任"机构，制定科学行为的普遍道德规范，监察和查处科学研究活动中的越轨行为，对科学家进行科研道德和社会责任的教育。

4.2.3 在中国

中国对科研道德问题越来越重视，2019 年中共中央办公厅、国务院办公厅先后印发了《关于进一步弘扬科学家精神加强作风和学风建设的意见》和《关于加强科技伦理治理的意见》，为科研诚信和伦理治理提供了明确的指导和方向。这些政策不仅强调了科研诚信的重要性，还提出了具体的措施和要求，如完善科研诚信审核、科研伦理审查等制度，加强科研诚信案件通报机制，以及开展科学道德和学风建设宣讲教育等。同时，为了落实这些政策，国家还采取了一系列行动。例如，持续开展学风传承行动，扩大"学风涵养工作室"的覆盖面，引导更多科研人员参与优良学风的践行和传播。此外，还通过"科学家精神宣讲团""共和国的脊梁——科学大师名校宣传工程"等活动，深入宣传科学家精神和科研诚信，加强对科技界的思想政治引领。这些政策和行动的实施，不仅有助于提升科研人员的诚信意识和道德水平，还促进了科技创新的健康发展。通过加强科研诚信和伦理治理，中国正在逐步构建一个更加公正、透明、负责任的科技创新环境，为实现高水平科技自立自强提供有力支撑。

商业研究中的各方都面临道德困境问题。为了讨论这个问题，我们把有关各方分成三类：①做研究的人，我们把他们看成做事的一方；②研究的委托方、发起人或管理者，我们把他们看成研究的使用者；③参与研究的人，包括受访人或研究对象。如果各方均按照道德标准做事情，研究必定能出色地完成。每一方可能都希望别人按照道德要求做事。委托方希望研究人员如实地呈现研究结果。研究人员则希望委托方能够如实地告知现状并讲明做研究的原因。以上双方又都希望受访者诚实回答研究中的问题。所以，各方在道德上互有义务和权利。我们应该充分尊重参与研究者的权利，包括他们的知情同意权、要求信息保密的权利和隐私权，并应该尽力保证他们不在研究中受伤害，具体如下。

1. 参与研究者的知情同意权

大多数商业研究都需要有受访者的参与。这种参与是积极主动的。传统调研要求受访者自愿回答问题。回答问题的方式，可能是通过电话、电子邮件或用信件邮寄完整的问卷。在上述几种情况中，受访者是知情同意的。知情同意是指受访者知道研究人员希望他们做什么，并且他们也同意协助研究。另外一种情况是，受访者在不知情的情况下被监控。例如，某研究公司利用电子扫描器监控超市的购买情况。监控获得的信息，有助于研究消费者对促销的反应。在不知情的情况下，受访者被动参加调研。所以，这类道德问题，视受访者的情况（主动或被动参与调研）而定。

2. 参与研究者要求信息保密的权利和隐私权

如果某人愿意主动接受调研，我们一般认为他会提供真实的答案。受访者最重要的义务是诚实。另外，受访者有权要求对自己的信息进行保密。保密性是指研究中涉及的、不能与其他人共享的信息。在对受访者信息保密的前提下，他们愿意如实回答问题，甚至是一些敏感的话题。同样，研究人员和委托方也希望受访者为他们保密。例如，如果研究涉及某品牌新款饼干，那么研究人员和委托方希望受访者对这个信息保密，否则可能会落入竞争者的手中。因此，保密是确保答案真实的一种方式。

隐私权在商业研究中也非常重要。是否答应调查人员的请求，受访者应能自由选择，这也涉及隐私的问题。按惯例，研究人员默认受访者会接受调研。然而，反对意见认为，有些群体他们可能不知道自己有权对别人的要求做出选择，如年老、贫穷和受教育水平低的人群。批评者还说，调研人员刚开始模糊研究主题并问一些无关痛痒的问题，接着他们会转向比较私人的问题。受访者应该被告知，他们有离开或随时中断采访的权利。有些受访者很忙，研究人员不应该强行占用他们的时间。

被动参与研究关系到几种不同类型的隐私问题。人们一般认为，从严格意义上说购物商店、机场和博物馆进行非介入性的观察不属于侵犯隐私，但这种说法建立在一个基础之上，那就是被观察对象必须是匿名的，并且他们的身份永远不会被确认。只要被观察行为属于公共场合的一般行为，就不能称之为侵犯隐私。相反，在公司、学校、医院、酒店等通常只对特定人群开放的场所，或者健身房、游泳池、私人会所、KTV等，这些通常需要付费或预约的场所，在未告知、未征求同意的情况下进行拍摄、录音等调查行为有侵犯他人隐私的嫌疑，应避免。技术的发展创造出很多收集数据的新方法，但是却有侵犯隐私的嫌疑。例如，了解人们在浏览网页时的行为，可以知道什么信息对他们来说有价值或有吸引力，如果通过技术手段可以获取很多这种个人上网信息，然后存入数据仓库中进行分析，这种行为必须在获取数据之前征得对方的同意。此外，如果要与其他公司分享这些信息，还要与数据搜集的对象达成某种形式的协议，让数据搜集的对象知晓并获得他们的许可。

3. 对受访者的保护

研究人员应该尽力保证受访者不在研究中受伤害。当然，绝大多数商业研究都不会对受访者构成任何伤害。但是，研究人员还是应该考虑到每一种可能性。例如，如果研究中涉及品尝食物或饮料，那么参与研究的人可能会出现过敏反应。同样，在研究零售场所的气味干扰时，研究人员会向空气中喷洒一些带有气味的东西，这也涉及过敏问题。面对这种情况，研究人员需要花费心思。一方面，要了解受访者对什么东西过敏；另一方面，不能暴露实验条件。解决这个问题的一种方法是让参与研究的人把自己过敏的东西列出一张单子。还有一种情况是，研究可能对参与者产生心理上的伤害，如果是访谈或问卷，需要斟酌问题的设置，避免敏感性问题，如果是实验，需要研究者反复演练，避免操作风险和环境风险，增加醒目风险提示，如果敏感性问题或风险无法避免，需要在调查开始之前充分征求受访者同意。

目前，很多提供研究的公司和大学都设有人体实验审查委员会或者伦理审查委员会，委员会的目的是仔细审查研究设计，确保实验不会对参与者造成任何形式的伤害。它的另外一个辅助作用是审查研究程序，保证研究设计的执行不会产生法律问题。一些期刊要求投稿时提交伦理审查报告和证明，学术界在伦理方面的要求将越来越高，越来越趋于规范，这将成为未来的趋势。

当然，研究人员也有权利。某客户请一家研究咨询公司进行研究工作，研究咨询公司有权要求对方配合自己的工作。此外，只要研究人员专业地完成了工作，他们就有要求对方支付报酬的权利。有时候，客户对研究结果不满意，但不满意也不能成为不支付报酬的理由。客户应该及时并足额地把报酬支付给研究人员。

人们在从事学术研究活动时必须遵循道德规范和行为准则，尤其是研究者在学术研究活动中要正确处理人与自然、人与人、个人与社会、个人与国家之间的关系，这些行为规范是衡量研究者道德品质的重要标准。行为规范可细分为两个层次：一是端正的学风，有些研究者采取投机取巧，甚至抄袭、作弊的方式，对这类学术道德问题主要以教育、管理来解决；二是避免学术腐败，学术腐败是指利用权力和金钱来达到学术上的个人目的。这两类问题都是对学术道德的败坏。道德规范源于人们的道德生活和社会实践，又高于人们的道德生活和社会实践。学术道德规范是学术活动中的行为指南，它明确规定了如何判断行为是否正当、是否诚信，以及相关的权利和义务等道德准则，旨在确保学术活动的公正、诚信和有序进行。科学研究是创造性的人类活动，只有建立在严格道德标准之上，在一个和谐、守信的文化环境中才能健康发展。

科学道德包括以下内容：求真守真是学术研究最基本的道德要求。学术的创新性必须建立在真实性的基础上，而学术真实性的价值要体现在创新上。科学精神要求研究者必须如实地、准确地按照客观事物的本来面目去揭示其本质和规律，把求真务实、诚实守信作为做人的基本品格，清醒、严谨、规范与合乎逻辑地进行学习研究。协同合作是真正的学术创新中的题中应有之义，它是求真守真和务实创新的需要，是责任担当的体现，把协同合作作为学术道德的要素是时代的要求。科学共同体把追求真理、造福人类作为共同的价值追求，致力于促进人的自由发展和人与自然的和谐，体现了科学的人文关怀和社会关怀。

当今大科学时代，任何学术研究都不能单兵作战，其是由学术共同体完成的，是集体活动。在科学研究不断深化和社会化的今天，更应该严格恪守与忠实奉行这种科学的价值观。以科学道德与科学伦理等丰富的先进文化来不断升华我们的精神境界。科学研究是创造性的人类活动，只有建立在严格道德标准之上，在一个和谐的环境中才能健康发展。在长期的科学实践中，科学所拥有的博大精深的文化和制度传统，形成了科学的自我净化机制和道德准则，形成了科学的学术价值观。

要保证科学研究的客观性，就要对科学家提出具体要求，即在科学探索新知的过程中要有所规范，即诚实、伦理问题、严谨、理性和公开。①诚实，诚实原则可以说是科研伦理的核心。诚实原则具体到科学研究中就是：科学家在研究过程的所有阶段，如数据的采集、记录、分析、解释、共享和贮存，成果的公开和评价等，都应坚持客观、公正、诚实的原则。在科学研究中大多数不诚实行为是在数据的生成与数据的分析过程中产生的：采集数据不诚实行为；记录数据不诚实行为；修饰数据不诚实行为；基金申请过程中的不诚实行为；科学家编造或伪造自己的履历等不诚实行为。②伦理问题，实验数据中的选择性报告——"好的"与"不好的"数据取舍，引发了一场深刻的伦理挑战：这一挑战聚焦于科学家的动机与意图——若取舍数据的目的是欺骗他人，则不诚实；若是为了更清楚地表述结果，则不是作伪。但如何判断其真实性，则主要依赖于科学家的道德自律。③严谨，科学家在科学研究中应当保持严谨的态度和作风，应当尽可能避免在研究中出差错，特别应避免在陈述研究结果时出现差错。严谨是科研活动中的道德责任要求。科研中出差错的类型主要包括：仪器误差；方法误差；人的误差；撰写论文表述错误；数据处理和储存错误。④理性，理性是指人对于事物、现象、行为和思想的理解、判断、推理和解释的能力。纵然科学发现过程存在着非理性的成分，也不会损害科学诉诸理性的本质。因为任何科学发现，不论含有多少直觉或灵感的成分，它都必须经得起理性的分析，在逻辑上必须是自恰的，而且最终要能够经得起实验的反复检验。科研活动中违背科研道德的不理性行为主要表现为偏见：偏见致使科研中的系统错误，常常会引起高度的争议；偏见通常渗透着政治、宗教和文化的因素；科研中的偏见往往导致研究中的自欺。⑤公开，科学是一项开放的事业，它要求科研人员将自己创新的知识公开发表，他的数据、方法、思想、技巧和工具能够与其他科研人员共享，他的成果应当能够接受其他科研人员的评价。科学的公开也意味着科研人员应当公开资金来源和财政利益，以避免利益冲突。拒绝分享科研数据的理由，均可看成是知识产权保护的一种（市场原则）。但无论如何，保密都应当是特例，而非科研行为的一般原则，不能动摇科学的公开性原则。科研成果在公布与传播过程中涉及若干伦理问题：由于功利目的而片面追求数量不重质量的问题；虚假数量扭曲了科学回报系统；科研评价机制缺陷；等等。

4.3 学 术 规 范

与科学道德相关联的一个重要概念是"学术规范"。规范是被人们在不同层面上广泛使用的一个内涵宽泛的概念。规范分为应然规范和实然规范。应然规范是出于某种特定行为的制度性目标而内在地要求行为者应当具有那样的行为。实然规范反映的是基于人们的事实而调整人们的行为，以影响人们的社会意识。

学术规范是指在一定历史时期，以学术道德为基础，以学术活动为对象，以学术共同体为主体，以激发学术创新和维护学术自由为目的的规制安排和长效激励机制。在各类学术规范中既有共同的原则，也有特殊的要求。而现行的一些学术规范中存在着某些不同的规定，也有缺陷和错误，遇到这种情况往往以国家级学术规范、强制性学术规范、专项学术规范、最新发布的学术规范为准。有缺陷和错误的学术规范是需要被修正的，因而对于学术规范要注重理解其实质，坚持学术道德的基本原则，不要望文生义而盲目采用。

学术规范包括选题与资料规范、引用与注释规范、成果呈现规范、学术批评规范、学术评价规范以及相关的法律法规。例如，学术论文的规范化项目包括论文的署名、标题、中英文摘要、中英文关键词、图书分类号、文献标识码、图表、结论、致谢、参考文献、注释和附录等。

当前学术价值观的错位和学术道德的失范，严重地制约着学术的健康发展。存在着学术功利主义价值观和学术理性主义价值观的对立与冲突、为学术而学术和为生活而学术的价值冲突、求真务实与追求名利的价值冲突等。学术腐败是对学术道德和学术规范的侵蚀与腐蚀，是从事学术研究活动的主体在进行学术研究活动的整个过程及结果中没有遵守理应遵循的行为准则。学术道德失范的根源有外部原因，但主要原因在学者本身，在于少数学者的学术价值观偏离了正确的位置，从而引发了各种学术不道德行为。

常见的学术不端行为有：①侵犯他人著作权，如侵犯他人的署名权，剽窃他人学术成果，引用时故意篡改内容、断章取义；②故意虚假陈述，如编造数据、篡改数据，改动原始文字记录和图片，在项目申请、成果申报以及职位申请中做虚假的陈述；③违反职业道德，利用他人重要的学术认识、假设、学说或者研究计划；④研究成果发表或出版中的科学不端行为，如将同一研究成果提交多个出版机构出版或提交多个出版物发表，将本质上相同的研究成果改头换面发表，将基于同样的数据集或数据子集的研究成果以多篇作品出版或发表；⑤故意干扰或妨碍他人的研究活动；⑥在科研活动过程中违背社会道德，包括骗取经费、装备和其他支持条件等科研资源，滥用或严重浪费科研资源，在个人履历表、资助申请表、职位申请表以及公开声明中故意添加不准确或会引起误解的信息，以及故意隐瞒重要信息。

我国对科研诚信问题的关注始于 20 世纪 90 年代，代表性的事件有 1996 年成立了中国科学院学部科学道德建设委员会；1998年国家自然科学基金委员会设立了监督委员会。2002年起，教育部、科技部等不断出台关于科研诚信建设的制度文件。2007年，我国成立了科研诚信建设办公室，这意味着科研诚信问题正式被政府部门列入管理范畴。2011年，中国科学技术协会和教育部联合开展了科学道德和学风建设宣讲教育活动，将高校科研诚信教育工作推向高潮。2016年，教育部发布了《高等学校预防与处理学术不端行为办法》。2018年5月，《关于进一步加强科研诚信建设的若干意见》的出台，释放出政府对于科研不端行为"零容忍"的强硬态度。2019年政府工作报告中首次出现"科研伦理""惩戒学术不端"等关键词。2024年教育部印发《高等学校学术不端行为调查处理实施细则》（教科信〔2024〕3号），对学术不端调查处理的职责分工、调查与处理、申诉复核、保障监督等进行了更为详细的规定。

◎ 案例：21世纪以来最大学术欺诈事件

> 21世纪以来，有一件令全世界震惊的学术造假事件。全世界的人已经为根本不存在的心脏干细胞发表了数万篇"研究"论文，但至今却没有唤醒这位"沉睡"的心脏干细胞[已经证实：心脏干细胞是海市蜃楼，根本不存在（Kretzschmar et al., 2018）]，在中国知网上用"心脏干细胞"一搜，足足有13 000多条期刊文章，而相关的博士、硕士论文更是多达16 000篇，而涉及相关药学的论文为数也不少，如丹参注射液的相关研究等，目前已经呼吁进行撤回。这一事件毫无疑问会载入人类史册。人们好奇：没有心脏干细胞的存在，相关论文是如何发表的？实验在什么环境下进行的？天文数字的研究经费是如何被使用的？被浪费的宝贵资源有多少？

4.4 抄袭与引用

科研活动作为站在前人肩膀上的事业，需要借鉴前人的研究成果。这对于科研工作而言，既是事实，也极为必要。因为这关乎科学研究基于何种信息平台和研究基础，但这又应该通过具体的实施细则确保科研诚信的实施。例如，在科研工作中，如何合理界定借鉴与抄袭、剽窃之间的界限呢？比如，引用多少字以内算合理借鉴，以及如何清晰交代引用来源才符合规范？再如，何区分数据和材料造假与研究者基于合理依据的大胆想象呢？

在针对一个研究问题进行大量的文献阅读和整理时，最好在阅读的同时就把与自己研究主题最相关的文献以笔记的方式记录下来（这一过程中，许多文献管理软件，如NoteExpress、EndNote都可以派上用场），包括标题、出处、作者、主要结论等。这样在最后写论文或报告时，就可以比较轻松地把原文查找到了。但是，在这个过程中要切记，千万不要一字不差地抄原文，并在写文章时搬到文献综述里，因为这就是学术抄袭，是绝对禁止的。过去的文章不是不能参考，但在引用别人的作品时是有一定的规矩的。

如果要一字不差地引用别人的作品（如对概念的定义），我们就要把内容放在引号中，并注明文章的出处和页数。例如，"质量成本中的鉴别成本是指用在检验、测试以及决定所产生的硬件、软件或服务是否符合要求的有计划的评估活动上的成本"（克劳士比，2011：118）。

如果是引用了别人的观点、研究成果等。但是只是引用了别人的意思，而没有引用他的原文，也需要标注引用。例如，质量管理成熟度方格可以用以测量目前企业经营过程在质量上取得的成效，并明确为了达到下一个更成熟的阶段所应该采取的改进方向（克劳士比，2011）。

在论文写作的过程中，如果没有引用别人的作品，读者就会认为这是作者本人的观点、总结或是观察。如果这个观点不是你的，而是从别人的文章中得知的，但你却不标注出原作者，就会让读者以为这是你的看法，那就可以称为学术抄袭了。现在的国际杂志都有特定的程序，去测验投稿的文章中有多大篇幅的内容可以在现存文献里面找到。如果重复的内容很多，就会有抄袭之嫌。请同学们在学习撰写规范学术论文时，就对这个问题非常注意，养成好的写作习惯。

★ 拓展

让我们牢记以下六条科研戒律：
不可剽窃、窃取他人的研究成果。
不可谎报数据、编造数据或捏造结果。
不可发表准确性不可信的数据。
不可故意掩盖自己无法反驳的反对意见。
不可讽刺或故意歪曲相反的观点。
不可故意破坏数据或隐藏对关注者来说很重要的来源。

第 5 章 AI 科研辅助工具与使用规范

近年来,AI 技术的快速发展与广泛应用,给科学研究带来了新的变革与创新,同时也对支撑科研诚信的现有实践提出了严峻挑战。譬如,利用 AI 算法伪造数据,生成欺骗性研究论文,极易引发新形式的论文代写、抄袭剽窃、洗稿等学术不端行为,极大损害了科学研究的可信度。作为科研人员,我们要以开放学习的心态拥抱新技术,让新技术为我们所用,提高我们的科研效率,也要严格遵守新技术的使用规范。

5.1 AI 科研辅助工具

在研究过程中引入 AI 技术,可以通过多种方式提升工作效率和质量。

(1)信息挖掘:辅助研究人员快速搜集和筛选相关文献,识别关键内容及发展趋势,为研究提供宝贵的信息资源。

(2)信息处理:将大量数据转换为更加精简和易于理解的形式,简化信息处理过程,如阅读并归纳文献、进行引文分析等。

(3)数据处理:辅助进行信息的分析和标注,提高数据处理的准确性和深度,同时提升数据可视化的能力,促进研究成果质量的提高。

(4)写作辅助:助力撰写、润色和编辑文本内容,提升写作的效率和水平,优化研究报告和论文表述的质量。

AI 科研辅助工具可以分为通用工具、图像生成工具、视频生成工具、思维导图生成工具、科研类工具、翻译工具等,如表 5.1~表 5.6 所示。我们可以在每一类工具中根据我们的需求和习惯,选择一些来使用。

表 5.1 通用 AI 工具

代表工具	功能描述
Kimi	由北京月之暗面科技有限公司开发,支持中英文对话,并支持多种文件格式,具备搜索能力,提供网页版和 App(application,应用程序)使用,最高支持 200 万 tokens 的上下文窗口,即能够处理长达 200 万个汉字的文本
文心一言	由百度公司开发,可以进行自然语言交互、信息检索和任务执行,支持文本、语音等多种交互方式,提供网页版和 App 使用
讯飞星火	由科大讯飞开发,拥有跨领域知识和语言理解能力,支持多语种语音识别与合成,提供网页版和 App 使用
智谱清言	由北京智谱华章科技有限公司开发,能够进行文件处理、数据分析、图表绘制等复杂任务,并支持多种文件格式,提供网页版和 App 使用
通义千问	由阿里云计算有限公司开发,以对话形式解答问题,提供信息查询及知识分享,适用教育、咨询、企业服务等多种场景,提供网页版和 App 使用

续表

代表工具	功能描述
百小应	由前搜狗 CEO 王小川创立,致力于开发中文大模型,推出了包括 Baichuan-7B 和 Baichuan-13B 在内的多款 AI 产品
ChatGPT	由 OpenAI 开发,支持多种语言和多种插件,能够帮助解答问题、提供信息、撰写文本、解析数据等,2024 年 5 月发布的 GPT-4o,最高支持 12.8 万 tokens 的上下文窗口
Google Gemini	由 Google 开发,分为 Ultra、Pro 和 Nano 三种版本,适用于从大型数据中心到移动设备的各种场景,最高支持 100 万 tokens 的上下文窗口
Claude.ai	由人工智能安全和研究公司 Anthropic 开发,包括 Claude 3 Haiku、Claude 3 Sonnet 和 Claude 3 Opus 三个版本,最高支持 20 万 tokens 的上下文窗口

表 5.2 图像生成 AI 工具

代表工具	功能描述
Midjourney	由 Midjourney, Inc.开发,可以创建多样化的图像,对设备硬件无要求,运行需全程联网,数据存在服务器上
Dall-E 3	由 OpenAI 开发,基于 ChatGPT 构建的图像生成模型,能够理解自然语言并生成高分辨率图像,支持多种图像尺寸和风格
Stable Diffusion	一个开源的图像生成模型,支持本地离线使用,对硬件要求较高,但允许用户在生成图像后进行图像元素调整,并以稳定和高质量图像输出而闻名

表 5.3 视频生成 AI 工具

代表工具	功能描述
Sora	由 OpenAI 开发的 AI 文本生成视频模型,可根据文本指令创建长达 60 秒的高质量视频,暂未向公众开放使用
Runway	一款基于 AI 的视频创作工具,提供一张图片和提示词即可生成视频
Pika	由 Pika Labs 开发的 AI 视频生成工具,用户可通过文本或图像输入来生成多种风格(如 3D 动画、动漫)的视频,还可对视频或图像进行编辑
一帧视频	由新壹(北京)科技有限公司开发,其功能包括秒创数字人、秒创 AI 帮写、秒创图文转视频、秒创 AI 视频、秒创 AI 语音、秒创 AI 作画等,提供网页版和 App 使用
剪映(CapCut)	由字节跳动公司开发,支持 AI 配音、自动生成字幕,以及数字人物生成等,适用于 iOS、Android、Windows 和 Mac OS 多种操作系统

表 5.4 思维导图生成 AI 工具

代表工具	功能描述
ChatMind	一款由 Xmind 提供的在线思维导图 AI 工具,可通过对话快速生成视觉化思维导图,可将长文本转化为摘要,并能够将思维导图转换为演示幻灯片
TreeMind	支持免费在线绘制多种类型的图形,如思维导图、逻辑图、组织架构图、鱼骨图等

表 5.5　科研类 AI 工具

代表工具	功能描述
Perplexity.ai	一个基于 GPT-4 的搜索引擎，具有搜索文献和阅读文献、进行数据分析、辅助设计研究方案、撰写论文等功能
Elicit	一个文献搜索 AI 工具，主要在 Semantic Scholar 数据库中进行文献搜索，通过匹配论文标题和摘要来排列相关论文，适用于需要深入实验数据和结果的学科，如生物医学和机器学习等，并支持从 PDF 中提取和总结内容
Scite	一个科学文章发现和评估平台，通过分析引文上下文帮助用户了解论文的影响力，还可以查找任何主题的专家分析和观点
Consensus	一个 AI 论文搜索引擎，使用 Semantic Scholar 的数据来从研究论文中抽取和提炼结果，类似于 Elicit，但焦点在于结果的提取和综合
SciSpace	SciSpace（原 Typeset.io）是一款基于 ChatGPT 的文献阅读工具，能够解释学术论文中的图片和数学公式，可提供最新的研究论文、会议信息、热门研究主题论文和引用数据，以及顶级期刊和机构的重要学习资源

表 5.6　AI 翻译工具

代表工具	功能描述
DeepL	与先进的 AI 技术结合，可实现 PDF、Word 和 PowerPoint 一键翻译整篇文档，所有的翻译文档可实现原格式保存。新用户可享受 2 次免费全文上传翻译，段落翻译不受使用次数限制。注意：需使用 Edge、google Chrome 浏览器安装插件
Immersive Translate	双语对照网页翻译插件，可免费进行外语网页、Word 文档、PDF、EPUD 电子书、视频双语字幕翻译等。注意：需使用 Edge、google Chrome 浏览器安装插件
翻译狗	可实现多格式文档、语音、图片和网页翻译，支持 PDF、Word、PPT、Excel 和 OFD 等 22 种文档格式，可保留原文格式排版。新用户可享受 3 次免费全文上传翻译，段落翻译不受使用次数限制
KIMI	支持 20 万 tokens 长文档阅读的 AI 工具，可实现多格式文档翻译，支持 PDF、Word 等文档格式全文上传和段落翻译
智谱清言	其智能体中的"翻译专家"可实现多格式文档翻译，支持 200 M 以内 PDF、Word 等文档格式全文上传和段落翻译。注意：须主页登录后进入智能体中心搜索"翻译专家"
通义千问	其智能体中的"AI 翻译专家"可实现段落翻译。注意：须主页登录后进入智能体中心搜索"AI 翻译专家"

5.2　AI 工具使用规范

在使用 AI 工具辅助研究的过程中，我们必须遵守相关法律法规，依据政策指南，遵循学术诚信、学术伦理和版权归属等原则和规范。随着 AI 工具的增多和功能的增强，滥用和误用的风险在不断增加。为了规范 AI 工具的使用，相关的法律法规也在不断更新和完善。对于科研工作者而言，这些变化和要求带来了新的挑战和责任。以下是相关概述，包含了法律法规与政策指南、学术伦理、学术诚信、版权问题和学术规范。

5.2.1 法律法规与政策指南

（1）国际法律法规：欧盟出台全球首部人工智能法，为生成式 AI 设立版权规则。

（2）国家法律法规：国家互联网信息办公室等七部门联合公布了《生成式人工智能服务管理暂行办法》，为此提供了明确的法律框架。

（3）国际组织指南：联合国教育、科学及文化组织（United Nations Educational Scientific and Cultural Organization，UNESCO）相继发布了多个官方指南，进一步规范了生成式 AI 在教育和科研中的应用。例如，*Guidance for generative AI in education and research*、*AI competency framework for teachers*、*AI competency framework for students*。

5.2.2 学术伦理

在使用 AI 时，我们必须考虑其对社会的潜在影响，确保技术的开发和应用对所有人公平且不歧视，这关乎到责任和公正性。同时，在处理重要数据时，我们必须严格遵守相关的隐私保护法律和伦理标准，以保障数据的安全和个人信息的保密。此外，为了提高 AI 系统的可信度，其决策过程应尽可能透明，并向利益相关者提供充分的解释，以便他们能够理解 AI 的决策依据。为了确保 AI 系统的可靠运行并防止不可预见的负面后果，我们必须加强监督，确保在 AI 系统的设计和运行过程中存在适当的人类监督，以验证结果的真实合理性，以防止不可预见的负面后果。

5.2.3 学术诚信

在使用 AI 进行研究时，我们必须确保所使用的数据是真实、准确且来源明确的，并公开数据来源；若使用第三方数据，则需确保有适当的授权，以保障数据的真实性和透明度。在撰写研究论文或报告时，我们应明确区分自己的工作与他人工作的界限，特别是当使用 AI 生成的内容时，必须明确标注并引用，以避免抄袭。报告研究结果时，我们应真实反映实验结果，无论是否与预期相符，都应如实报告，确保结果的真实性。同时，当发现已发布研究中的错误时，我们应迅速进行更正，并公开更正信息，以维护研究的准确性和可信度。

5.2.4 版权问题

在处理 AI 创造的作品时，不同国家对于其版权归属有着不同的法律规定，因此，我们务必要了解并严格遵守与 AI 生成内容相关的版权法律。在使用和分享 AI 生成的图像、文本或其他内容时，我们必须充分考虑到版权归属问题，并确保已经获得了适当的许可。同时，当我们参与开源项目或使用开源 AI 工具时，也应严格遵守相应的许可证要求，尊重原创者的版权和贡献，以促进技术的合法、合规共享与发展。

5.2.5 学术规范

（1）AI 创造的作品。中国科学技术信息研究所与 Elsevier、Springer Nature、Wiley 等国际出版机构合作制定《学术出版中 AIGC 使用边界指南》，对学术出版中 AI 生成内容的使用界限、标注规范、责任界定等问题进行了研究和指导，明确了 AI 生成内容在学术出版中应用的原则，并为作者、研究机构、学术期刊出版社等提供了行为框架和实践指导。

（2）负责任研究行为规范指引。科技部监督司发布《负责任研究行为规范指引（2023）》，为科研人员、科研单位、科研资助机构、科技类社团、学术期刊等不同主体提供了科学道德要求和学术研究规范。该指引在研究实施、数据管理、成果署名与发表、文献引用等方面，对合理使用生成式 AI 提供了明确的指导。

5.3 AI 工具引用/声明格式

在论文写作过程中，如果使用了 AI 工具，确实需要进行引用和声明，可以清楚地说明论文中使用了哪些 AI 工具和技术，从而让读者更好地理解论文的内容和意义，同时可以提高研究的透明度和公正性，可以表明自己对这种新技术的态度和看法，从而促进学术界的讨论和交流，也可以避免因技术使用不当而导致的学术问题。

5.3.1 MLA 格式

根据美国现代语言协会（Modern Language Association，MLA）的建议，在使用任何由生成式 AI 工具创建内容时，应当引用该工具，在注释或其他合适的位置对使用该工具的情况进行说明，且不将 AI 工具视为作者。引用建议如下。

- 内容：注明 AI 工具生成的内容，必要时包括提示信息
- 来源：注明 AI 工具名称，如 ChatGPT
- 版本：注明 AI 工具的具体版本和日期
- 开发者：注明开发该工具的公司
- 日期：注明生成内容的具体日期
- 网址：提供访问 URL[①]

【参考文献格式】
"Prompt used" prompt. AI Name, Version, Company, Date, URL.

【示例】
引用文本：
"Describe the symbolism of the green light in The Great Gatsby" prompt. ChatGPT, 13

---

① URL 全称为 unified resource location，统一资源定位符。

Feb. version，OpenAI，8 Mar. 2023，chat.openai.com/chat.

引用图像：

"Pointillist painting of a sheep in a sunny field of blue flowers" prompt. DALL-E，version 2，OpenAI，8 Mar. 2023，labs.openai.com/.

MLA 详细引用规范请参考链接：https://style.mla.org/citing-generative-ai/

5.3.2 APA 格式

根据美国心理学会（American Psychological Association，APA）的建议，在学术成果中使用生成式 AI 产生的内容时，应在适当位置描述如何使用 AI，并将参考文献条目和文本引用归功于 AI。APA 关于使用 GenAI 工具如 ChatGPT 的引用建议如下。

- 开发者：注明 OpenAI
- 日期：注明生成内容的具体日期
- 来源：注明 AI 工具名称，如 ChatGPT
- 内容：简要描述提示内容，必要时在方括号中注明模型名称（如 GPT-3.5）
- 网址：提供访问 URL

【参考文献格式】

Company（Year）. AI Name（version）[Descriptor]. URL.

【示例】

OpenAI.（2023）. ChatGPT（Mar 14 version）[Large language model]. URL.

APA 详细引用规范请参考链接：https://apastyle.apa.org/blog/how-to-cite-chatgpt

5.3.3 IEEE 格式

根据电气与电子工程师协会（Institute of Electrical and Electronics Engineers，IEEE）的要求，在文章中使用 AI 生成的内容（包括但不限于文本、图像、图形和代码）时，应在致谢部分披露。需标明所使用的 AI 工具，并标识出文章中使用 AI 生成内容的具体部分，同时简要说明其生成情况。AI 工具用于编辑和语法修改不在此政策范围内，但也建议按照上述说明进行披露。IEEE 没有提供明确的引用 AI 生成文本的格式，可参考以下格式。

【致谢】

Acknowledgements：This paper includes text generated by ChatGPT，an AI language model developed by OpenAI. Section 3.1 was generated with the assistance of ChatGPT [1].

【参考文献】

ChatGPT（2023），OpenAI. Accessed Aug 2，2023. [Online]. Available：https://openai.com/chatgpt/download/

IEEE 投稿指南请参考链接：

https://journals.ieeeauthorcenter.ieee.org/become-an-ieee-journal-author/publishing-ethics/guidelines-and-policies/submission-and-peer-review-policies/#ai-generated-text

5.3.4 CSE 格式

根据科学编辑委员会（Council of Science Editors，CSE）的建议，作者应披露使用 AI 工具（如 ChatGPT 等聊天机器人和大型语言模型）的情况，并在初次提交和修改时详细说明其使用方法。作者必须对所有内容负责，包括 AI 生成内容的准确性、无抄袭以及适当的来源引用。此外，期刊应在作者须知中明确规定 AI 生成文本和图像的使用政策，并尽可能要求作者提供 AI 工具的版本及其应用方法。因此，投稿时应当详细阅读目标刊物的投稿要求。

CSE 关于 AI 工具的使用指南请参考链接：

https://www.csescienceeditor.org/article/cse-guidance-on-machine-learning-and-artificial-intelligence-tools/

5.3.5 ICMJE 格式

国际医学期刊编辑委员会（International Committee of Medical Journal Editors，ICMJE）就学术出版中使用生成式 AI 工具提供了明确的指导。它强调 AI 工具不能被列为作者。人类作者应当对作品的完整性、准确性和原创性负责，需在论文的致谢部分披露 AI 工具的使用情况，包括其名称、版本和具体用途，以确保透明度和问责制。期刊应在作者须知中明确相关政策。

ICMJE 关于医学学术期刊出版的建议请参考链接：

https://www.icmje.org/icmje-recommendations.pdf

声明格式参考

生成式 AI 不得列为成果共同完成人。应在研究方法、致谢或附录等相关位置披露或声明使用生成式 AI 的主要方式和细节，包括以下内容：使用者；AI 技术或系统（需注明版本号）；使用的时间和日期；该工具具体用于撰写了稿件的哪些部分。

【模板】

声明：在本作品的准备过程中，作者使用了（具体的 AI 工具/服务名称）来（使用目的：如文献调研/数据分析/图表制作等）。使用此工具/服务后，作者根据需要对内容进行了审查和编辑，并对出版物的内容承担全部责任。

思考题

1. 选择题，以下研究哪些是基础研究？

（1）麦当劳是否应该在其菜单中添加意大利面食晚餐？

（2）高管的成功是否与其对成就的渴望程度相关？

（3）凝聚力高的工作组的成员是否比凝聚力较低的工作组的成员对工作满意度更高？

（4）消费者在参与度低的情况下是否会出现认知失调？

（5）宝洁公司是否应该在其产品线中增加一个高价的牙齿漂白家用套件？

（6）研究表明，当佳洁士净白牙贴的零售价为14美元时，卖得很好。

2. 判断题，如果你认为以下说法正确，就直接回答"正确"；如果你认为以下说法错误，回答"错误"，并简单解释错误的原因。

（1）把英文文献翻译成中文拿去以自己的名义发表是可以的，因为这样使得外国有意义的研究在国内更容易获取，也是有贡献的。

（2）写论文的时候照搬文献中已有的段落和图表是可以的，只要标注好引用就可以了。

（3）研究需要研究者的洞察力，所以我可以在论文中加入自己的意见、猜测和想象。

（4）研究有规范的思维路径，所以必须要遵守一般的程序，才能不违背学术界的普遍认同。

（5）只有量化的研究才是科学的，定性研究都是凭直觉、凭经验的，是不科学的。

（6）如果一个研究是科学的，其结论应该是可重复的，也就是其他研究者采用相同研究方法，针对相同的对象，应该获得类似的结论。

（7）假设演绎法中，从观察、搜集初始信息，到形成理论是归纳的过程，从建立假设、进行数据搜集与分析，到检验理论是演绎的过程。

（8）科学研究的八个特征中的可测量性，是指针对可以量化的变量的测量，对于定性研究，可以不要求具有可测量性。

（9）演绎推理是从观察现象到得出一般性理论的过程，所以扎根理论方法用的就是演绎推理。

（10）实证研究采用的是归纳法，是我们观察某些现象并在此基础上得出结论的过程，是从特殊到一般的过程。

（11）AI生成的内容是计算机搜集权威材料汇总而成的，具有可信度，可以直接用在科研论文中。

（12）在研究中采用了AI生成的内容属于学术造假行为，应严格禁止。

3. 小王想了解某个行业的发展现状，在网络上随意下载了一些资料来看，并总结出了一些发展的方向，这算是研究吗？

4. 研究和伪研究之间的差异是什么？请各举两例。

5. 一家网店的老板感觉最近顾客不满的投诉增加了，他想要研究一下自家网店的顾客满意度，请就你目前的知识，规划研究的步骤。

6. 请评述下面这段话。

面谈者：先生，下午好。我是小李，是咨询服务公司的工作人员。我们正在做一个有关公墓问题的调研。您有墓地吗？请回答有或没有。

受访者：（无声）。

面谈者：你有自己的墓地吗？

受访者：没有。

面谈者：您是否介意我们给您发一份有关墓地的资料？请回答。

受访者：不介意。

面谈者：您能把地址告诉我吗？

受访者：不太方便。

7. 请指出以下研究的类型。

（1）一家公司的经理聘请一位大学教授作为顾问来研究员工旷工的原因。教授设计了一份问卷来收集缺勤和非缺勤员工的个人信息（年龄、工种、婚姻状况、受教育水平等）与旷工原因的多项选择。一些发现是经过数据统计分析得出的。

（2）一位科学家调查了不同组织环境中的 1000 名员工，以比较几种类型的鼻喷雾剂在控制流感病毒方面的功效。随后，他在备受推崇的医学杂志上发表了他的发现。

（3）驾驶员行为被普遍认为是道路交通事故的主要诱因，深入探究其行为特征对于更好地理解车祸成因至关重要。为此，我们撰写了一篇论文，旨在系统梳理并确定最常导致车祸的一组驾驶员行为特征。大规模的行为问卷调查是这些特征的研究来源。

（4）作者将 ISO 9000 的管理思想应用于网络教育的服务质量管理，构建了网络教育管理的动态过程模型和过程方法，并在此基础上，提出了网络教育服务质量管理体系框架。

8. 阅读以下材料，回答问题。

为了迎合绿色、环保的经济发展趋势，满足消费者绿色消费的需求，众多企业加入绿色发展的行列，通过绿色广告来展现自己的绿色主张。然而，绿色企业良莠不齐，部分企业浑水摸鱼，出现了以虚假广告为基础的漂绿广告。漂绿广告作用于消费者会形成伪善感知，对品牌信任产生影响。

（1）假设演绎法包括哪些步骤？

（2）应用假设演绎法规划以下研究项目："漂绿虚假广告对消费者品牌信任的影响因素研究"。

9. 收集访谈资料，运用扎根理论，完成以下研究项目："明星代言对大学生购买运动品牌产品的影响研究"。

10. 中国科学院学部科学道德建设委员会于 2024 年 9 月 10 日正式发布了《关于在科研活动中规范使用人工智能技术的诚信提醒》，学习该材料，并回答以下问题。

（1）AI 生成的数据可以作为实验数据吗？为什么？

（2）在论文的图表制作时，可利用 AI 技术辅助完成吗？需要如何标注或声明？

（3）AI 技术可以代替研究者跟踪研究动态，因为 AI 能够快速、可靠地对最新文献进行搜集和分析。该说法正确吗？为什么？

第二篇 过 程 篇

本篇学习目标

- 能够从提出问题开始,逻辑化地规划研究过程
- 能够撰写有洞察力的文献综述,了解文献挖掘和元分析方法
- 掌握理论框架和假设建立的方法
- 能够根据数据特征选择恰当的数据搜集和分析方法
- 掌握相关和因果研究的方法
- 了解商业智能大数据分析方法

第 6 章　商业研究的初始阶段

人们做的很多决策会影响一生。对于大学生来说，毕业后是否进行深造？如果确定了进行深造，是选择在本校还是外校？在国内还是国外？继续攻读本专业还是要转方向？每个学生都会利用身边的各种资源来获取信息，如参考老师、亲人的意见，咨询学长、学姐的看法，还可能会借助网络的各种信息。在整个决策的过程中，所有的信息都会塑造他们对不同选择面临的未来前途的看法，不同的选择造就不同的人生。同样，企业的决策也影响企业本身、员工和客户的利益，以及未来的发展。

商业研究中，研究者面临一系列问题：具体的商业问题该如何确定？为了寻求特定问题的答案，应该采用怎样的研究方式和程序？怎样才能搜集到研究所需要的资料？怎样对所搜集的资料进行分析和解释？如何将研究结果清晰明了地展示并转化为商业决策？解决这些问题需要研究者对商业研究方法的总体框架、体系及具体步骤都十分熟悉。

6.1　商业问题的提出

6.1.1　提出基础研究的问题

如果你的研究属于基础研究，提出问题一般是这样的思路：根据你的专业方向、研究兴趣确定一个研究领域和感兴趣的主题，在这个主题方向上做文献阅读，确定一个前人的研究尚未解决的问题，明确你的研究目的，你会获得一个有潜力的研究题目，如图 6.1 所示。

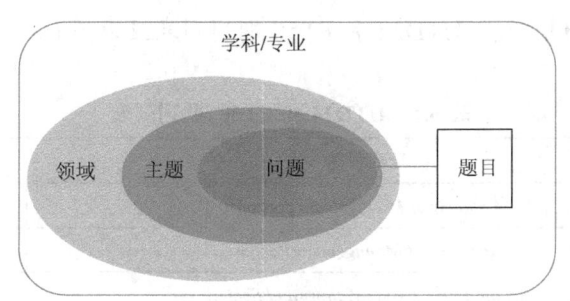

图 6.1　提出研究题目

这一过程看似流程化，但并不是不需要技巧，有一些通用的原则。

（1）聚焦小而重要的问题，避免定义大而空洞的问题。"互动广告对顾客感知价值的影响研究"这个研究题目比"AI 在电子商务中的应用和影响"更加具体、更加聚焦，小而具体的题目会指向更明确的研究目的、更明确的研究对象，有利于进行深入调查，挖掘出有价值的信息，有助于揭示被掩盖的规律；而太大的研究问题，说明研究者对研究的方向缺乏深入的思考，浮于表面，往往只能做一些信息拼凑，难以得出具体、有用的结论。一般的研究成果是形成一个报告或一篇论文，如果你的问题涉及的内容需要一本书的篇幅才能涵盖，那对一般的研究者来说就太大了。

（2）多了解热点问题、新问题、前沿问题。如果刚刚开始了解一个领域，自己的科研兴趣还未建立，不知从何开始，不妨去看看近期领域内的学术会议都在探讨什么热点问题，新出现了什么紧迫问题、前沿问题，高水平期刊的高被引论文、热点论文都在研究什么问题，这类问题更受关注，容易从中发现创新的视角。

★ 拓展

想要有高水平的输出，必须先有高水平的输入。研究者一开始就要致力于追求高水平的研究，需要在阅读文献的时候有所筛选。国际上，哪些期刊能够代表商业研究的最高水平呢？我们来了解一下 UTD24 期刊和 FT50 期刊。

UTD24 期刊与 FT50 期刊分别是美国得克萨斯大学达拉斯分校与英国《金融时报》用以评估国际商学院排行榜的顶级期刊，在中国商学院的科研绩效评价中具有极高的地位。UTD24 期刊的全称为 *The University of Texas at Dallas* 24 *Journals*，是美国得克萨斯大学达拉斯分校（The University of Texas at Dallas）的纳文金达尔管理学院（Naveen Jindal School of Management）创建的一个期刊数据库，总共 24 本期刊，用以对全世界前 100 名的商学院进行排名，官方网址为：https://jsom.utdallas.edu/the-utd-top-100-business-school-research-rankings/。FT50 期刊的全称为 *Financial Times* 50，是英国《金融时报》（*Financial Times*）在编制 FT Research 排行榜以及评估全球 MBA、EMBA（executive master of business administration，高级管理人员工商管理硕士）和在线 MBA 时使用的 50 本期刊。

UTD24 有 23 本期刊与 FT50 重合，即这 23 本期刊同时被两个评价榜单收录，除了 *Journal of Computing*，UTD24 和 FT50 期刊列表见表 6.1。

表 6.1 UTD24 和 FT50 期刊列表

序号	期刊名称	FT50	UTD24
1	Academy of Management Journal	是	是
2	Academy of Management Review	是	是
3	Accounting, Organizations and Society	是	否
4	Administrative Science Quarterly	是	是
5	American Economic Review	是	否
6	Contemporary Accounting Research	是	否

续表

序号	期刊名称	FT50	UTD24
7	Econometrica	是	否
8	Entrepreneurship Theory and Practice	是	否
9	Harvard Business Review	是	否
10	Human Relations	是	否
11	Human Resource Management	是	否
12	Information Systems Research	是	是
13	Journal of Accounting and Economics	是	是
14	Journal of Accounting Research	是	是
15	Journal of Applied Psychology	是	否
16	Journal of Business Ethics	是	否
17	Journal of Business Venturing	是	否
18	Journal of Consumer Psychology	是	否
19	Journal of Consumer Research	是	是
20	Journal of Finance	是	是
21	Journal of Financial and Quantitative Analysis	是	否
22	Journal of Financial Economics	是	是
23	Journal of International Business Studies	是	否
24	Journal of Management	是	否
25	Journal of Management Information Systems	是	否
26	Journal of Management Studies	是	否
27	Journal of Marketing	是	是
28	Journal of Marketing Research	是	是
29	Journal of Operations Management	是	是
30	Journal of Political Economy	是	否
31	Journal of the Academy of Marketing Science	是	否
32	Management Science	是	是
33	Manufacturing and Service Operations Management	是	是
34	Marketing Science	是	是
35	MIS Quarterly	是	是
36	Operations Research	是	是
37	Organization Science	是	是
38	Organization Studies	是	否
39	Organizational Behavior and Human Decision Processes	是	否
40	Production and Operations Management	是	是

续表

序号	期刊名称	FT50	UTD24
41	Quarterly Journal of Economics	是	否
42	Research Policy	是	否
43	Review of Accounting Studies	是	否
44	Review of Economic Studies	是	否
45	Review of Finance	是	否
46	Review of Financial Studies	是	是
47	Sloan Management Review	是	否
48	Strategic Entrepreneurship Journal	是	否
49	Strategic Management Journal	是	是
50	The Accounting Review	是	是
51	Journal of Computing	否	是

如果想要在 Web of Science 文献库中对上述期刊进行定向检索，可以使用高级检索功能，输入如下检索公式：

SO =（Academy of Management Journal OR Academy of Management Review OR Accounting, Organizations and Society OR Administrative Science Quarterly OR American Economic Review OR Contemporary Accounting Research OR Econometrica OR Entrepreneurship Theory and Practice OR Harvard Business Review OR Human Relations OR Human Resource Management OR Information Systems Research OR Journal of Accounting and Economics OR Journal of Accounting Research OR Journal of Applied Psychology OR Journal of Business Ethics OR Journal of Business Venturing OR Journal of Consumer Psychology OR Journal of Consumer Research OR Journal of Finance OR Journal of Financial and Quantitative Analysis OR Journal of Financial Economics OR Journal of International Business Studies OR Journal of Management OR Journal of Management Information Systems OR Journal of Management Studies OR Journal of Marketing OR Journal of Marketing Research OR Journal of Operations Management OR Journal of Political Economy OR Journal of the Academy of Marketing Science OR Management Science OR Manufacturing and Service Operations Management OR Marketing Science OR MIS Quarterly OR Operations Research OR Organization Science OR Organization Studies OR Organizational Behavior and Human Decision Processes OR Production and Operations Management OR Quarterly Journal of Economics OR Research Policy OR Review of Accounting Studies OR Review of Economic Studies OR Review of Finance OR Review of Financial Studies OR Sloan Management Review OR Strategic Entrepreneurship Journal OR Strategic Management Journal OR The Accounting Review OR Journal of Computing）AND TS =（输入想要检索的主题词）

哪些中文期刊会发表最高水平的商学、管理学研究成果呢？推荐大家了解 FMS（Federation of Management Societies of China）期刊列表，网址为：http://www.fms-journal.net/。目前在 FMS 列表中，中文最高级别为 T1 级，包括这些期刊：《管理世界》《经济研究》《管理科学学报》《中国社会科学》《南开管理评论》《系统工程理论与实践》《中国工业经济》《金融研究》《中国管理科学》《会计研究》《经济学（季刊）》《世界经济》《管理工程学报》《公共管理学报》《中国软科学》《管理科学》《数量经济技术经济研究》《心理学报》《科研管理》《管理评论》《系统工程学报》《科学学研究》《情报学报》《统计研究》《中国农村经济》《中国图书馆学报》《工程管理科技前沿》。

6.1.2 提出应用研究的问题

由吉德林法则可知："把难题清清楚楚地写出来，便已经解决了一半。"商业研究的质量在很大程度上受限于问题定义阶段的质量，这个阶段往往最为复杂且富有挑战性。问题界定中容易出现两类错误：过宽——得到很多无用的信息；过窄——无法全面覆盖问题的各个层面。我们可以借助观察、访谈、文献阅读等手段界定研究问题。

（1）观察：公司目前的状况如何？有无需要特别关注的不良现象？目前的工作方式有没有可以改进的地方？员工满意吗？客户满意吗？公司的广告成功吗？在可预见的未来对公司运营有不良影响的因素是什么？

（2）访谈：就某一个问题与管理者、员工、客户等进行交谈，了解发生了什么变化，有什么新情况。

（3）文献阅读：尽可能多地阅读某个特定问题领域的文献。做好文献阅读可确保不会遗漏可能影响问题的重要因素；精确、清晰地描述问题；不必浪费力气去研究已知的东西；创造性地将新理论、新思想、新方法与过去研究进行整合。

提出或者定义商业研究问题，也就是确定研究目标。在商业咨询行业，交付说明是指向客户说明研究目标。

企业面临重大决策时，无非是遇到了好的机遇或碰到了难题。商业机会是指存在某种潜在竞争优势的情况。发现待开发的市场就是一种机会。例如，问卷星、见数等发现了人们有网络调研需求的商业机会，街电等抓住了共享充电宝的商业机会。商业问题是指可能会导致严重后果的情况。例如，一场突如其来的自然灾害，可能会干扰企业的正常运营并造成财产和人员等方面的损失。但是，很多商业问题并不像自然灾害那样容易辨认，很多问题我们不易观察到，如图 6.2 所示。虽不易观察，但也可见其端倪，因为问题总会有征兆出现。征兆是由问题产生的一种信号，是我们可以观察到的指向问题的线索。例如，辞职的员工越来越多，这就是某种商业问题的征兆，而不是问题本身。我们进行研究的目的，是找出导致这种征兆的原因，以便决策者解决问题。病人见到医生，一般会告诉医生自己的病情（如肚子痛），然而自己并不知道病根在哪里。同样，决策者也只知道目前面临的情况，而不知道问题出在哪里。不管是面对机遇还是挑战，无一例外，企业都需要高质量的信息来解决问题。

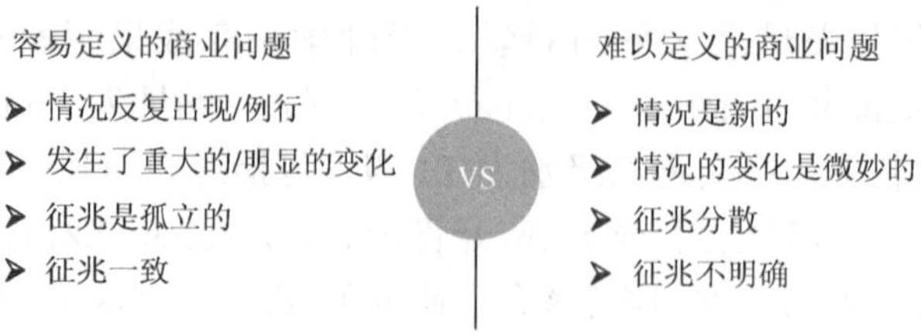

容易定义的商业问题	难以定义的商业问题
➤ 情况反复出现/例行	➤ 情况是新的
➤ 发生了重大的/明显的变化	➤ 情况的变化是微妙的
➤ 征兆是孤立的	➤ 征兆分散
➤ 征兆一致	➤ 征兆不明确

图 6.2　不同的商业问题

决策制定是指在不同的方案中找出一种解决问题的方法，或在几种机会中做出选择的过程。

很多管理者更关心的是找到问题的答案，即指导决策的直接依据，而不是确定问题本身。他们希望少花费人力、物力，尽快解决问题。但是，确定问题比解决问题要困难得多。在商业研究方面，如果在弄清问题之前，就展开数据收集，可能得不到有用的信息。因此，成功的商业研究，必须找到真正的问题。

这部分将介绍定义商业研究问题的四步法，如图 6.3 所示。第一步，充分了解商业现状，识别问题的征兆；第二步，透过征兆，找出关键问题；第三步，写下管理决策声明；第四步，确定研究目标。有了研究目标以后，需要检验的假设也可以随之发现。表 6.2 给出了一些有关决策声明、研究目标和研究假设的例子。四步法的目的在于强调两点：一是描述应用研究的问题时，需清晰说明你的研究目标是什么，二是你的研究目标一定要抓住问题的本质，而不是被问题的表象或征兆所迷惑（齐克芒德等，2012）。

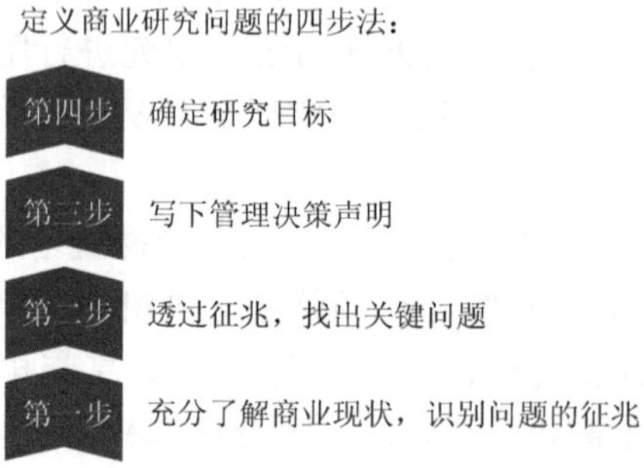

定义商业研究问题的四步法：

- 第四步　确定研究目标
- 第三步　写下管理决策声明
- 第二步　透过征兆，找出关键问题
- 第一步　充分了解商业现状，识别问题的征兆

图 6.3　如何定义商业研究问题

表 6.2　有关决策声明、研究目标和研究假设的例子

决策声明	研究目标	研究假设
产品 X 的零售价应该是多少	预测产品 X 在不同价位的销售量	零售价定在 5 美元时，销售量比 4 美元和 6.99 美元高
我们如何提高服务质量	找出影响消费者对产品看法的主要因素	清洁和消费者对服务的感觉正相关，拥挤和消费者对服务的感觉负相关
公司是否应该投资培训项目，以减少员工之间的角色冲突	确定角色冲突对员工工作满意度的影响程度	角色冲突与工作满意度正相关

◎ 案例：德兰运输公司遇到"招募员工"问题

戴维·德兰（David Deland）拥有这家运输公司已经有20年了，现在他遇到了财务方面的问题。他的招募专员坐在他的办公桌对面，阴沉着脸，思考着如何解决招募成本过高的问题。坐在他旁边的是詹姆斯·加勒特（James Garrett）——公司请来的商业研究顾问，负责解决过去半年招募成本飙升的问题。

戴维叹口气说："我不明白，我们的招募广告成本提高了45%，招募费用和宣讲会支出也高得要命！詹姆斯，我不知道问题究竟出在哪里。"詹姆斯和招募专员初步讨论了一会，但是除了裁员之外，好像没有降低成本的好办法。招募专员建议："也许有更有效的办法能降低广告支出，我们可以利用其他方式公布空缺职位，以降低举办宣讲会和出差的旅费。"但戴维反驳说："我没看出我们与竞争对手有何不同，大家使用的招募和宣讲办法都一样。我没有经手过他们的支出，但是我们的支出上升那么快，肯定有问题。"詹姆斯看着打印出来的财务报表说："这种情况不裁员，没有什么好办法。"他又问道："选择和招募司机的成本提高了吗？"招募专员回答说："没有，这部分成本没有变化，从今年年初开始，增加的是宣讲会的成本。"

詹姆斯说："我想看一下你们去年的招募数据和司机的数量。"然后，他又问招募专员："你能给我一些有关司机的数据吗？"招募专员说："没问题，有关司机的信息很多，司机数量每月更新一次。我们甚至还记录了几位离职司机的情况。我不能完全确定司机离开的情况，因为我们还没有好好地分析这些数据。今天下午，我把这些数据通过电子邮件发给你。"

詹姆斯开车回到了办公室，回忆今天的谈话。在开车回来的路上，遇到疾驶而过的货车，他看了一眼坐在车里的司机。詹姆斯想，司机们对公司的印象如何呢？他们认为德兰运输公司的工作环境怎么样？是什么原因令公司的招募成本如此之高呢？

在办公室里，德兰运输公司的电子邮件如期而至。打开这一大堆电子表格，詹姆斯在不停地思考。德兰运输公司存在招募问题吗？是不是公司自身存在问题？到底发生了什么事情？

他仔细地检查工作表，然后与过去6个月的司机数据进行对比。突然，他一声惊呼："问题就在这里，现在我可以总结一下，为戴维准备一份提议。我估计当他看到公司实际存在的问题时，会很吃惊。"

詹姆斯和戴维一致认为，面临的真正问题并不是招聘问题。在这种情况下，詹姆斯开始怀疑招聘成本的增加是司机流失率上升的反映。如果可以增加司机对企业的忠诚度，从而提高留职率，那么对更大招聘费用的需求将会稳定，甚至会下降。

由此，可以得出管理决策声明：德兰运输公司可以通过哪些方式建立司机忠诚度，提高留职率，并降低后续招聘成本？

需要哪些信息或数据来帮助回答这个问题？显然，我们需要研究司机的需求。詹姆斯需要找出可能导致员工不满并导致成本增加的原因。回想起采访，詹姆斯知道公司本身发生了一些变化，其中很多都与节省成本有关。节省成本听起来是个好主意；但是，如果它稍微损害驾驶员的忠诚度，那可能就不值得了。

研究目标变得清晰了，德兰运输公司需要确定哪些关键变量与公司内的司机忠诚度相关，这意味着研究目标为：①较低的薪酬水平如何影响司机的忠诚度？②长途卡车运输的增加对德兰运输公司司机忠诚度有何影响？③评估不同干预策略对提高司机忠诚度的影响。用更学术的语言描述研究目标：揭示几个关键变量中的每一个与员工忠诚度的关系；描述不同干预策略对提升员工忠诚度的影响。

※ 思考

尝试描述以下商业问题。

（1）一个有着22年历史的社区游泳馆来进行商业咨询，目前的状况是：该游泳馆的会员数量已经连续6年下降了，即使是游泳馆的会员，来游泳的频率也在逐渐下降，附近新开的水上乐园吸引了越来越多的顾客。

（2）一家掌上电脑制造商发现其产品的销售不及预期，分销商抱怨价格过高，目标客户（定位为商务人士）似乎也大多倾向于使用传统的大屏电脑，未能认可掌上电脑带来的便利。

6.2 文献综述

任何一项研究都不可能"前无古人"。商业研究，即使是最著名的研究成果都是在前人工作基础上取得的。如果你认为"前所未有"才算创新，这一定是误解。研究即探索，犹如攀登高峰，高峰周围总有山峦才能凸显本身之高。文献综述作用也是一样，将前人已做的工作阐述清楚，明确参考点，才能让读者（首先当然是我们自己）弄清创新点何在。如果割断与前人工作的联系，无比较地创新，人们就无法判断其"高度"和价值。

作为论文的一部分，文献综述就是阐述国内外研究现状，可以为下一步的论文写作奠定一个坚实的理论基础和提供某种延伸的契机，而且能表明作者对既有研究文献的归纳分析和梳理整合的综合能力，从而有助于提高对学位论文水平的总体评价。切忌在文献综述中随意罗列一些文献，没有总结和评述的文献综述是没有洞察力的。完整的文献综述应该包括：①前人研究的总结——有哪些焦点、哪些方向、哪些视角？引用来自权威出处的最新文献为佐证。②现在的研究趋势——有哪些新技术、新动态？用行业或领域的最近数据与报告可以作为支撑。③客观的评述——目前存在的问题，需要进一步深入的方向，为我们自己的研究动机埋下伏笔。这个过程是最体现研究者创造性的部分。虽然很多时候新视角的产生来源于灵感和长期的经验积累，但在一个严谨的研究中，我们在提出新视角和理论假设之前，应该提供充分的论证说明其合理性和可能性，有理有据。因此，在这一部分，我们需要回顾与新视角相关的理论基础和研究结果，用以作为理论假设提出的支持。

作为一种文体，文献综述是在对选题所涉及的研究领域的文献进行广泛阅读和理解的基础上，对该研究领域的研究现状（包括主要学术观点、前人研究成果和研究水平、争论焦点、存在的问题及可能的原因等）、新水平、新动态、新技术和新发现、发展前景等内容进行综合分析、归纳整理和评论，并提出自己的见解和研究思路而写成的文体。传统的综述主要是定性的总结和描述，在文献检索和筛选中较为主观和随意，没有明确搜索和筛选的标准，分析和论述主要依赖研究者的经验和洞察力。随着文献计量方法和工具的发展，可以实现更加系统的定性与定量相结合的文献挖掘和以定量综合为特征的元分析，文献挖掘和元分析在文献检索与筛选过程中更加系统、明确，有严谨的搜索、筛选策略，可以整合大量的文献，有相关软件辅助，依照一定的流程可以对所选定的研究主题做出丰富的分析，本书将在专题二进行详细介绍。文献综述、文献挖掘和元分析的关系及区别如图6.4和表6.3所示。

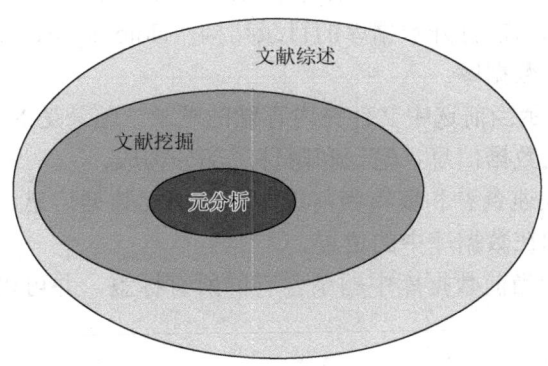

图6.4　文献综述、文献挖掘与元分析的关系

表6.3　传统综述、文献挖掘和元分析的区别

区别	传统综述	文献挖掘	元分析
文献检索与筛选	主观随意，没有明确搜索和筛选标准	系统、明确，有严谨的搜索、筛选策略	系统、明确，有严谨的搜索、筛选策略
原始资料分析	无法处理大量文献；无法等价对待每一篇独立研究	可以整合大量文献；等价对待每一篇独立研究	可以整合大量文献；赋予单独研究合理权重；在一定程度上可以缩短置信区间
论述结果/作用	定性综述；结论主观；缺乏说服力；无法解决争议	定性与定量相结合；注重可视化展示研究聚类、研究热点、热点的迁移、知识的流动	定量综合已有研究；可以解决争议问题；探析影响结果不一致的可能原因；指明清晰的未来研究

6.3　专题二：文献挖掘以及元分析

本专题将介绍基于NoteExpress的文献统计、基于CiteSpace的文献分析以及基于Comprehensive Meta-Analysis（CMA）的元分析。

6.3.1 基于 NoteExpress 的文献统计

NoteExpress 软件是由北京爱琴海乐之技术公司开发的专业文献管理软件，目前已经被中国社会科学院、清华大学、北京大学医学部、北京师范大学等单位正式整体采用。它提供了以文献题录为核心的科研模式，软件内置了针对国内外大型文献数据库的过滤器，通过过滤器可以将文献的著者、年份、文献来源、关键词、著者机构、基金项目等题录信息自动下载并管理，并通过文件夹信息统计功能，很好地实现文献计量统计与分析。

NoteExpress 作为一个强大的文献管理软件，具有以下几个功能。

1. 主界面的 5 个导航功能

（1）工具栏：汇集了 NoteExpress 所有常用的功能按钮以及快速搜索框。

（2）文件夹：展示当前打开数据库的目录结构，NoteExpress 支持建立多级文件夹结构，支持同时打开多个数据库。

（3）题录列表：展示当前选中文件夹内存储的题录，题录是 NoteExpress 管理文献的基本单位，由文献的元数据信息、笔记和附件三部分构成。

（4）题录预览：快速查看和编辑当前选中题录的元数据信息、综述、笔记、附件，预览格式化引文样式和在数据库中的位置。

（5）标签云：展示当前数据库中题录含有的所有标签，并可以通过标签组合进行快速筛选。

2. 数据库存储

数据库是 NoteExpress 存储文献的基本单位，用户可以把不同研究方向的文献分别存储在不同的数据库中，所以新建一个数据库是上手使用 NoteExpress 的第一步。

3. 在线搜索文献

在线检索提供了一种从国内外主要数据库，大量、快速收集文献元数据信息的方式，配合查重功能，可以在研究初期，帮助用户大幅提升文献收集效率。

4. 格式化文件导入

几乎国内外所有的数据库都会提供检索结果的格式化导出功能，只是格式不尽相同，常见的有 BibTeX、Refworks 等，国内主要的数据库还会提供 NoteExpress 的格式。格式化文件导入最重要的步骤就是过滤器选择，NoteExpress 的过滤器多数是以格式化文件的名字或数据库名字命名的，只有选择了正确的过滤器，才能成功导入。这里以中国知网为例，说明从数据库导出的格式化文件如何导入 NoteExpress。

5. 影响因子及国内外收录范围

JCR（journal citation reports，期刊引证报告）影响因子和国内外收录范围从侧面展示了文献所在来源刊物的水平，为用户在选择文献时提供数据支撑。

软件提供近 5 年 JCR 影响因子查询，题录字段里显示的是来源刊物最新的影响因子。同时提供 SCI（science citation index，科学引文索引）、SCIE（science citation index-expanded，科学引文索引扩展版）、SSCI（social sciences citation index，社会科学引文索引）、EI（engineering index，工程索引）、CSCD（Chinese science citation database，中国科学引文数据库）、CSSCI（Chinese social sciences citation index，中文社会科学引文索引）、北京大学《中文核心期刊要目总览》共七种收录范围的匹配和展示。

6. 文件夹信息统计及数据分析

按照一定检索式收集的文献，其元数据本身隐含了很多该研究方向的信息。使用 NoteExpress 中的搜索功能，输入关键词或者设定筛选条件，获取符合条件的文献列表。通过 NoteExpress 统计列表中的文献数量，可以得出关于特定主题或领域的文献数量统计结果；利用 NoteExpress 中的作者信息，统计每个作者的发表文献数量，或者计算他们的合作频率和合作网络。这可以帮助我们了解特定作者在某一领域的研究活跃度和影响力；根据 NoteExpress 中的出版物信息，统计不同期刊或会议上发表的文献数量，从而了解不同期刊或会议在某一领域的研究发展情况；利用 NoteExpress 中的作者或机构的地域信息，统计不同地域的文献数量，了解不同地区在某一领域的研究热点和贡献度。

针对单一元数据字段的频次分布可以使用文件夹信息统计功能。针对多值字段的共现频次矩阵、相关系数和相异系数矩阵计算，以及词云图和路径关系图的绘制，可以使用数据分析功能。所有的统计图表都支持导出，以供进一步使用。

7. 笔记

NoteExpress 的笔记支持富文本编辑，可以添加表格、图片、公式等信息，可以直接通过写作插件插入到文档中进行整理，也可以通过工具栏内搜索框对笔记内容进行检索。

6.3.2　基于 CiteSpace 的文献分析

CiteSpace 是由美国德雷塞尔大学陈超美博士与大连理工大学的 WISE[①]实验室联合开发的科学文献分析工具。CiteSpace 最新软件和教程可以在这个网站下载：http://cluster.cis.drexel.edu/~cchen/citespace/download/。该软件基于共引分析和寻径网络算法等对数据样本进行可视化处理，呈现特定知识领域的演化过程，能够将文献之间的关系以科学知识图谱的方式可视化地展现出来，既能帮助我们厘清某一领域过去的研究轨迹、研究现状和热点话题，也能揭示该领域未来的发展方向。

CiteSpace 可以用来对文献进行基本分析，如分析引文与文献发表总数、重点学科和期刊、科研机构研究和合作情况、作者分析等，也可以进行聚类和突变分析，如分析关键词频数、关键词聚类以及时区图（突变分析）。

CiteSpace 目前可以分析的主要数据库包括中国知网、CSSCI、Derwent（世界专利索

---

① WISE 是网络计量学（webometrics）、信息计量学（informetrics）、科学计量学（scientometrics）、经济计量学（econometrics）的缩写。

引）和 Web of Science，基本可以涵盖学习阶段主要使用的数据库。

CiteSpace 作为一款优秀的文献计量学软件，能够将文献之间的关系以科学知识图谱的方式可视化地展现在我们面前。简单来说，面对海量的文献，CiteSpace 能够迅速锁定自己需要关注的关键信息和核心主题，帮助我们厘清其过去和现在的发展历程，得出当前活跃的研究前沿和未来发展趋势。CiteSpace 的主要用途有如下几个。

（1）研究热点分析：一般利用关键词/主题词共现。

（2）研究前沿探测：共被引、耦合、共词、突现词检测。

（3）研究演进路径分析：将时序维度与主题聚类结合，如 CiteSpace 中的时间线图和时区图。

（4）研究群体发现：一般建立作者/机构合作、作者耦合等网络，可以发现研究小团体、核心作者或机构等。

（5）学科、领域、知识交叉和流动分析：一般建立期刊、学科等的共现网络，可以研究学科之间的交叉、知识流动和融合等。

（6）除分析科学文献外，CiteSpace 也可以用来分析专利技术文献，用途与科学文献类似，包括技术研究热点、趋势、结构、核心专利权人或团体的识别等。

6.3.3 基于 CMA 的元分析

元分析，也被称为荟萃分析、聚合分析、系统评价等，是一种对以往实证研究结果进行归纳和总结的统计方法，如图 6.5 所示。元分析包括提出研究问题、系统地检索文献、筛选文献、提取数据、对纳入文献进行偏倚风险评价、数据分析、结果和解释以及撰写论文等步骤。

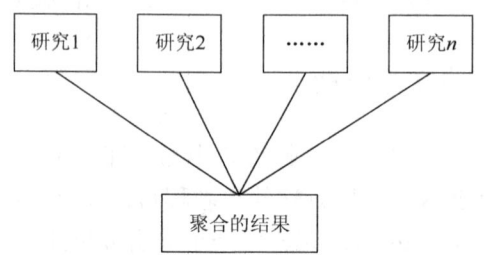

图 6.5 元分析的本质

元分析作为一种结合独立研究的统计学方法，在研究设计的证据级别中是最高的[①]，能够处理研究中具有争议的问题，具有传统综述不可比拟的优越性。但是再好的元分析也不能代替独立研究，独立的研究是元分析的基础。而且元分析只是一种统计工具，不可能将那些本身有问题的研究结果合成一个好的结果。所以在解释元分析的结果上也应尽可能做到正确、客观、真实。

---

① 研究设计的证据级别从低到高依次为：专家意见、案例报告、分组对比的观察研究、非随机对照实验、随机对照实验、系统地综述。

常用的元分析软件推荐：CMA、MetaWin、EasyEA、RevMan、Meta-Disc、EpiMeta、R、Stata、SAS、NCSS、WinBUGS。这里将介绍 CMA 元分析软件的主要功能、使用方法和应用范围。

1. 主要功能

CMA 元分析软件的主要功能如下。①数据导入和整理：支持多种数据格式的导入，如 Excel、SPSS 等；能够对数据进行清洗和整理，如去除重复数据和异常值等。②统计分析：支持多种元分析方法，如固定效应模型和随机效应模型等；能够计算加权均值效应量和置信区间等统计指标。③数据可视化：支持多种图表类型，如森林图、漏斗图和棒棒糖图等；能够可视化效应量和置信区间的分布情况。④结果解释和报告：能够输出元分析结果的详细解释和报告，如效应量大小、置信区间和异质性分析等。

2. 使用方法

CMA 元分析软件的使用方法包括以下步骤。①导入数据：将需要合成的研究结果数据导入软件中，并进行数据清洗和整理。②选择分析方法：根据研究对象和研究设计等因素选择适合的元分析方法，如固定效应模型或随机效应模型等。③进行统计分析：根据选择的分析方法进行统计分析，计算加权均值效应量和置信区间等指标。④进行数据可视化：根据需要可视化效应量和置信区间的分布情况，如绘制森林图等。⑤结果解释和报告：根据统计分析结果进行结果解释和报告，如解释效应量大小、置信区间和异质性等。

3. 应用范围

CMA 元分析软件的应用范围广泛，特别是在医疗、心理学、教育学、社会学领域，在商业领域也非常适合于合成不同顾客互动各维度对顾客忠诚度的影响、合成企业不同内外部资源对企业绩效的影响等，为企业商业决策制定提供参考。

◎ 案例：谦逊型领导与员工主动行为关系的元分析

既往研究发现，在促进员工主动行为的潜在情境因素中，领导者占据关键地位——领导者给予员工的支持、鼓励和赞赏都能够促进员工主动行为的发生。作为一种自下而上的领导方式，谦逊型领导相关研究正日益获得学者和管理实践者的广泛重视。尽管国内外研究者对谦逊型领导与员工主动行为之间的关系展开了大量研究，但有关研究结果并未取得共识。持积极观点者认为拥有谦逊品质的领导者往往会受到正面、积极的评价，且能在所带领的团队中起到良好的榜样效果，进而促进组织绩效的提高；持消极观点者则认为谦逊型领导可能是无能、软弱的表现，往往难以被人尊重，无法激发下属从事创造性工作的意愿。基于此，一项研究试图采用元分析的方法探讨谦逊型领导与员工主动行为的关系，以及可能存在的情境与方法调节变量，以期为后续研究奠定坚实基础。

杨杰等（2023）首先根据先前的研究成果和理论基础，提出了该研究的模型，如图 6.6 所示，并对关键的变量进行了清晰的定义。

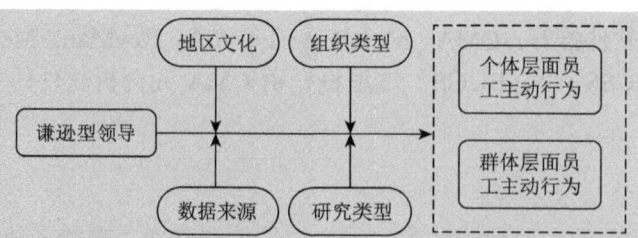

图 6.6　谦逊型领导与员工主动行为关系的元分析

再通过不同的检索数据库进行搜索，通过以下方式进行文献检索：①以 Google Scholar、EBSCO、Web of Science、PsycINFO、中国知网等为检索数据库，以 2005 年 1 月至 2020 年 7 月为研究区间，检索并下载题名、摘要或关键词包含 "humble leader" "leader humility" "humble CEO" "humble officer" "humble manager" "CEO humility" "officer humility" "manager humility" "humble executive" "executive humility"，以及 "谦逊领导" "谦卑领导" 的文献；②对 Academy of Management Journal、Academy of Management Review，以及《心理学报》《管理世界》《管理评论》《管理学报》等国内外重点期刊进行检索；③通过发送邮件来寻求原文作者方式以获取未发表研究。通过上述检索过程，初步得到 190 篇相关文献，通过一定的标准最终筛选得到 76 篇有效文献。然后研究者对 76 篇有效文献，共计 28 498 个样本量的元分析研究。将经过转化之后的效应值输入到 CMA 3.3 软件中进行后续分析。之后对数据进行了偏倚性检验、同质性检验、主效应检验以及调节效应分析。

最后的分析结果检验了谦逊型领导与员工主动行为之间的关系，以及不同文化情境和研究方法对两者关系的调节机制。最终结果说明，在个体层面和群体层面，谦逊型领导均与员工主动行为呈显著正相关；文化差异会使谦逊型领导对员工主动行为产生差异化影响力；组织类型、数据来源多样性以及研究方法的选择也对谦逊型领导影响员工主动行为的方式产生一定的调节作用。此外，对管理还有一定的启示：①有助于员工改变对谦逊型领导的消极认知，进而与领导者并肩作战，共同促进组织成长，管理者和追随者之间的相互依赖将成为未来趋势，而谦逊正是管理者应对这种复杂关系、有效处理管理事务的最重要的生存技能之一。②有助于员工与领导者构建起合作与信任的桥梁。当员工在自我能力得到充分施展并收获工作幸福感与工作满意度时，会有意愿去承担更多的工作岗位和薪酬之外的工作，帮助组织解决问题和实现稳步发展。③有助于管理者进行行为风格抉择，完善自身的领导风格，实现和追随者之间的良好合作，进而推动组织发展，以及对组织如何提升领导者感召力及员工主动行为具有一定的参考意义。

6.4　变量设计

变量指具有可测性的概念，其属性在幅度上和强度上的变化程度可以加以度量，如产量、工作满意度、学习动机等。属性指变量的某种特征。变量和属性的区别在于，变量包含若干属性,是按逻辑归类的一组属性,而属性总是依附某个变量而言的。例如,男性和女性都是属性,性别则是由这两种属性组成的变量。

因变量是研究者关心的变量。研究者的目标在于理解及描述因变量,并解释或预测其变化。一些识别因变量的案例如表 6.4 所示。

表 6.4 识别因变量案例

例子	因变量
一位管理者担心已经经过市场测试的新产品的销售量不如预期	新产品的销售量
一位基础研究者打算研究美国南加州制造业公司的资产负债比率	资产负债比率
一名副总裁担心员工对组织没有忠诚度,或将其忠诚度转至其他机构	员工忠诚度
一位应用研究者希望能提高银行职员的绩效表现	绩效表现

自变量是指以正向或负向方式影响因变量的变量。自变量与因变量同时存在,且自变量每增加 1 单位,因变量也会因此而增加或减少。因变量的改变,源自自变量的改变。

◎ 案例:识别因变量和自变量

研究报告显示,成功地研发新产品,会影响公司股价,也就是说,新产品越成功,公司股价就会越高,如图 6.7 所示。

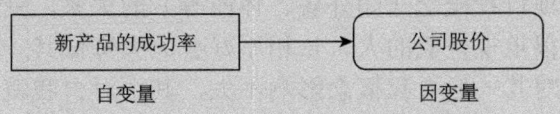

图 6.7 新产品的成功率和公司股价的关系

跨文化的研究指出,管理价值观将决定公司高层与下属之间的权力距离,如图 6.8 所示。

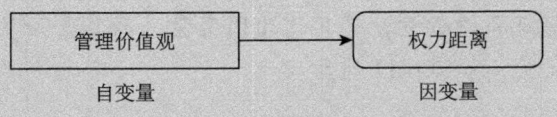

图 6.8 管理价值观和权力距离的关系

一位管理者相信,好的监督与员工培训,能有效提升生产率,如图 6.9 所示。

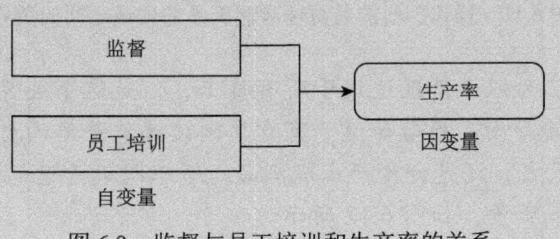

图 6.9 监督与员工培训和生产率的关系

调节变量指伴随自变量与因变量的关系，具有附带影响的变量，在自变量和因变量的关系中起到了"视情况而定"的影响。调节变量的存在，改变了自变量与因变量间原有的关系。从统计学上看，当调节变量和自变量的乘积项（调节变量×自变量）对因变量有显著影响时，调节效应即存在。

如果变量 Y 与变量 X 的关系是变量 M 的函数，则 M 为调节变量。就是说，Y 与 X 的关系受到第三个变量 M 的影响，这种有调节变量的模型如图 6.10 所示。调节变量可以是定性的（如性别、种族、学校类型等），也可以是定量的（如年龄、受教育年限、刺激次数等），它影响因变量和自变量之间关系的方向（正或负）和强弱。

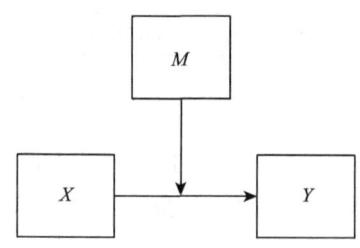

图 6.10　调节变量示意图

例如，学生的学习效果和指导方案的关系，往往受到学生个性的影响：一种指导方案对某类学生很有效，对另一类学生却无效，其中学生个性是调节变量。又如，学生一般自我概念与某项自我概念（如外貌、体能等）的关系，受到学生对该项自我概念重视程度的影响：很重视外貌的人，长相不好会大大降低其一般自我概念，不重视外貌的人，长相不好对其一般自我概念影响不大，其中对自我概念的重视程度是调节变量。

◎案例：识别调节变量

研究发现，生产工人的操作手册的易得性将决定瑕疵品的数量。从描述可推导出研究者关心的是瑕疵品的数量，将其作为因变量，操作手册的易得性影响了因变量，因此可作为自变量，如图 6.11 所示。

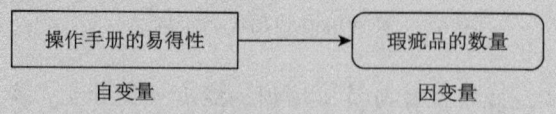

图 6.11　操作手册的易得性和瑕疵品的数量之间的关系

尽管我们可以认为以上情况适用于所有员工，但是这个关系会受到员工是否有意愿阅读操作手册的影响。换句话说，有意愿阅读操作手册的员工，才可能生产出没有瑕疵的产品。反之，还是会生产出瑕疵品。所以阅读意愿起到了"视情况而定"的影响，应作为调节变量，如图 6.12 所示。

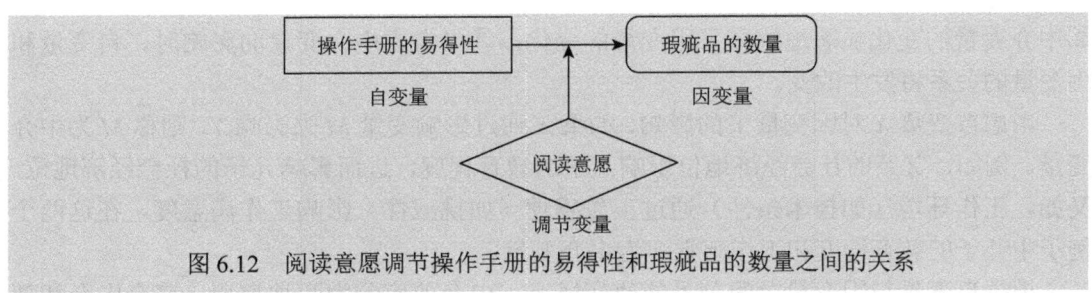

图 6.12　阅读意愿调节操作手册的易得性和瑕疵品的数量之间的关系

※ 思考

理论认为，劳动力的多元化（劳动人员由不同人种、民族及国籍的成员组成）在组织绩效上会有较好的表现，因为不同群体可将其特有专长与技能分析贡献于工作场所中。不过是否能提高组织绩效，取决于管理者如何利用多元工作团队的特殊专长。请识别其中的变量类型。

有时我们会对一个变量何时被视为自变量或调节变量而感到困扰。举例来说，可能碰到以下两种情况。一项研究调查显示，组织当中培训课程质量越好，员工的自我成长需求越高，员工越愿意学习新的工作方法，如图 6.13 所示。

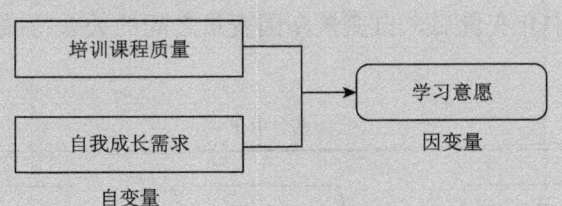

图 6.13　培训课程质量和自我成长需求影响学习意愿

另一项研究调查显示，培训课程质量与员工学习意愿之间的关系，将取决于员工自我成长需求的高低。只有那些具有高自我成长需求的员工，才会渴望通过专业训练来学习新的工作方法。究竟是自变量还是调节变量，取决于我们的问题描述，如图 6.14 所示。

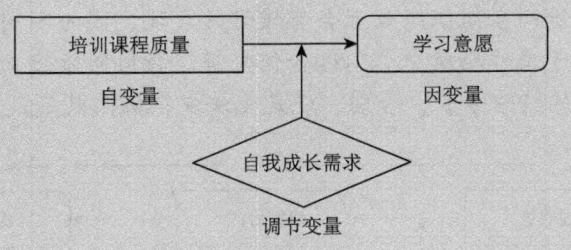

图 6.14　自我成长需求调节培训课程质量和学习意愿的关系

中介变量指自变量开始对因变量产生影响期间所显露出来的一种变量，因此，中介变量具有时间维度。中介变量有助于我们了解自变量对因变量产生影响的内在机理。当满足下列条件时，中介效应即存在：①自变量的变化显著地解释了中介变量的变化；

②中介变量的变化显著地解释了因变量的变化；③当考虑中介变量的影响时，自变量和因变量的关系将发生改变。

考虑自变量 X 对因变量 Y 的影响，如果 X 通过影响变量 M 来影响 Y，则称 M 为中介变量。例如，父亲的社会经济地位影响儿子的教育程度，进而影响儿子的社会经济地位。又如，工作环境（如技术条件）通过工作感觉（如挑战性）影响工作满意度。在这两个例子中儿子的教育程度和工作感觉即为中介变量。

根据自变量与因变量之间关系的改变情况，中介效应分为两种类型：完全中介和部分中介。

完全中介：加入中介变量后，自变量和因变量的关系将减弱至不具有统计学意义上的显著性，如图 6.15 所示。

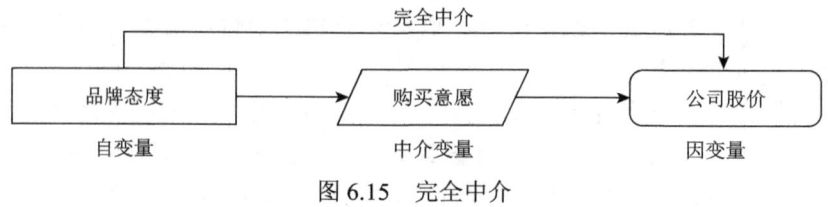

图 6.15 完全中介

部分中介：加入中介变量后，自变量和因变量之间的关系将减弱，但仍然显著，如图 6.16 所示。

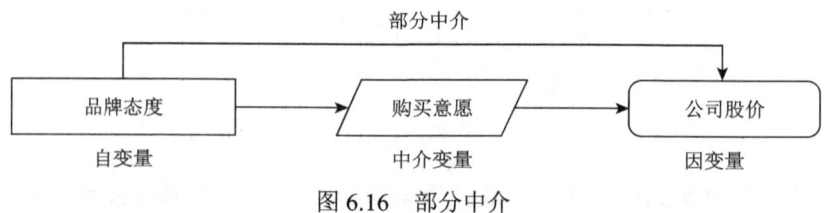

图 6.16 部分中介

◎案例：识别中介变量

理论认为，劳动力的多元化（劳动人员由不同人种、民族及国籍的成员组成）将产生协同效应，进而在组织绩效上会有较好的表现，因为不同群体可将其特有专长与技能分析贡献于工作场所中。不过如何发挥这种协同效应，取决于管理者如何利用多元工作团队的特殊专长，否则，还是无法发挥协同效应，如图 6.17 所示。

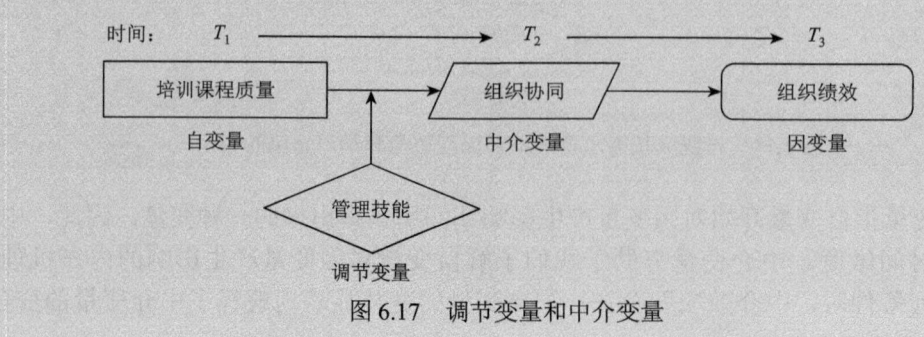

图 6.17 调节变量和中介变量

※ 思考

阅读以下陈述，画出理论框架图，并在理论框架图中标明变量的类型。

（1）公司若未能遵照公认会计原则做账将会给组织带来许多问题并引发极大困扰。然而经验老到的簿记员可及时发现错误并予以改正，可有效避免问题产生。

（2）汉斯公司的一名经理观察到公司内部的员工士气低落。他认为假如能改善工作环境、加薪及提供诱人的年假福利，将能有效提升士气。但他同时也怀疑加薪是否能提升所有员工的士气。其推论是，那些原本有额外收入的员工并不会受到影响，只有那些没有额外收入的员工才会因公司加薪而感到高兴，进而提升士气。

第 7 章　理论框架和假设建立

科学研究是在继承中创新的活动。好的研究必须将已有的知识和理论融入至新的课题中，回顾理论和文献知识为科研继承提供了基础，这已在之前的章节进行了介绍。至此，需要以图或者论述（常常是两者结合）的形式，介绍有待研究的主要事物：关键要素、概念、变量及变量之间的关系，这是开展研究的理论基础。

7.1　什么是理论框架

广义上"理论"这个词的使用范围非常广泛，几乎所有关于自然现象和社会现象的知识都可以用理论来概括；从狭义的角度来说，理论是指满足某种逻辑关系的术语。理论是一种一般性的陈述，它通过描述现象之间的关系来解释现象。也就是说，理论是对事实的解释说明，作为一种规律，是经得起验证的。凡是一套陈述或者类似定律的经验型概括，只要相互之间具有系统上的关联性、可测量性、可证明性，就是一个理论，两个条件缺一不可。概念模型、理论框架和数学模型的关系如图 7.1 所示。

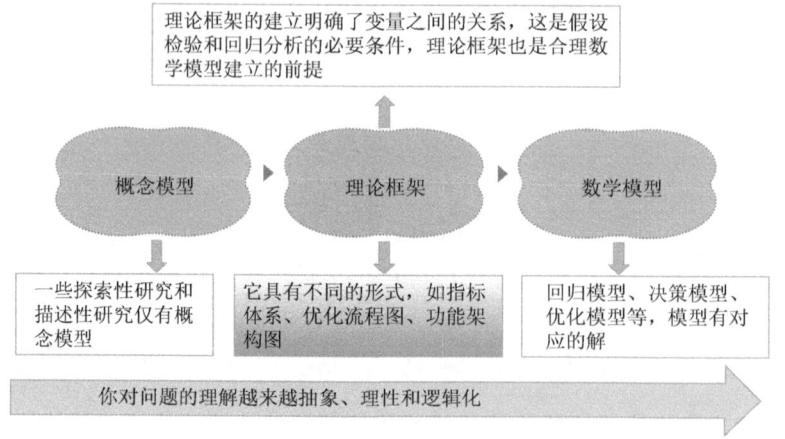

图 7.1　概念模型、理论框架和数学模型

理论框架是整个研究项目的基础。它是一个逻辑化提出、描述和详细阐述研究的网络，在被认为与问题情况相关的变量之间建立联系，并通过访谈、观察和文献调查等过程进行识别。经验和直觉也指导理论框架的发展。

理论框架是描述变量及变量之间关系的一种直观的图形。通过它可以建立理论，并找出研究问题中几个变量间的合理关系。

我们需要充分认识理论框架的重要性：根据理论框架可以提出可供检验的假设，验证理论是否成立；然后，便可通过合适的统计分析方法来验证假设。所以，理论框架如同一张"研究地图"，按图索骥，可以使我们的思路更加清晰，提高研究效率。

整个研究都是建立在理论框架的基础上，即使有时在某些应用性研究中无须发展可供检验的假设，开发良好的理论框架对解决研究问题而言也是相当重要的。

7.2 怎么建立理论框架

可以通过以下 4 个步骤建立理论框架。

（1）界定和归类变量：与研究有关的变量均须清楚地加以界定并归类。

（2）阐述原因：应说明两个或两个以上的变量为何有关的原因。可依据过去的理论和研究发现，也可依据问题界定过程中的访谈或观察进行逻辑推理。

（3）注意方向性：如果可以依据过去的研究或逻辑推理确定变量关系的方向或性质，则应说明变量之间是正相关还是负相关，是大于还是小于关系。

（4）提供图形：应该提供描述理论框架的系统图，以便于读者形象地了解理论化的变量关系。

◎ 案例：达美航空公司研究安全违规问题

随着航空公司管制的放松，各航空公司之间展开了价格战，以不同的方式降低成本。据报道，达美航空公司在 1987 年发生了几起空中近距离相撞事故和一起导致 137 人死亡的事故，面临违反航空安全的指控。四个重要的因素似乎影响了航空安全违规行为，即驾驶舱机组人员之间的沟通不畅、地面工作人员与驾驶舱机组人员之间的协调不力、对驾驶舱机组人员的培训很少以及鼓励分散结构的管理理念。研究者希望知道这些因素是否确实对安全违规有影响，如果有，有多大程度的影响。

研究者建立了理论框架：因变量是安全违规，这是主要利益的变量，其变化试图由机组人员之间的沟通、地面控制与机组人员之间的沟通、机组人员接受的培训、权力下放四个自变量来解释。

机组人员之间的沟通越少，机组人员之间共享的信息就越少，发生违反航空安全行为的概率就越大。例如，当安全受到威胁时，驾驶人员和飞行员之间的及时通信会受到影响。每个成员都会全神贯注于自己的工作，而忽略了全局。当地勤人员不能在正确的时间给出正确的信息时，必然会发生航班中断和碰撞事故。地面工作人员与驾驶舱机组人员的协调是航空安全的核心。因此，地面管制与驾驶舱机组人员之间的协调程度越低，发生违反航空安全行为的可能性就越大。达美航空公司强调分权的管理理念显著影响了上述两个因素。随着管制的放松和空中航班的全面增加，以及各航空公司运营的航班越来越多，集中协调和控制显得尤为重要。因此，分权程度越大，飞行人员之间以及地勤人员与驾驶舱机组人员之间低水平沟通的范围越大，空中交通安全违规的范围也越大。此外，当驾驶舱机组人员没有得到充分的培训时，他们可能不具备必要的安全标准知识，也可能无法处理紧急情况和避免碰撞。因此，不良的培训也增加了安全违规的概率。这些关系如图7.2所示。

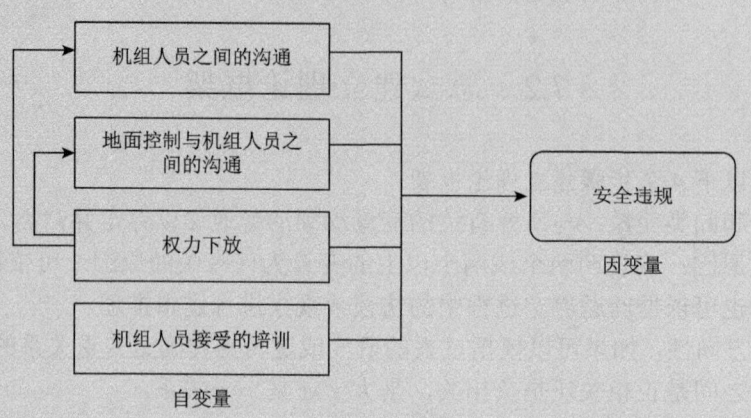

图7.2　影响安全违规的因素

现在看看是否某些变量的影响是通过其他的因素来起作用的。例如，我们可以说，缺乏足够的训练使飞行员感到紧张和不安，而这反过来又解释了为什么当许多飞机共享天空时，飞行员无法自信地处理空中的情况。紧张和缺乏自信是缺乏训练的结果，这有助于解释为什么不适当的训练会导致空中安全隐患。该情景描述如图7.3所示。

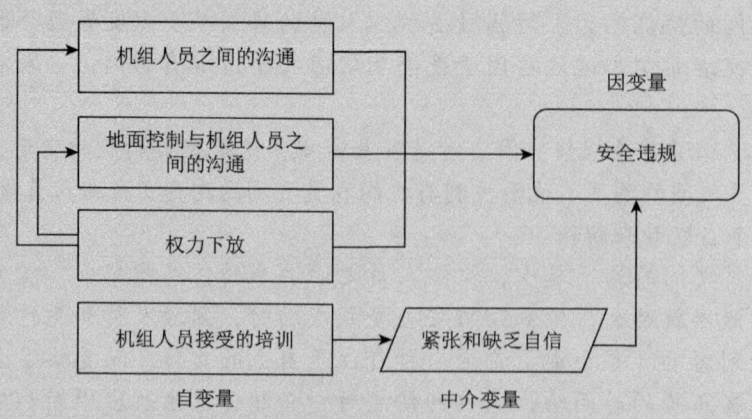

图7.3　紧张和缺乏自信作为中介变量

如果认为培训可以改善其他因素导致的安全违规问题，我们可以通过使用机组人员接受的培训作为调节变量来实质性地改变模型，如图7.4所示。

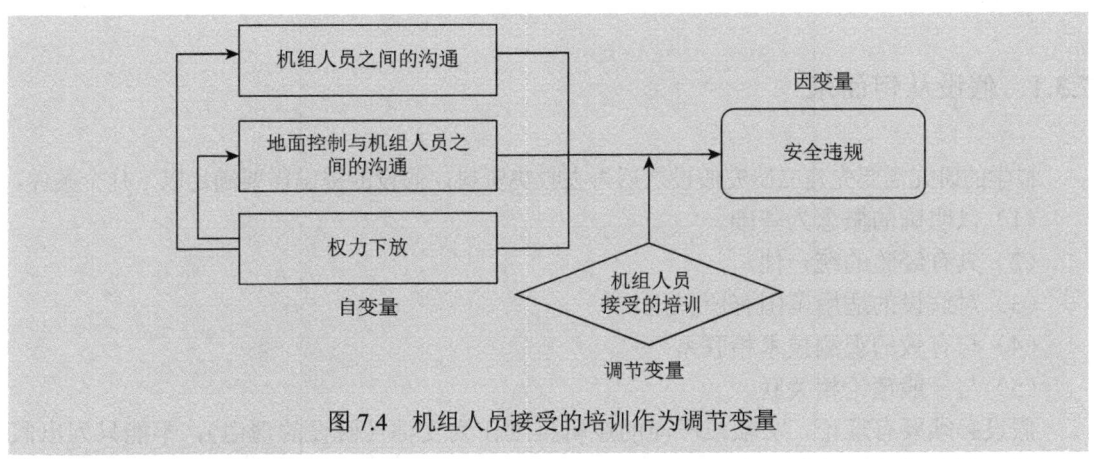

图 7.4 机组人员接受的培训作为调节变量

※ 思考

（1）建立以下研究的理论框架图：已经发现，制造企业员工可以访问的参考手册的可用性与产品拒收之间存在关系。也就是说，当工人按照手册中规定的程序进行操作时，他们就能够制造出完美无瑕的产品。尽管可以说这种关系普遍适用于所有工人，但仍取决于员工在每次采用新程序时查看手册的意愿。换句话说，只有那些有意愿每次采用新工艺时都要参考手册的人，才能生产出完美无瑕的产品。其他不这样做的人将不会受益，并将继续生产有缺陷的产品。

（2）建立以下研究的理论框架图：海恩斯公司的经理观察到，她的公司员工的士气很低。她认为，如果他们的工作条件得到改善，工资水平提高，假期福利变得有吸引力，他们的士气就会提高。然而，她怀疑，薪酬的增加并不会无差异地提升所有员工的士气，她的猜想是，那些有副业收入的人不会被更高的薪酬影响，只有那些没有副业收入的人才会因为薪酬的增加而受到鼓舞。

（3）建立以下研究的理论框架图：生产经理担心员工的低产出水平。他阅读的关于工作绩效的文章中经常提到对工作绩效很重要的四个变量：工作所需的技能、报酬、动机和满意度。在一些文章中也指出，只有当奖励对接受者有价值（有吸引力的）时，满意度和工作绩效才会提升。

7.3 提出假设

假设是为得出逻辑的或经验的结论并加以检验而设立的试验性假说。假说含有目前未获得充分证据的意思，因而只是一种尝试性的解释。假设可由理论演绎得到。例如，由公理"人的一切行为都是理性的"，可提出"人的犯罪行为是受环境影响的"这一假设。假设也可由经验观察得到。例如，当观察到运用大数据技术的上市公司在大数据技术实施超过 2 年后，总资产回报率出现了显著的增长时，就可能提出"大数据技术应用促进企业绩效提升"的假设。提出假设之后，就可以进行具体的调查研究来证明它的真伪。

7.3.1 假设从何而来

科学的研究需要先建立研究假设之后再去收集资料，假设的提出需要满足以下几个条件。
（1）以明确的概念为基础。
（2）具有经验的统一性。
（3）对假设的适用范围有所界定。
（4）与有效的观测技术相联系。
（5）与一般理论相关联。

假设必须要有理论、文献或严谨的逻辑推理作为支撑（假设的理由），不能只列出假设而没有假设理由的陈述。假设可以通过查阅文献而得出。例如，在研究"企业高质量发展的影响因素"的过程中，搜索相关文献，发现已有很多研究从资产配置的角度对企业经营绩效展开研究，得出了一些研究结论（许志勇和韩炳，2023），如资产结构错配会降低企业的财务绩效，降低企业的获利能力（Sacer et al.，2016）；另一些研究发现资产结构错配不利于企业获得竞争优势（何玉润等，2015）；资产结构错配会抑制企业创新（宋清和刘奕惠，2021），而良好的财务绩效、具有竞争优势和创新能力强都是企业高质量发展的重要表现，因此提出假设：资产结构错配会对企业高质量发展产生负向影响。

假设也可以从实地考察或访谈中得出。在对企业高管的访谈中，高管 1 谈道：政府给予融资和政策支持对我们企业高质量发展非常重要。高管 2 谈道：我们企业特别希望政府能加大政策精准保障，加强创新精准支持，这对我们的发展至关重要。类似的意见多次在访谈中被提到，因此可以提出假设：政策支持有利于企业高质量发展。

当然假设的提出也可以结合文献查阅和实地调查，如文献提到资产结构错配对企业技术创新产生影响，一方面企业对资产的投资会对现有资金产生挤压，另一方面，资产结构错配会增加企业发展的不确定性，减少企业对于高风险创新投入的容错空间（陈三可和赵蓓，2019）。对一些企业高管进行了访谈，一些高管谈到对技术创新投入时，表达了当技术创新投入较大时，对企业风险承担增加的担忧，体现了在资产结构错配下，管理者对技术创新的偏好出现了降低。

与此同时，诸多相关案例与文献均表明，技术创新具备革新企业生产流程、提升生产成果的显著能力，是企业实现发展目标不可或缺的内在驱动力。因此提出假设：技术创新在资产结构错配与企业高质量发展之间起到了中介作用。

7.3.2 假设怎么表述

假设必须是可检验的，也就是说，假设必须能够以变量语言来表述。例如，对"智力越高事业越成功"这一假说，就需要对"智力"和"事业成功"两个概念作出明确界定，并说明测量它们的方法。具体而言，可以采用智商测验的得分来量化评估智力水平，同时，通过设计一个综合考量财富积累、目标实现程度以及荣誉获得情况等多维度的问卷量表来衡量事业成就的高低。

假设有几种不同的陈述方式，如表 7.1 所示。

表 7.1 假设的陈述方式

假设陈述方式	分类	例子
相关式陈述	方向性陈述：A 与 B 正（负）相关	班组的内部团结与班组的生产效率正相关
	无方向性陈述：A 与 B 相关	班组的内部团结对班组的生产效率有显著影响
因果式陈述	"A 导致 B" 或者 "A 是 B 的原因，B 是 A 的结果"	城市化导致人际关系疏远
差异式陈述	方向性：A 显著好于（大于、强于等）B	男性比女性更倾向于喜欢侦探片
	无方向性：A 与 B 之间有显著差异	不同性别的人对不同类别的电影（如爱情片、侦探片）的爱好存在显著差异
函数式陈述	无方向	个人的理想子女数是其受教育程度的函数
	有方向	个人的理想子女数是其受教育程度的递增函数

7.4 专题三：中介效应及调节效应的检验

在做调节效应分析时，通常要将自变量和调节变量做中心化变换（即变量减去其均值）。此处主要考虑最简单、常用的调节模型，其中 Y 为因变量，X 为自变量，controls 为控制变量，FixedEffects 为固定效应，M 为调节变量，ε 为随机误差，β 为系数：

基准模型：$Y = \beta_0 + \beta_1 X + \beta_k \sum \text{controls} + \text{FixedEffects} + \varepsilon$

考虑调节作用模型：$Y = \beta_0 + \beta_1 X + \beta_2 M + \beta_3 XM + \beta_k \sum \text{controls} + \text{FixedEffects} + \varepsilon$

若基准模型的 β_1 显著，且基于调节作用模型的 β_3 显著，说明 M 的调节作用显著。β_1 和 β_3 系数的正负，对回归分析的结果会有不同的解释。假设 X 代表数字化程度，Y 代表经营绩效，M 代表沟通效率。①X 正向显著影响 Y，即 β_1 大于 0，数字化程度会提高经营绩效。若 XM 调节效应为正，β_3 大于 0，说明沟通效率会增加数字化程度提高经营绩效的程度；若 XM 调节效应为负，β_3 小于 0，说明沟通效率会抑制数字化程度提高经营绩效的程度。②X 负向显著影响 Y，即 β_1 小于 0，数字化程度会降低经营绩效。若 XM 调节效应为正，β_3 大于 0，说明沟通效率会抑制数字化程度降低经营绩效的程度；若 XM 调节效应为负，β_3 小于 0，说明沟通效率会使数字化程度降低经营绩效的程度更严重。

中介变量的示意图如图 7.5 所示。

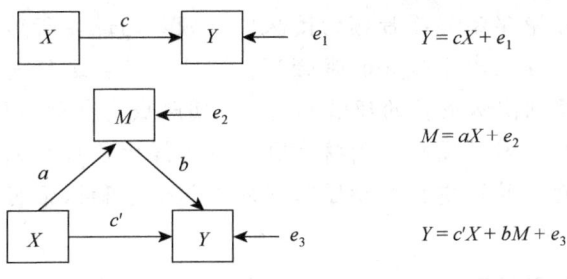

图 7.5 中介变量示意图

假设 Y 与 X 的相关显著，意味着回归系数 c 显著，在这个前提下考虑中介变量 M。如何知道 M 真正起到了中介变量的作用，或者说中介效应显著呢？最常见的做法是使用逐步因果法。

如果下面两个条件成立，则中介效应显著：①自变量显著影响因变量；②在因果链中的任意一个变量，当控制了它前面的变量（包括自变量）后，会显著影响它的后继变量。这是 Baron 和 Kenny（1986）定义的部分中介过程。如果进一步要求在控制了中介变量后，自变量对因变量的影响不显著，则变成了 Judd 和 Kenny（1981）定义的完全中介过程。在只有一个中介变量的情形下，中介效应显著的条件变为：①系数 c 显著；②系数 a 显著，且系数 b 显著。完全中介过程还要加上条件：系数 c' 不显著。而在实际应用过程中发现，条件①是可不被满足的。

◎案例：谦卑领导行为对团队创新影响的实证研究[①]

> Owens 和 Hekman（2012）提出了谦卑领导行为的概念，即"基于基层的带领"。它是一种自下而上的领导方式，具体表现为以下三个方面的行为。①承认自身的局限和错误：领导具有客观审视自身能力的意愿，勇于向下属承认自身在工作中的不足和错误，并希望其帮助共同改进。②善于发现下属的优势和贡献：领导将下属视为有价值的、平等的合作伙伴，会经常公开认可并表扬下属，不会有意掩盖下属光芒，提防其威胁自身地位。③可教性垂范，即领导是一个好的"学者"和"聆听者"。他们对于接受新想法和信息具有很强的开放性，同时他们也会认真聆听下属意见并积极寻求反馈。
>
> 一项研究探讨了谦卑领导行为与团队创新间的关系。依据现有文献，该研究认为谦卑领导行为可能与团队创新正相关，谦卑型的团队领导会在动态变化的环境中不断学习和成长，主动承认错误，不断寻求改进，对新想法和建议始终保持开放态度，因此提出以下假设。
>
> H1：谦卑领导行为与团队创新正向相关。
>
> Hambrick（1994）提出了高管团队行为整合的概念，并认为这个概念融合了以往社会性整合、成员间交换和合作等多个分散的构念，揭示了团队成员在思想上和行动上的参与程度和互动水平。谦卑型领导注重营造平等合作的工作氛围，对个体贡献和团队协作的鼓励会提升团队成员的工作卷入度，进而促进信息交流，有利于促进员工参与团队决策。因此，提出如下假设。
>
> H2：谦卑领导行为与团队行为整合正向相关。
>
> 该研究认为，在谦卑型领导带领的团队中，领导的谦卑行为会促进这种团队整合，进而促进创新。在谦卑型领导的带领下，团队内部会进行充分的沟通和交流，员工的不同意见会得到团队成员的理解和支持，团队成员也被鼓励具有发散性思维，共同参与决策，这种良好的团队氛围将有利于员工提出各自的创新性见解，消除员工在合作和交流中存在的疑虑，推动团队内的知识分享和探索行为，进而促进团队创新。因此提出如下假设。

---

① 来源：周琦玮等（2017）。

H3：团队行为整合在谦卑领导行为与团队创新之间起中介作用。

基于已有文献，该研究认为，团队分配公平感的高低会影响谦卑领导所带领的团队内部成员在共同参与决策、进行信息交换和合作方面的投入程度。当员工感受到较高的分配公平感时，在团队中会更加主动地发表意见、参与决策、沟通合作，进而促进团队行为整合。相反，当员工感受到较低的分配公平感时，会降低自身在团队中的努力和合作程度，从而削弱了谦卑领导行为对团队行为整合的影响。因此提出如下假设。

H4a：团队分配公平感在谦卑领导行为与团队行为整合之间起调节作用，即团队分配公平感越高，谦卑领导行为与团队行为整合的正向关系就越强，反之越弱。

H3和H4a所揭示的关系可以进一步地表现为被调节的中介作用——团队行为整合传导了谦卑领导行为对团队创新的作用，但该中介作用的大小依赖于团队分配公平感的大小。因此提出如下假设。

H4b：团队分配公平感调节了团队行为整合对谦卑领导行为—团队创新关系的中介作用。

图7.6展示了变量之间的关系。

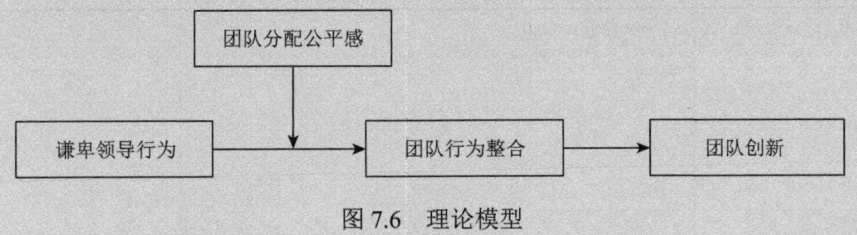

图 7.6 理论模型

该研究运用测量谦卑领导行为、团队创新、团队行为整合方面的已有量表设计问卷，调查了浙江省内4家医疗机构的66个团队（共计355人），问卷通过了信效度检验。

结果如表7.2所示，谦卑领导行为对团队行为整合具有显著的正向影响（$\beta=0.50$，$p<0.05$），H2得到支持。模型3在模型2的基础上，进一步加入了调节变量团队分配公平感，以及自变量谦卑领导行为与团队分配公平感的交互项。模型3的结果显示，谦卑领导行为与团队分配公平感的交互项回归系数显著（$\beta=0.52$，$p<0.01$），H4a得到支持。模型4以团队创新为因变量，仅加入了3个控制变量。模型5在模型4的基础上，加入了自变量谦卑领导行为进行回归。结果显示，谦卑领导行为对团队创新的影响作用显著（$\beta=0.63$，$p<0.01$），H1得到支持。在模型6中，同时加入了自变量谦卑领导行为和中介变量团队行为整合，以检验团队行为整合所具有的中介作用。结果显示，团队行为整合的回归系数为正向显著（$\beta=0.32$，$p<0.01$），而自变量谦卑领导行为的回归系数虽显著（$\beta=0.47$，$p<0.05$），但与模型5相比，回归系数和显著性水平均明显降低。这说明团队行为整合在两者间关系中充当了部分中介的作用。H3得到支持。

表 7.2　回归结果

变量	团队行为整合			团队创新		
	模型 1	模型 2	模型 3	模型 4	模型 5	模型 6
控制变量						
所在组织	0.12	0.08	0.06	0.15*	0.10	0.07
团队规模	0.00	0.03	0.03	−0.06**	−0.03	−0.04
团队类型	0.04	0.18	0.15	−0.19	−0.02	−0.07
主效应						
谦卑领导行为		0.50**	−1.06*		0.63***	0.47**
团队行为整合						0.32***
团队分配公平感			−2.07**			
调节效应						
谦卑领导行为×团队分配公平感			0.52***			
R^2	0.04	0.12	0.19	0.12	0.29	0.40
F	0.71	2.45*	3.02**	2.62*	5.82***	6.81***

*表示 $p<0.1$，**表示 $p<0.05$，***表示 $p<0.01$

第 8 章　商业研究设计

研究设计是指对整个研究工作进行规划，制定探索特定商业现象的具体策略，确定研究的途径，选择恰当的数据收集方法等。本章将从研究目的、调查类型、介入程度、研究设定、分析单元、时间维度来介绍研究设计的要点和过程。

8.1　研 究 目 的

研究目的主要是确定研究的问题（已在第 1 章介绍），并确定研究的类型。按研究目标分，研究可以分为探索性研究、描述性研究和解释性研究，如图 8.1 所示。从探索到描述到解释，知识的丰富程度越来越高，我们对现象的了解越来越深入，获得的研究结论也能发挥更大的作用。探索性研究以小样本的定性观察、访谈为典型形式，对现象进行形式自由、简单的初步了解，描述性研究通过有代表性的调查，对现象进行多维度的定量描述，解释性研究通过调查、实验、理论建模等相关或因果分析，对现象进行解释，其研究结论能够为我们改变现状提供管理决策建议。在第 1 章我们需要能够区分不同类型的研究，在本章，我们需要为自己的研究确定一个合适的类型。

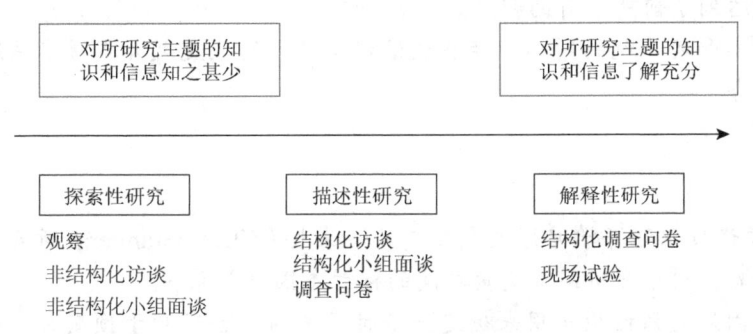

图 8.1　研究按研究目标进行分类

当企业对需要调研的问题不太清楚时进行的试探性的小规模的调研，可以采用探索性研究。探索性调研具有高度灵活性，并倾向于依靠二手资料收集、方便性抽样、小规模调研（如专家访谈）或简单实验调研等技术。

当我们需要对研究对象的各方面进行描述，进行消费者研究、市场潜力研究、态度研究、销售分析、媒体调研和定价等，我们可以选择描述性调研，信息源可以多种多样，但主要靠二手资料和访问调研。

当我们需要就某一商业问题进行深入的研究，试图挖掘在探索性研究阶段所确立问题的成因时，一般作定量描述，进行实证分析、检验假设、建立各种统计模型或优化模型，乃至大数据挖掘等，都是解释性研究的范畴。

8.2 调查类型

调查类型有两种：相关性研究和因果研究。相关性研究：只关心与问题"有关的"重要因素，以及这些因素对因变量影响的权重大小。当一个或几个相互联系的变量取一定的数值时，与之相对应的另一变量的值虽然不确定，但它仍按某种规律在一定的范围内变化。按程度分，有完全相关、不完全相关、不相关；按方向分，有正相关、负相关；按形式分，有线性相关（直线关系）、非线性相关（曲线关系）；按变量数目分，有单相关、复相关、偏相关。常用的方法是调查法。例如，企业社会责任缺失会影响品牌忠诚度吗？因果研究：找出确定的因果关系。因果关系意味着一个特定的行为会导致一个特定的、可测量的结果。显然，因果是比相关更强的关系。存在因果关系必须符合3个条件：①A与B之间有关系（相关）；②A的变化先于B的变化（时间序列）；③A与B之间的关系不是由其他因素造成的（非虚假关系）。确认因果关系唯一的常用的方法是实验法。如果你建立的假设是因果式陈述的，你需要进行因果研究，如抽烟引起肺癌。

※ **思考**

以下两个案例属于相关还是因果调查？
（1）专家预测最近在新马德里断层带可能发生地震，该地区房产业主购买地震保险的数量达到了前所未有的程度。
（2）利率和房产税的增加、经济衰退以及预测的地震大大减缓了该地区房地产经纪人的业务。

★ **拓展**

2003年诺贝尔经济学奖得主克莱夫·格兰杰（Clive Granger）所开创的格兰杰因果关系检验，用于分析经济变量之间的格兰杰因果关系。

格兰杰因果关系检验是用来确定一个时间序列是否有助于预测另一个时间序列的检验。格兰杰因果关系测试是如何工作的？它是基于这样的想法：如果 X 导致 Y，那么基于 Y 的前值和 X 的前值对 Y 的预测应该优于仅基于 Y 的前值的预测。因此，理解格兰杰因果关系不应该被用来测试 Y 的滞后期是否导致 Y。原假设是：X 不是 Y 的格兰杰原因，即 X 的滞后期信息对预测 Y 没有显著帮助。如果 p 值小于显著性水平（0.05），那么就拒绝原假设，并得出结论：上述 X 的滞后期确实是有用的。

尽管格兰杰因果关系在计量经济学中被广泛使用，并在经济学家中被普遍接受，但在哲学层面上，关于它是否构成一种真正的因果关系还存在很大的争议。很多人认为检验真正的因果，需要进行反复的实验，排除其他可能的解释。

8.3 介入程度

研究人员对工作场所正常工作流程的介入程度直接影响所进行的调查是因果的还是相关的。相关研究是在组织的自然环境中进行的,研究人员对正常工作流程的介入最小。在建立因果关系的研究中,研究人员试图操纵某些变量,形成人工环境,以研究这种操纵对感兴趣的因变量的影响。不同介入程度的研究如图 8.2 所示。

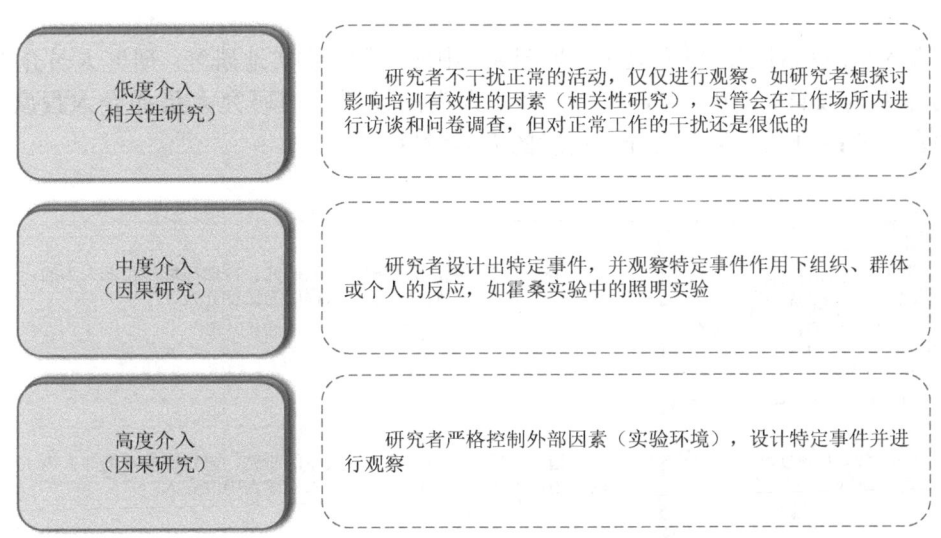

图 8.2 研究按介入程度进行分类

◎ 案例:情感支持与护理人员压力

> 医院管理人员想要调查感知到的情感支持与护理人员所经历的压力之间的关系(相关研究)。在这里,研究人员将从护士那里收集数据(可能通过问卷调查),以表明他们在医院获得了多少情感支持以及经历压力的程度。通过关联这两个变量,可以找到答案。在这种情况下,除了对护士进行问卷调查外,研究人员没有干预医院的正常活动。换句话说,研究人员的介入程度是最小的。
>
> 研究人员想要证明,如果护士有情感支持,这确实会减少他们的压力。为了检验因果关系,研究人员将测量压力,并故意给予三个病房三组护士不同的情感支持程度,时间可能长达一周,并测量压力的大小。对于一组,研究人员将确保有经验丰富的医师全程指导,给予最强的情感支持。
>
> 研究人员认为结果可能有效,也可能无效,因为其他外部因素可能会影响护士所经历的压力水平。例如,在特定的实验周期间,一个或多个病房的护士可能没有经历过高水平的压力,因为病房内没有严重的疾病或死亡发生。因此,获得的情感支持可能与所经历的压力水平无关。

研究人员将希望确保控制可能影响因果关系的外部因素。所以研究人员带三组医学生，把他们放在不同的房间里，让他们面对同样的压力任务，以极其详尽的细节描述为患者实施手术，并提出越来越多的问题。一组可能会从医师那里得到帮助。二组只有在寻求帮助时，医师才可能提供帮助。对于三组来说，没有医师在场，也不会向其提供任何帮助。

8.4 研究设定

与介入程度相对应的研究设定，见图 8.3 中的三种。①实地研究：研究人员介入程度最小的非人为设置。②现场实验：一个非人为的设置，但研究人员的介入程度中等。③实验室实验：研究人员最大介入程度的人为设置。

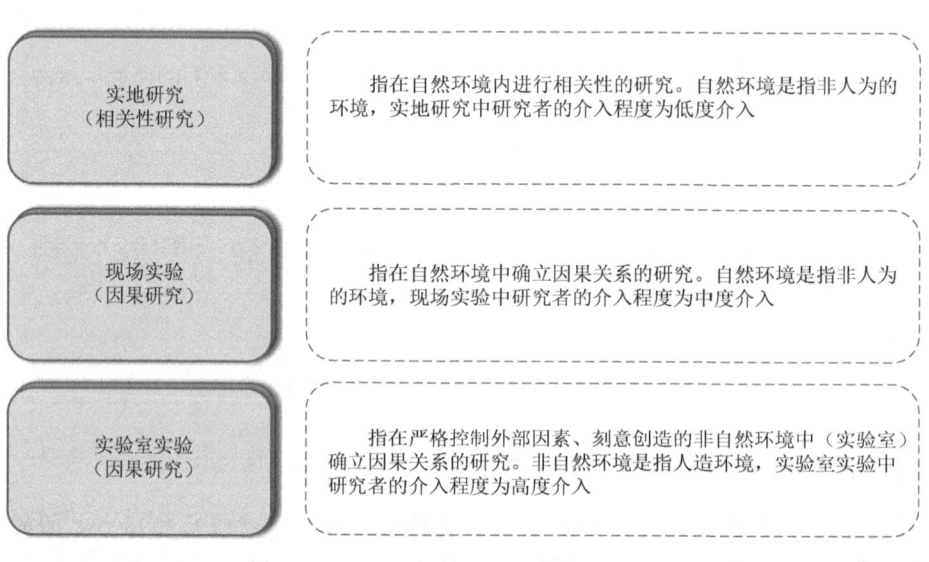

图 8.3　不同的研究设定

※ 思考

以下几个研究分别属于什么研究设定呢？

（1）银行经理想分析利率与客户银行存款模式之间的关系。他试图通过观察利率变化时不同类型账户（如储蓄、存单、黄金存折和计息支票账户）的存款来将两者联系起来。

（2）银行经理现在想确定利率与客户在银行储蓄和存款的诱因之间的因果关系。他选择了 60 英里半径内的四个分行进行实验。仅在一周内，他以特定方式宣传当周新存单的年利率：第一家分行的利率为 9%，第二家分行为 8%，第三家分行为 10%，第四家分行的利率保持 5% 不变。在一周内，他将能够确定利率对存款调动的影响（如果有的话）。

（3）上面例子中的银行经理想建立利率和储蓄之间的因果关系。正因为如此，他想创造一个人造的环境，追踪真正的因果关系。他招收了40名学生，他们都是商科专业的高年级学生，年龄相仿。他把这些学生分成四组，给他们每人1000美元的筹码，告诉他们可以用这些筹码来购买自己需要的东西或作为未来储蓄，或者两者兼而有之。他通过激励的方式为他们提供储蓄利息，但通过为第一组提供6%的储蓄利率、为第二组提供8%的储蓄利率和为第三组提供9%的储蓄利率来操纵利率，并将第四组的利率保持在1%。

（4）几年前，Hidden Valley Ranch 公司进行了一次实验，检查三种不同口味调味品的市场接受情况。这个实验有一个实验因素——口味，有三个因素等级，每个等级代表一种口味。这类实验的成本很高，Hidden Valley Ranch 公司生产了一批小包装产品，然后运到销售代表那去，销售代表再把产品放到参加实验的零售店中。实验第一天销售火爆，第二天，销售代表去零售店记录销售数据，第三天，所有口味的调味品都卖完了！太令人吃惊了，每种口味都卖得很成功吗？其实 Hidden Valley Ranch 公司的竞争对手注意到了该公司正在进行实验，故意派人来购买他们的产品，导致该公司得不到有效的销售数据，竞争对手采用这种方式把 Hidden Valley Ranch 公司的新产品扼杀在摇篮中。

8.5 分析单元

分析单元是指在后续数据分析阶段收集的数据的聚合程度。例如，如果问题陈述的重点是如何提高员工的积极性，那么我们对组织中的员工感兴趣。这里的分析单元是个人。我们将查看从每个人那里收集的数据，并将每个员工的反应视为个人数据源。如果研究人员对两人互动感兴趣，那么两人组，也称为二元组，将成为分析单元，如夫妻、母子，以及导师与学生。

但是，如果问题陈述与小组有效性有关，那么分析单元将在小组级别。换句话说，即使我们可以从包括六组的所有个人那里收集相关数据，我们也会将个人数据汇总到组数据中，以便查看六组之间的差异。如果我们比较组织中的不同部门，那么数据分析将在部门级别进行，即部门中的个人将被视为一个单元，并且以部门为分析单元进行比较。我们的研究问题决定了分析的单位。各种分析单元解释及举例如表8.1所示。

表 8.1 分析单元解释及举例

分析单元	解释及举例
个体	从每个人那里搜集资料。 举例：对某家公司的 CEO 进行个人分析，了解其领导风格和决策方式
二元体	两人一组的群体。 举例：夫妻关系、上司与下属的互动

续表

分析单元	解释及举例
群体	在群体层次上整合资料。 举例：对某一行业内所有企业的生产规模、市场份额、利润状况进行分析
组织	分析各种正式的社会组织。 举例：对商场的"占地面积""每年的访客人数""每年的营业额度"等特征进行描述
社区	以社区为单位搜集和分析资料。 举例：研究社区异质性程度，比较社区习俗特点等
国家	以国家为单位搜集和分析资料。 举例：跨文化比较
社会产品	涉及人类社会生产活动的各类产物的研究。 举例：对文化创意产品的设计与策划

8.5.1 个人

个人分析单元指的是在商业领域中供研究者对其行为、决策、影响力等方面进行深入研究和分析的个人。这些个人通常是行业领袖、企业高管、市场专家或消费者行为研究者等。通过对这些个人的分析，可以更好地理解他们在商业活动中的作用和影响。个人在具体的商业研究中各不一样。举例来说，可以对某家公司的 CEO 进行个人分析，了解其领导风格和决策方式；也可以对某个市场营销专家进行个人分析，深入了解其创新理念和营销策略。通过对个人进行描述，并将这些描述进行聚合和处理，我们才能够描述和解释由个人组成的各种群体，以及由个人的行为和态度构成的丰富多彩的商业现象。以个人作为分析单元的描述性研究一般旨在描述由那些个人组成的总体。作为分析单元的个人可以用其所隶属的社会群体来指示其特征。

8.5.2 群体

由若干个人组成的各种商业群体，也可以成为商业研究中的分析单元。比如，若干个有着共同工作目标的工作小组、对某个零食品牌感兴趣的消费者、某个新兴行业中的竞争对手群体等，都可以成为商业研究中的分析单元。以各种商业群体为分析单元的研究与那些以个人为分析单元的研究，在描述的对象上有所不同。以各种商业群体为分析单元的研究通常涉及对特定行业、市场、群体的整体特征、趋势和规律进行研究和分析。例如，对某一行业内所有企业的生产规模、市场份额、利润状况等进行分析，以了解行业整体竞争格局和发展趋势。当以社会群体作为分析单元时，它们的特征有时与群体中个人的特征有关。应当记住的是，当我们以商业群体作为分析单元时，我们的研究和分析就不能下滑到群体层次之下，我们所研究的群体就是资料集合中的最小单位。

8.5.3 组织

各种正式的社会组织，如工厂、公司、机关、学校、商店、医院等，同样可以成为社会研究中的分析单元。假设我们希望对大型商场进行一项研究，那么，分析单元就是大型商场。每一个商场都可以用"占地面积""每年的访客人数""每年的营业额度"等特征来进行描述，并与其他的商场进行比较。同样，我们也能在以组织为分析单元的商业研究中，通过对组织的各种特征进行分析来解释和说明某些商业现象。由于组织与群体一样，都是由若干个人组成的，因而作为分析单元的组织所具有的某些特征，往往也在一定程度上与组成它的个人有关。有时，对同一现象的研究，会依据研究的侧重点的不同而使用不同的分析单元。这样就大大地增加了分析单元的复杂性。

8.5.4 社区

社区作为一定地域中人们的生活共同体，也可以作为研究中的分析单元。无论是乡村、城市，还是街区、集镇，我们都可以用社区的人口规模、社区异质性程度、社区习俗特点、社区的空间范围等特征对它们进行描述。也可以通过分析社区不同特征之间的关系，来解释和说明某些社会现象。如同以个人为分析单元的社会研究中的个人那样，从每一个具体的社区中所收集的资料，既用来描述和反映这一社区自身的具体特征，又作为若干个具体社区的集合中的个案，参与描述整个社区的集合的特征以及解释某些特定的社区现象。

8.5.5 国家

以国家为单位搜集资料并分析研究是更大尺度的研究。例如，研究随着时间的变化各国的经济实力和国民收入的排名变化。

8.5.6 社会产品

我们用社会产品一词来概括那些无法被包括进前述几种分析单元类型的其他分析单元形式。其范围涉及各种形式的人类行为以及由人类行为导致的各种社会产物。书籍、歌曲、图片、公告、建筑、服饰等，就是此类分析单元中的一大类型；而婚礼、殡葬仪式、考试、课堂教学、实习、求职、约会等，则是另一种类型的分析单元。此外还有诸如家庭制度、文化传统这样的更为抽象也更为复杂的分析单元。比如，我们可以依据规模的大小、程序的繁简、内涵的传统性或现代性等特征来对婚礼仪式进行区分。

※ 思考

判断以下研究项目中的分析单元。
（1）一家制造公司的CFO想知道有多少员工有兴趣参加为期三天的关于做出适当投资决策的研讨会。
（2）某公司开展了老员工带新员工的"老带新"活动，人力资源经理希望首先确定组织三个部门中处于辅导关系中的员工人数,随后深入探究这种师徒关系为导师与学员双方所带来的共同感知益处。

(3) 经理希望了解生产、销售和运营人员对新安装的信息系统的使用模式。这里涉及三组人员,将收集和分析三组人员中每个成员使用信息系统的次数以及其他相关问题的信息。最终结果将显示每组每天或每月的系统平均使用量。

(4) 一位就业调查专家希望了解医疗保健、公用事业、运输和制造业的劳动力比例。在这种情况下,研究人员必须汇总与每个行业中每个子单元相关的数据,并报告行业层面雇佣的劳动力比例。

(5) 跨国公司的CFO希望了解英国、德国、法国和西班牙的每个子公司在过去5年中的利润。这些子公司可能在每个国家都有许多地区办事处。必须汇总每个国家的各个区域的利润,并将过去5年每个国家的利润提供给CFO。

★ 拓展:与分析单元有关的两种错误

第一种错误是区群谬误,又称为层次谬误或体系错误,它指的是在商业研究中,研究者用一种集群的分析单元做研究,而用非集群的分析单元做结论的现象。或者说,研究者用一个集群的分析单元收集资料,而用一个非集群的分析单元下结论的现象。比如,当一个研究者所收集的是有关某种集群(如行业、公司或工厂)的资料,然后从这些资料中得出有关个人行为的结论时,他就犯了区群谬误。举例来说,一份研究可能发现某个地区的年轻消费者更偏好购买环保产品,然后错误地将这一结论泛化到全球范围内,认为所有年轻消费者都有同样的偏好,而忽视了不同地区的文化、经济背景、社会价值观等因素的影响。这种区群谬误会导致研究结论的误导性和局限性,影响商业决策的准确性和有效性。因此在商业研究中,必须充分考虑不同地区、群体的特征和差异性,避免将特定地区或群体的情况简单地普遍化到整个商业领域。

第二种错误是简化论,又称作简约论,它指的是研究者用个体层次的资料来解释宏观层次的现象。从形式上看,简化论的错误正好与区群谬误相反。在研究者用非集群的分析单元来进行测量,而做出的是有关集群的分析单元如何运行的结论时,或者说在研究者所拥有的是微观的有关个人如何行为的资料,但是他所做出的却是有关宏观层次的单位如何运作的结论时,这种错误最容易发生。例如,一个心理学研究者认为,人的个性是社会发展的原因。如果一个国家中的个人具有看重成就的个性,那么这个国家就会发展。于是,他到世界各地去测量人们的个性,最后他发现,第三世界国家中的人们的确不像发达国家中的人们那样看重成就,于是他宣称发现了第三世界贫穷的原因。实际上,他犯了简化论的错误。因为他仅仅通过观测微观层次的证据(个人的个性),就试图解释一种宏观层次的过程(社会发展)。或者说,来自个人这一分析单元的证据,被用来解释以社会作为分析单元的宏观过程,他忽视了其他的宏观因素,如自然资源的缺乏、殖民主义的统治、接连不断的战争、落后的教育与技术、数以万计的饥民等对社会发展的巨大影响。

> 导致简化论发生的一个基本原因是社会研究很容易获得有关个人的具体资料，而宏观层次的单位的运行则往往比较抽象和模糊。要避免犯简化论以及层次谬误这两种错误，关键的一点是要保证你做出结论时所使用的分析单元就是你运用证据时所使用的分析单元。这也提醒我们在做社会研究时，必须对所使用的分析单元有清楚的认识。

8.6 时间维度

时间维度是商业研究设计中的重要方面。它可划分为两类方式：横向的和纵向的。一旦研究的课题确定下来，研究者就要围绕研究的目标，从时间的角度进行一些考虑。比如，如果我们希望考察社会变迁的某些方面，那么，显然我们的设计就必须涉及在不止一个时间点上去观察我们所感兴趣的现象，如果我们所感兴趣的仅仅是人们对当前某个问题的看法和态度，那么，我们只需对他们目前的看法进行一次测量。

横向研究也称为横剖研究，它指的是在一个时间点上收集研究资料，并用以描述研究对象在这一时间点上的状况，或者探讨这一时间点上不同变量之间的关系。各种内容的民意测验和全国人口普查，可以说是横向研究最典型的例子。需要说明的是，这里所说的"一个时间点"，并不是指一天，更不是指一分一秒，而是相对比较短的一段（连续的）时间，如一个星期、一个月、三个月等。横向研究是商业研究中最常见的一种形式，特别是各种探索性研究和描述性研究，基本上都是采用横向研究的形式进行的。横向研究的主要目标是对某种商业现象或某一商业总体的横截面进行了解，它也可以用来分析和比较某一商业现象或商业总体中的不同部分的特点及其相互关系。

当然，许多解释性研究也同样属于横向研究。只不过在有些解释性的横向研究中，常常存在着某种内在的问题。这是因为，解释性研究的目标通常是理解商业现象中的因果关系或因果过程，而作为原因的现象与作为结果的现象在时间上往往会有先后之别，社会现象之间的因果过程也常常发生在一段比较长的时期中。在有些情况下，如果研究者仅仅依靠来自一个时间点上的观察所得到的资料，那么其结论往往难以成立。

纵向研究指的是在若干个不同的时间点上收集资料，用以描述现象的发展变化，以及解释不同现象前后之间的联系。纵向研究主要有三种不同的类型。

（1）趋势研究指的是对一般总体随着时间推移而发生变化的研究。比如，在美国总统选举过程中，通过对连续几次盖洛普民意测验的结果进行分析，研究不同候选人的势头，就是一种趋势研究。

趋势研究的目的是通过对一般总体在不同时期的态度、行为或状况进行比较，以揭示和发现商业现象的变化趋势与规律。实际上，我们可以说，对某一总体的趋势研究，就相当于利用对这一总体所进行的若干次横向研究的结果，来分析和探寻其发展变化规律的研究。

关于趋势研究，有一点需要注意，那就是对同一总体在不同时点上所进行的若干次横向研究必须是具有同样的研究内容，采用的是同样的测量方法。更具体地说，每次研究所问的问题都应该是一样的。如果问题不同，就无法进行比较。

（2）同期群研究又称作人口特征组或共同特征组研究，它指的是对某一特殊人群随着时间推移而发生变化的研究。在这种研究中，每次研究的样本并不相同，即每次研究的具体对象可以不一样，但他们必须都同属于这一特殊人群。这种特殊人群通常都与时间或年代相关。

比如，针对某个特定品牌的市场营销活动效果的分析。研究者可以在同一时间段内选择一组消费者，其中一部分接受该品牌的市场营销活动，另一部分则作为对照群体不接受市场营销活动。通过对比两组消费者的行为数据，分析市场营销活动对销售量、品牌认知度或忠诚度等指标的影响。

（3）同组研究又称为定组研究或追踪研究，它指的是对同一组人随着时间推移而发生变化的研究。同组研究与同期群研究比较相似，二者的区别在于同组研究每次研究时，所用的都是同一个样本，即第一次研究了这些人，以后每次再研究时，依旧还是找这些人做样本，无论这些人分散在哪里，都要一一找到进行研究。

同组研究主要用来探讨人们的行为、态度或意向的改变模式和变化过程，分析影响这种改变的各种因素。由于同组研究每次进行时都使用同一个样本，但被研究者随着时间推移所发生的各种变化有时是难以预料的，因而，进行同组研究最大的困难往往是在后续研究中无法找到或获得首次研究样本中的全部被研究者。越是后面的研究，找全样本就越难。这样就会使得不同时期的比较难以进行。

纵向研究的优点是可以描述事物变化的过程，便于探寻不同现象相互之间的因果关系。在这一点上，它比横向研究更为优越。但是，纵向研究的这种优越性是以付出比横向研究多得多的时间和金钱为代价的。这也是导致纵向研究较少被研究者采用的一个重要原因。

横向研究及三种形式的纵向研究的基本逻辑，还可以通过图8.4来表示。

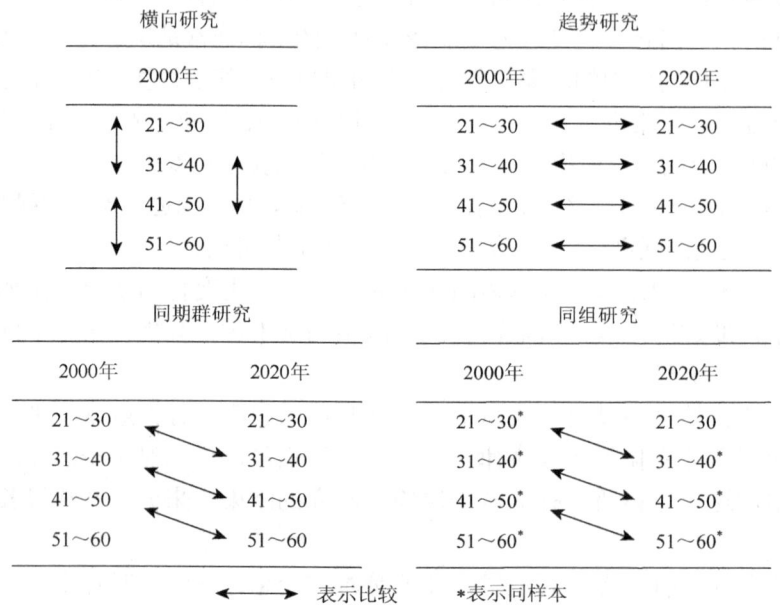

图8.4 横向研究及三种形式的纵向研究的基本逻辑示意图

※ 思考

> 以下两个情境中,研究设计应如何进行,说明研究目的、研究类型、研究者的介入程度、研究环境、研究的时间维度、分析单元。
>
> 情境 A:林女士是一家小型企业的业主,她想请你来告诉她,她的公司与方圆 60 英里以内其他类似的小型企业在现代计算机技术的运用、销售量、边际利润及员工训练上有何差异。
>
> 情境 B:哈奇先生是美国东岸多家餐厅的老板,有几家餐厅的利润很低让他有点担心。因此,他想尝试推行一些激励计划来提高这几家餐厅的业绩。不过,在实行以前,他想先确定这样做是否有效,于是他请你来帮助他解决这个问题。

8.7 专题四:基于 fsQCA 的条件组态研究

我们知道有相关研究和因果研究等调查类型,相关研究方法很丰富,如相关分析、回归分析等统计方法,因果研究方法较少。本专题将介绍 fsQCA 条件组态研究,可以从因果视角寻找结果变量的前因条件组合。

8.7.1 认识定性比较分析

(1)起源。20 世纪 80 年代,Ragin 和 Rihoux(2004)率先提出了定性比较分析(qualitative comparative analysis,QCA),用以研究比较宏观社会学和政治学交叉领域的问题。

(2)内涵。组态比较分析技术是案例导向的,这是因为其通过组态方式分析和处理数量有限的复杂案例。这就意味着,每一个案例都被认为是一系列属性所构成的复杂组合,人们在分析中不应该忽略或丢掉某个独特的整体——这是一种整体性的分析视角。这种技术下所分析和处理的案例是(或者说应该是)闻名和众所周知的,而不像微观的大样本问卷研究那样是无名的,这样做会带来极大的好处:学者们可以回溯案例,或者可以咨询历史学家、专家和其他人来进一步阐明案例的独特之处或改进相关的数据。QCA 技术关注跨案例的并发因果关系。这意味着要素的不同组合可能产生同样的结果。换句话讲,不同的因果路径(每条路径相关但又相互区别)都可能引起相同的结果。"多重"是指路径的数量,而"并发"则意味着每条路径都是由不同条件的组合所构成的(杜运周和贾良定,2017)。

(3)适用性。早期,QCA 主要运用于社会学、政治学等社会学科开展小样本的跨案例定性比较分析,而近年来,QCA 受到了学者的广泛关注,并被应用于管理学、营销学、传播学、信息管理等领域。QCA 综合了定性研究和定量研究方法的优势,既适用于小样本和中等样本的案例研究,也可以应用于大样本的量化分析——QCA 的案例规模在 10~40,现在也有案例规模在 100 + 、1000 + 的研究。QCA 的案例需要有多因并发的复杂性,即研究的对象本身包含较多因素相互作用的原因结构。

(4)特点。QCA 就是将案例看作条件的组态,在确定所要解释的特定结果和条件的基础上，分析条件/条件组合是得到预期结果的"必要"或"充分"条件。不同于传统分析方法聚焦于变量层面的净效应分析，QCA 强调对于变量的组合的分析，以整体的视角和组合的思维帮助我们认识世界，打个比方，这就好比西方餐桌文化与中国餐桌文化存在差异。在西方，人们用餐时通常各自点餐，关注的是个人喜好与单份餐食；而在中国，点餐时往往注重菜品之间的搭配，追求的是整体用餐体验的和谐与丰富。QCA 就像中国餐桌点餐的思维，关注的是变量间的协同作用与整体效应，而非单一变量的孤立影响。

（5）类型。QCA 有三种——清晰集 QCA（crisp-set QCA，csQCA）、多值集 QCA（multi-value QCA，mvQCA）、模糊集 QCA（fuzzy-set QCA，fsQCA）。其中 csQCA 只能处理二分类变量，即分析的前因条件和结果的取值必须被校准为 0 或者 1。mvQCA 使用多值分类，允许条件和结果为多值名义变量。相较于 csQCA，mvQCA 对于多分类名义变量的处理更优，更适合处理多类别现象。但是 mvQCA 和 csQCA 共同的方法基础是清晰集和真值表，这决定了它们只适合处理类别问题，即案例只能被分配到分类变量的某一个类别中。fsQCA 的出现进一步提升了分析定距、定比变量的能力，使得 QCA 不仅可以处理类别问题，也可以处理程度变化的问题和部分隶属的问题，即案例有一个介于 0 与 1 之间的隶属得分，并且 fsQCA 通过将模糊集数据转换为真值表，保留了真值表分析处理定性数据、有限多样性和简化组态的优势，使得 fsQCA 具有质性分析和定量分析的双重属性。

8.7.2 实现 fsQCA 的步骤

实现 fsQCA 的步骤大致如图 8.5 所示，包含了条件选择与模型构建、案例选择、条件与结果校准、必要性分析、组态分析和稳健性检验 6 个步骤（里豪克斯和拉金，2017）。

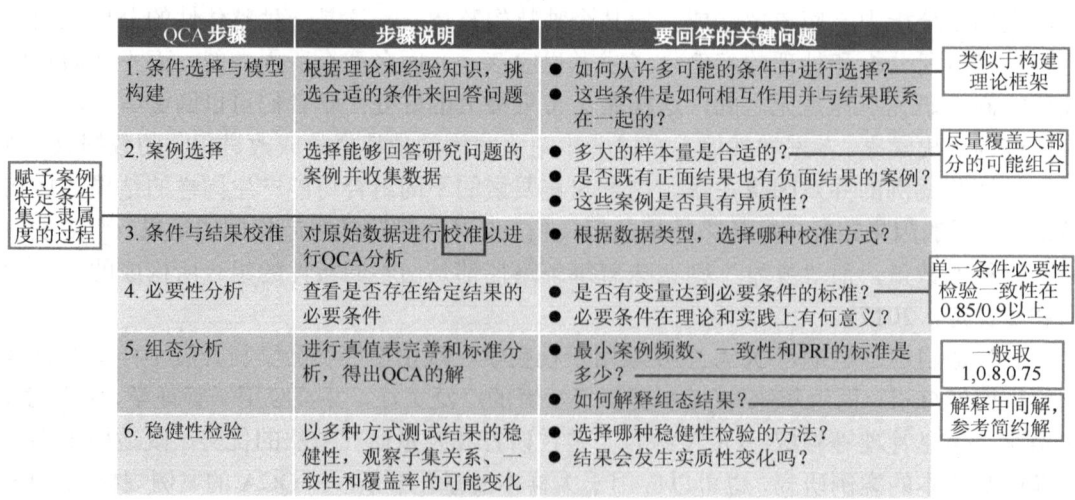

图 8.5　fsQCA 的步骤

PRI 即 proportional reduction in inconsistency，不一致性的比例减少

1. 条件选择与模型构建

根据案例样本数目来确定条件的最大数目：假设有 n 个条件，在案例中，每个条件可能存在或不存在，有两种状态，那么要覆盖条件组合的所有可能性，至少需要 2^n 个案例，条件数目不能超过案例样本可覆盖的程度，如案例有 50 个，那么条件最好不要超过 5 个。

在这种条件选择过程中，努力把条件数量保持在非常小的范围内是非常重要的，特别是在小样本研究设计中。这里的关键问题不是条件的绝对数量，而是条件数量和案例数量之间的比率。例如，在二进制条件中（二分变量：只有"0"或"1"值），随着条件数量的增加，这些变量的可能组合的数量将以指数形式增加。如果只有 2 个条件，则只有 4 个组合，但是随着条件数量的迅速上升，3 个条件则有 8 个组合（即 2^3），6 个条件则有 64 个组合（即 2^6）。

2. 案例选择

在针对一个同质性区域进行调查之前，首先必须定义一个"调查范围"以确定案例选择的界限。所选择的案例必须具有足够的相似性，在特定的维度上具有可比性。基于这样的观点，我们感兴趣的研究主题和问题（在 QCA 中表示为"结果"）首先必须是有研究意义的。因此，在案例调查开始时选择案例必然存在一个明确或隐含的假设，即所选择的案例事实上存在某种程度的相似性，因而能够进行比较。换句话说，就是案例间必须共有足够的背景或者特征，这些背景和特征在具体分析中被称为常量。因此，在小规模和中等规模的比较研究分析中选择案例时，首先需要考虑的是案例结果。

案例选择考虑的第二个因素主要是所选择案例的多样化程度，核心标准就是在最少数量的案例中实现最大程度的案例间异质性。例如，在"战争期间项目"中，民主幸存和民主衰减的国家案例都应该在选择的案例中出现，而在民主衰减国家中，可以考虑一些更细致的变异，如法西斯主义导致的民主衰减与一般专制导致的民主衰减。通常，在案例选择中同时包含具有"负面"和"正面"结果的案例是非常必要的。

3. 条件与结果校准

校准方法主要有直接校准法和间接校准法。

直接校准法使用三个定性锚点来进行结构化校准：完全隶属阈值、完全不隶属阈值和交叉点。通常分别取完全隶属（阈值 0.95）、完全不隶属（阈值 0.05）和交叉点（阈值 0.50）来对数据进行校准。交叉点是区分完全隶属和完全不隶属的中间点，因此在该点案例是否属于某集合的模糊性最大，在校准后发现有案例正好处于交叉点上即隶属度为 0.50，需要对其隶属度进行微调，避免其影响对于结果的报告，可以在 0.50 的基础上加上或减去 0.01。

间接校准法则需要我们先将案例划分为不同的隶属级别，再指定这些不同隶属级别的初步隶属分数，最后再使用定距数据对这些隶属分数进行优化。

4. 必要性分析

我们可以使用 fsQCA 软件构建真值表并对数据进行分析。我们需要对单一条件的必要性进行分析，只有这样我们才可以确认是否存在单个条件就可以导致期望的结果出现，一般单一条件必要性小于 0.9 我们则认为该条件不能单独导致我们期望结果的发生。

5. 组态分析

当确定所有条件都不能单独导致期望结果发生时，我们则需要考虑条件组合对结果的影响，这时我们需要用到真值表进行分析。使用 fsQCA 软件得到初步真值表之后，我们需要确定条件组合的一致性分数的临界值，一致性分数超过临界值的前因条件组合成为结果的模糊子集，编码为 1，而一致性分数低于临界值的组合不构成结果的模糊子集，编码为 0，我们需要将编码手动输入到空的结果列中。一致性分数的临界值一般可设置为 0.75，在实际操作时可以多检查几个不同的阈值，并评估提高和降低一致性分数阈值的结果。我们还需要确定案例的频数阈值，当案例总数较小时，频数阈值应设置为 1 或 2，当案例总数较大时则应选取一个实质的阈值。之后，我们可以点击屏幕底部的标准分析按钮，生成复杂解、中间解和简约解三种解。我们重点关注中间解的组成情况，并识别核心条件与边缘条件。那些既在简约解又在中间解中出现的条件为核心条件，只在中间解中出现的条件则为边缘条件。我们还需要分析因果的非对称性，即期望结果的出现和不出现的原因是不一样的，如条件组合 A 可以给公司带来高绩效，并不能说明非 A 会带来低绩效。

6. 稳健性检验

可以使用调整一致性水平、改变测量方法等方式进行稳健性检验，如果获得的结果路径没有实质性的改变，就说明结果是稳健的，否则需要检查并修改前面的步骤，特别是应该审视条件的选择、案例的选择。

通过以上 6 个步骤我们能够得到获得结果的多条组态路径，对结果进行报告并解释，我们需要报告必要性和充分性分析的结果，包括组态的一致性以及解的原始和唯一覆盖度，同时需要对真值表情况进行报告，并结合案例分析补充组态分析的结果。

◎ 案例：跨境电商获得竞争优势

> 该案例使用 fsQCA 方法，选取了亚马逊平台 36 个真实案例数据分析中国品牌在跨境电商平台获得竞争优势的原因。该案例使用 fsQCA 的主要目的在于：首先，区别于结构方程模型对前因与结果进行简单的线性关系的推测，尽可能寻求所有推动中国品牌在跨境电商平台获得竞争优势的可能组态；其次，以品牌理论及顾客价值理论为落脚点，寻找中国品牌获得竞争优势的影响因素。随着跨境电商平台以消费者为导向的不断推进，对商品详情页格式的规范，以及平台物流方案的解决，跨境电商平台自身特性及物流瓶颈对品牌获得竞争优势的影响日益减弱，与先前研究结果对比，研究结果有助于分析中国品牌获得竞争优势的驱动因素和抑制因素的演变（宋晶等，2023）。

1. 构建组态模型

该案例的竞争优势是通过亚马逊平台上细分类目的排名来进行衡量的，以此作为 fsQCA 的结果变量。

我们通过前人的理论来确定条件变量。从品牌理论角度而言，品牌形象会显著影响消费者的购买意愿。消费者所认知的品牌形象由公司品牌形象和国家品牌形象构成。其中，公司品牌形象由科技创新力和产品感知质量构成，即科技创新力、产品感知质量和来源国形象会共同影响消费者购买意愿。从顾客价值理论角度而言，价值让渡和品牌社区参与均能有效提升消费者的购买意愿。竞争优势实际上是通过购买意愿实现的，高购买意愿带来高订单量，订单量直接决定了该品牌的细分类目排名，而细分类目排名即体现我们所定义的竞争优势。跨境电商获得竞争优势研究模型如图 8.6 所示。

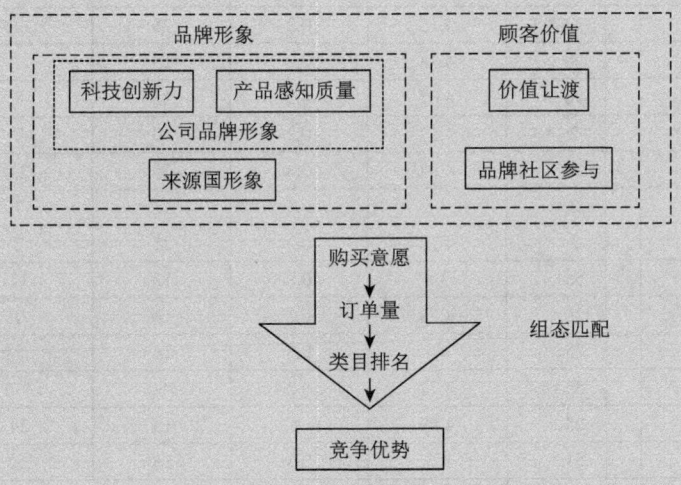

图 8.6　跨境电商获得竞争优势研究模型

2. 校准数据

通过问卷收集到专家对于各品牌来源国形象的打分，并通过问卷收集专家对其余 4 个条件变量的隶属度锚点的意见，确定锚点，具体见表 8.2。

表 8.2　条件变量和结果变量的设定及锚点划分

变量	赋值说明	锚点			变量说明
		完全隶属	交叉点	完全不隶属	
科技创新力	美国专利商标局专利注册数	50	1	0	条件变量
产品感知质量	亚马逊平台商品评价星级	4.9	4.44	3.9	条件变量
来源国形象	消费者识别来源国信息的程度	1	0.5	0	条件变量
价值让渡	品牌的历史营销活动数	500	20	1	条件变量
品牌社区参与	品牌在 Facebook 商业主页上每个帖子与粉丝的平均互动数	500	20	1	条件变量
竞争优势	产品关键词搜索结果排名	1	96	500	结果变量

表 8.3 为收集的各品牌变量的数据。

表 8.3　各品牌变量数据

品牌	科技创新力	产品感知质量	来源国形象	价值让渡	品牌社区参与	竞争优势
Aimer	2	4.2	0.2	8	7	500
Amazfit	2	4.1	0.2	25	23	94
Anker	52	4.78	0.2	400	500	4
Artlii	2	4.4	0.2	18	13	210
Aukey	48	4.67	0.3	35	24	4
Bestek	49	4.67	0.3	21	13	4
Bosideng	2	3.89	1	20	10	495
CableCreation	2	4.7	0.3	8	10	42
Cupshe	2	4.34	0	430	200	4
Ecovacs	43	4.15	0.2	28	320	20
ESR	2	4.78	0.2	25	7	20
Eyekepper	26	4.67	0.2	23	8	4
Finether	2	4.67	0.2	10	7	499
Fotile	25	4.67	0.3	25	23	52
Greatstar	2	4.5	0.3	18	7	100
Gyroor	2	4.78	0.2	21	7	110
Haier	55	4.5	0.8	12	12	5
Jackyled	26	4.78	0.2	10	7	25
Langria	25	4.4	0.3	14	7	485
Lenovo	55	4.78	0.2	480	430	5
Lining	25	4.89	1	15	24	22
Loctek	51	4.5	0.3	16	12	300
Midea	55	4.5	0.2	30	500	4
Miusol	2	4.25	0.2	28	13	320
Nanfu	24	4.89	1	23	7	5
RAWPower	2	4.5	0.3	425	35	20
Romwe	2	4.25	0	500	40	8
Rose Home Fashion	2	4.78	0.3	15	7	80
Sanqiang	2	4.1	0.8	8	7	200
Shein	2	3.9	0	490	500	5
Soundpeats	24	4.2	0.2	30	200	110
SunFounder	2	4.2	0.2	24	7	248
Ticwatch	23	4.4	0.2	390	24	110
Xiaomi	55	4.5	1	24	500	20
Xtep	2	3.9	0.8	7	34	498
Zaful	2	4.2	0	485	310	19

根据表 8.2 里的锚点，在 fsQCA 软件中使用 calibrate 对各变量进行校准。分别对各个变量进行校准，则得到表 8.4。

表 8.4　各品牌变量组合模糊集数据

品牌	科技创新力	产品感知质量	来源国形象	价值让渡	品牌社区参与	竞争优势
Aimer	0.52	0.21	0.14	0.13	0.11	0.05
Amazfit	0.52	0.13	0.14	0.51	0.51	0.52
Anker	0.96	0.90	0.14	0.91	0.95	0.95
Artlii	0.52	0.44	0.14	0.42	0.25	0.30
Aukey	0.95	0.82	0.23	0.52	0.51	0.95
Bestek	0.95	0.82	0.23	0.51	0.25	0.95
Bosideng	0.52	0.04	0.95	0.51	0.17	0.05
CableCreation	0.52	0.84	0.23	0.13	0.17	0.85
Cupshe	0.52	0.36	0.05	0.93	0.75	0.95
Ecovacs	0.93	0.17	0.14	0.51	0.87	0.92
ESR	0.52	0.90	0.14	0.51	0.11	0.92
Eyekepper	0.82	0.82	0.14	0.51	0.13	0.95
Finether	0.52	0.82	0.14	0.17	0.11	0.05
Fotile	0.81	0.82	0.23	0.51	0.51	0.80
Greatstar	0.52	0.60	0.23	0.42	0.11	0.49
Gyroor	0.52	0.90	0.14	0.51	0.11	0.47
Haier	0.96	0.60	0.86	0.22	0.22	0.95
Jackyled	0.82	0.90	0.14	0.17	0.11	0.90
Langria	0.81	0.44	0.23	0.28	0.11	0.05
Lenovo	0.96	0.90	0.14	0.95	0.93	0.95
Lining	0.81	0.95	0.95	0.31	0.51	0.91
Loctek	0.96	0.60	0.23	0.35	0.22	0.18
Midea	0.96	0.60	0.14	0.52	0.95	0.95
Miusol	0.52	0.26	0.14	0.51	0.25	0.16
Nanfu	0.80	0.95	0.95	0.51	0.11	0.95
RAWPower	0.52	0.60	0.23	0.93	0.52	0.92
Romwe	0.52	0.26	0.05	0.95	0.53	0.94
Rose Home Fashion	0.52	0.90	0.23	0.31	0.11	0.62
Sanqiang	0.52	0.13	0.86	0.13	0.11	0.32
Shein	0.52	0.05	0.05	0.95	0.95	0.95
Soundpeats	0.80	0.21	0.14	0.52	0.75	0.47
SunFounder	0.52	0.21	0.14	0.51	0.11	0.24
Ticwatch	0.79	0.44	0.14	0.91	0.51	0.47
Xiaomi	0.96	0.60	0.95	0.51	0.95	0.92
Xtep	0.52	0.05	0.86	0.11	0.52	0.05
Zaful	0.52	0.21	0.05	0.95	0.86	0.92

我们使用 fsQCA 软件进行单一条件必要性分析。

整理结果后得到表8.5（其中条件前的"~"表示对条件的否定），所有变量的单一条件必要性均小于0.9，不足以构成品牌在亚马逊平台上形成竞争优势的必要条件，因此我们有必要进行组态分析来研究条件组合对结果产生的影响。

表8.5 单一条件必要性分析结果

前因条件	竞争优势		前因条件	竞争优势	
	一致性	覆盖率		一致性	覆盖率
科技创新力	0.853 415	0.787 004	~科技创新力	0.361 027	0.749 774
产品感知质量	0.721 618	0.852 956	~产品感知质量	0.454 111	0.630 816
来源国形象	0.354 937	0.749 311	~来源国形象	0.792 953	0.726 005
价值让渡	0.690 300	0.866 739	~价值让渡	0.524 141	0.681 176
品牌社区参与	0.595 911	0.916 388	~品牌社区参与	0.580 687	0.634 204

接下来我们需要构建真值表，这里我们选取的原始一致性阈值为0.90，PRI一致性阈值为0.75，由于样本量较少，我们把案例频率阈值定为1，最终得到真值表。通过真值表分析，我们得到中间解和简约解，条件组合结果如表8.6所示。

表8.6 条件组合

前因条件	条件组合		
	H1	H2	H3
科技创新力	●	●	●
产品感知质量	⊙	⊙	
来源国形象			⊕
价值让渡		⊙	⊙
品牌社区参与			⊙
原始覆盖率	0.3097	0.5002	0.4450
单一覆盖率	0.0592	0.0800	0.0966
一致性	0.9456	0.9304	0.9570
总体覆盖率	0.6559		
总体一致性	0.9366		

注：⊙表示核心条件存在，⊕表示核心条件缺席，●表示边缘条件存在，空格表示该条件既可存在也可缺席

组态H1覆盖了4个案例：Lining、Nanfu、Haier、Xiaomi。虽然在品牌命名上带有来源国形象，但这几个品牌凭借较强的科技创新力及产品感知质量，依然在亚马逊平台取得了较强的竞争优势。结合这一路径下的几个案例，我们可以得出结论，在科技创新力和产品感知质量具备优势的情况下，来源国形象可以出现，这不影响中国品牌在跨境电商平台获得竞争优势。

组态 H2 覆盖了 11 个案例，其中代表案例有 Lenovo 和 Midea。这一路径覆盖的案例品牌多为 3C 和家电品牌，它们既保持着强大的科技创新能力，也同时具有较强的产品感知质量，品牌的海外网络营销能力较强，且在价值让渡上有较高水平。这一路径说明，在科技创新力不占优势的情况下，产品感知质量与价值让渡对于中国品牌在跨境电商平台获得竞争优势相对重要。

组态 H3 覆盖了 13 个案例，其中代表案例有 Shein、Zaful 和 Cupshe 等，多为女装品牌。这些品牌的命名已很少带有来源国形象，它们在价值让渡和品牌社区参与上具有较高的水平。这一路径说明，在产品感知质量不占优势的情况下，价值让渡、品牌社区参与及本土化对于中国品牌在跨境电商平台获得竞争优势至关重要。

结合三条路径我们可以发现：①产品感知质量和价值让渡作为核心条件分别都出现了两次。产品感知质量如此重要，说明了生产制造能力对中国跨境电商品牌在海外取得竞争优势的巨大推动能力。同时，价值让渡这一条件的反复出现证明了顾客价值对于品牌营销的重大作用。②科技创新力作为边缘条件同时出现在 3 条路径中。这说明科技创新能力对中国跨境电商品牌在海外占据一席之地也起了重要作用，品牌只有锐意革新，保持与科技前沿接轨，才不会被国际市场淘汰，才能在海外平台取得竞争优势。③来源国形象这一条件在 H1 中作为核心条件出现。这说明当品牌自身的科技创新力保持领先水平，并具有强大生产能力时，品牌虽然带有来源国形象，但并不影响其在海外平台取得强大优势。

第 9 章　商业数据搜集

你的数据是什么？无论何种领域，研究者收集信息来作为支持他们观点的证据。但是，不同领域的研究者对这些信息有不同的称呼。在这里，我们称它为数据，我们所说的"数据"不仅仅是自然科学家与社会科学家所收集的数字，也包括你可以收集到、可以用来支持你问题的答案或难题的解决方案的任何东西。人文领域的学者很少用"数据"这个词，但是他们也以运用引文、历史事实之类的形式来收集资料。然而，除非你将资料当作证据来支持观点，否则资料没有任何作用。如果所收集的数据数量无法超过你所使用的数据，即表示你缺乏足够的数据。

9.1　测　　量

9.1.1　构念及其测量

在对商业问题或管理问题研究的过程中，我们经常运用抽象的理论来解释现象，组成理论的基本元素是变量与变量之间的关系。之所以称"变量"，是因为其值会随着时间、环境或对象而变化。在测量学中，较少使用"变量"，取而代之的术语是"构念"，意为"构想出来的概念"。我们的研究中涉及的变量都是研究者自己构想出来的概念，如我们发现有的顾客总是坚持购买特定品牌的产品，有的则不是，因此我们构想出了"品牌忠诚度"这个概念，又如我们发现有的员工工作认真、努力，愿意为了企业愿景和目标奋斗，自觉宣传企业，认可企业的文化，有的则相反，因此我们构想出了"企业认同感"这个概念。

构念是很抽象的，上文提到的"企业认同感""品牌忠诚度"，并不能直接观察和感知。我们不能对这种看不见、摸不着的构念直接进行研究，根据第 2 章，科学的研究必须是可测的，我们需要将抽象的概念具体化，也就是对构念进行测量，如图 9.1 所示。

在日常使用中，当一个已建立的指数验证一个物理物体的高度、重量或其他特征时，就会进行测量。测量是为了发现某物的范围、维度、数量或能力。我们在日常生活中会随意测量，但在研究中，要求是很严格的。

研究中的测量包括按照一套规则为经验事件、对象或属性或活动分配数字。这个定义意味着测量是由三部分组成的过程。

测量的是什么？在研究中被研究的变量可以被归类为对象或属性。对象包括日常经验中的各类概念，如家具、洗衣液、汽车等有形物品。对象还包括一些不太具体的东西，如基因、态度和同龄人的压力。属性是物体的特征。一个人的物理属性可以用体重、身高和姿势来描述。心理属性包括态度和智力。社会属性包括领导能力、地位等。这些属性以及个人的许多其他属性可以在研究中测量。

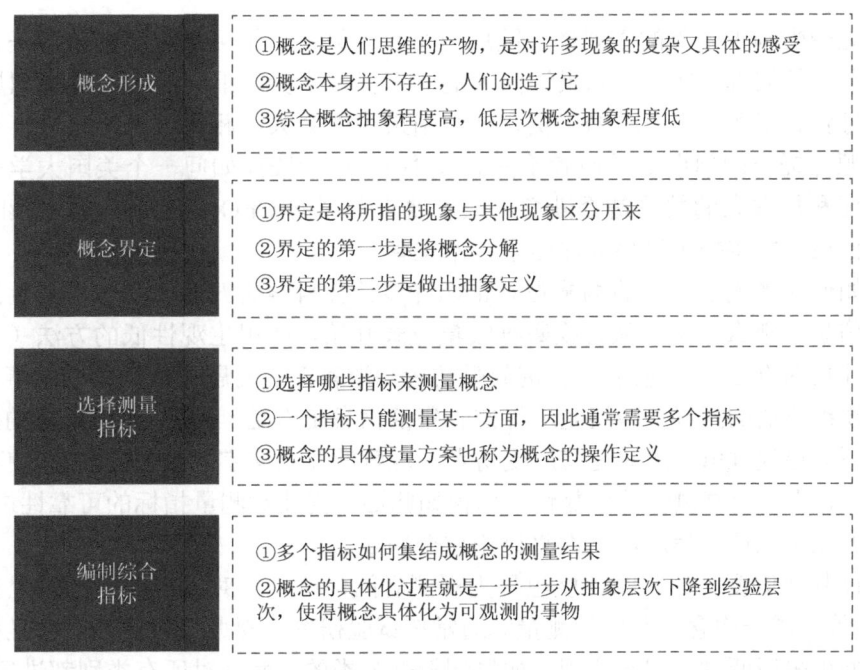

图 9.1　概念及其测量

9.1.2　测量的信度和效度

1. 信度

信度是测量的稳定性与一致性（指测量数据与结论的可靠程度，测量工具能否稳定地测量到它要测量事项的程度）。换句话说，如果我们用这个量表多次测量相同的构念，在潜在现象没有发生变化的情况下，我们是否每次都能得出相同的结果？不可靠测量的一个例子是让别人猜你的体重。人们的猜测很可能是不同的，不同的测量将会不一致，因此，通过猜测来进行测量是不可靠的。一个更可靠的测量是使用体重计，这样除非你的体重在测量间隔期发生了实际的变化，否则你每次踏上体重计都有可能得到相同的数值。

注意，信度是指一致性而不是精确性。如果体重计校准错了（如为了使你感觉较好，从你真实的体重中减去 10 公斤），将无法衡量你的真实体重，因此这不是一个有效的测量。然而，校准错误的体重计在每次称量时都会给出相同的重量（比真实重量少 10 公斤），因此该量表是可靠的。

社会科学计量中不可靠观测的来源是什么？观测者（或研究者）的主观性是主要来源之一。如果公司的员工士气用观察员工是否互相微笑、是否开玩笑等来衡量，若观测者在非常繁忙的工作日（没时间开玩笑、交谈）或是在非常轻松的工作日（有更多交谈和开玩笑的时间）观察员工，那么不同的观测者对士气水平有不同的推测。即使在同一天，两个观测者对士气水平也会形成不同的推测，这取决于他们认为什么是笑话、什么不是笑话。观测是一个定性的测量手段。有时运用定量测量可以提高可靠性。例如，通过计算一个月内提出不满的次数来衡量（逆）士气。当然，无论不满是否是一个有效测量,它都更少受制于人类的主观性,因此更可靠。第二个不可靠观测的来源是提出不准确、含糊不清的问题。例如,如果询问人们的工资是多少,不同的人对这个问题有不同的理解:月薪、年薪、每小时的工资,因此结果可能会大不相同并且不可靠。不可靠的第三个来源是提出的问题是受访者不熟悉或不关心的问题,如问一个美国大学毕业生对斯洛文尼亚和加拿大的关系是否满意,或者要求公司的 CEO 评价公司技术策略的有效性——而他很可能将技术策略委派给了技术主管。

那么如何才能创造可靠的测量呢?正如许多社会科学研究一样,如果测量需要向其他人征集信息,那么就可以从替换数据收集方式开始,即用主观性低的方法(如问卷)替代主观性高的方法(如观察);只询问受访者知道答案的问题或他们关心的事件;在测量时避免模糊不清的指标(即清楚地界定收集的信息是否是年薪);简化指标的措辞,确保受访者不会错误理解(即避免使用受访者不理解的复杂文字)。这些措施即使不会使测量完全可靠,也会提高测量的可靠性。尽管如此还是需要对测量指标的可靠性进行检测。有很多种方法可以评估信度,下面将讨论这个问题。

(1) 评判间信度。评判间信度也称为观测者间信度,是对两个或两个以上独立评判(观测者)关于同一构念一致性的测量。通常在试验研究中对此进行评估,并且根据构念的测量类型可采用两种方式来实现。如果测量是分类的,而且对所有类别都进行了界定,评判核查每个观察落在哪一类,评判间一致性的比例可作为评判间信度的估值。例如,如果两个评判将 100 个观测目标分到三种可能类别中的一类中,他们分类的重合度为 75%,那么评判间信度是 0.75。如果这种方法是测量区间或是比例(如两个评判每隔 5 分钟用 1~7 级的利克特量表测量课堂活动),两个评价者衡量之间的相关系数也可用来评估评判间信度。

(2) 重测信度。重测信度衡量了不同时点对相同样本的同一构念进行两次测试的一致性。如果观测在两次测试间没有发生实质的变化,这种测量是可靠的。两次测验得到的观察值的相关系数是重测信度的估计。这里指出两次测试的时间间隔是至关重要的。一般来说,时间间隔越长,这段时间内(由于随机误差)两个观察值发生变化的可能性越大。

(3) 分半信度。分半信度是构念测量的两个一半之间一致性的衡量。例如,如果对一个构念有一个 10 个指标的测量,首先,将这 10 个项目随机等分为两组(如果整个数字是奇数可以不等分),并且在相同的受访者中实施测试。然后,计算出每个受访者在每组测试中的总分,每组之间的相关系数作为分半信度的衡量。指标越多,每组测量的相似性越大(因为随着更多指标的加入误差降低了),因此,该技术倾向于系统性地低估长量表的信度。

(4) 内部一致信度。内部一致信度是对同一构念不同测量指标一致性的衡量。如果对受访者采用一个多指标量表,那么受访者在多大程度上采用相似的方式来评价这些指标反映了内部一致性。该信度可以用指标间的相关系数均值、单个指标与总体指标间的相关系数均值,或更普遍地用克龙巴赫 α 系数来估计。例如,如果有一个包含 6 个指标的量表,那么将有 15 种不同的指标配对方式,即这 6 个指标之间的 15 个相关系数。指标间相关系数均值是 15 个相关系数的平均数。为计算单个指标与总体指标的相关系数均值，首先应对 6 个项目赋值创建一个总体指标，然后计算每个指标与总体指标的相关系数，最后再计算 6 个相关系数的均值。上述两种测量都没有考虑测量指标的个数（在这个例子中是 6 个指标）。克龙巴赫在 1951 年提出了信度测量——克龙巴赫 α 系数，该指标在信度估计时注重量表规模，用以下的公式计算：

$$\alpha = \frac{K}{K-1}\left(1 - \frac{\sum_{i=1}^{K}\sigma_{Y_i}^2}{\sigma_X^2}\right)$$

其中，K 为测量指标的数量；σ_X^2 为观测到的总评分的方差（标准差的平方）；$\sigma_{Y_i}^2$ 为观察指标 i 的方差。

2. 效度

效度常被称为构念效度，效度是测量的正确性，即能测出其所要测量的特质的程度（效度越高，越能显示其所要测量的真正特征）。举例来说，同情心的测量是否真地反映了同情心，而不是衡量另一个构念同理心。常用的效度测量包括以下几种。

（1）表面效度。表面效度是指某一测量指标从直观或表面特征来看，能否合理反映其旨在测量的潜在构念。例如，无须做过多解释就可以理解一个人参加宗教祈祷仪式的频率可以作为一个人虔诚的指标。因此这一指标具有表面效度。然而，如果我们想要把员工从单位图书馆的借书量作为测量员工士气的指标，那么这种测量很可能缺乏表面效度，因为讲不通。有趣的是，一些在组织研究中广泛应用的测量似乎也缺乏表面效度。例如，一个组织的吸收能力（为改进组织流程而能吸收的新知识的数量）经常用研发能力（即研发费用除以总收入）来测量。如果研究包含非常抽象的构念或难以区分的构念（如同情心和同理心），则值得考虑邀请一组专家来评估构念测量的表面效度。

（2）内容效度。内容效度是指测量工具（如测验、问卷等）的内容是否全面、适当地覆盖了所要测量的目标领域或行为范围，即内容与目标的匹配程度及取样的代表性。例如，若要对"饭店服务满意度"进行测量，可将其饭店服务的内容范围限定为食物的质量、侍者的态度以及饭店的整体环境（是否嘈杂、有烟味等）；为了达到足够的内容效度，需要建立一系列的指标来衡量饭店内顾客对食物质量、侍者态度以及等待时间长短、饭店整体环境等的满意度。当然，这种方法需要对一个构念的内容范围进行描述，这对诸如自尊、智力等较复杂的构念而言是非常困难的，所以对内容效度不太可能进行充分的评价。像表面效度一样，可以请一组专家来对构念的内容效度进行评价。

（3）聚合效度是指测量与其意图测量的构念之间的接近程度。区分效度是指测量与未意图测量的构念之间的分歧程度，通常，聚合效度与区分效度被运用于一组相联系的构念。例如，如果你期望组织知识与组织绩效是相关的，那么该如何确定对组织知识的测量确实测量了组织知识（聚合效度）而不是组织绩效（区分效度）呢？聚合效度可以通过比较同一构念的各不同指标观测值之间的相似度（或高相关性）来衡量。区分效度则可以通过比较不同构念的指标差异来衡量，即具有较低的相关性。在上例中，如果组织知识和组织绩效各有三个项目，根据样本数据，我们可以通过软件对组织知识和组织绩效的每对项目做二元相关分析，如果组内的相似度很高，而组间的相似度很低，那么我们就同时实现了聚合效度和区分效度，如图9.2所示。

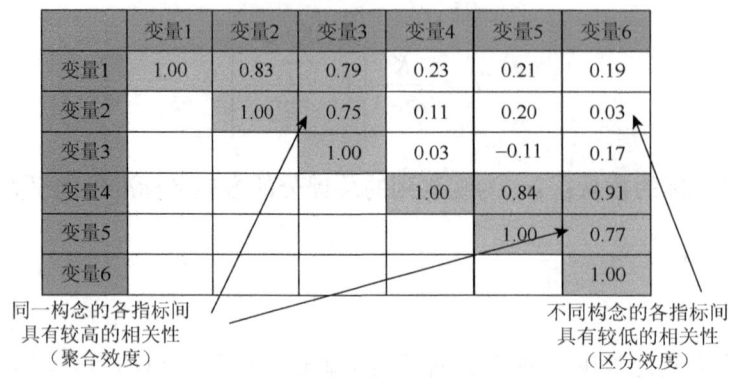

图9.2 聚合效度与区分效度二元相关分析

另一个替代的方法也是更普遍使用的方法，即采用探索性因子分析来评价聚合效度和区分效度。作为一种数据精简方法，该分析基于上文中所提到二元相关系数结构，并通过主成分分析方法将一组给定指标聚合成更少的因子集。这些因子应完美地对应于我们所试图测量的理论构念。因子提取的一般标准是每个被提取的因子其特征值应高于1。根据潜在构念是否相关，可以对被提取的因子进行斜交旋转或正交旋转，以获得可用于将各构念的指标聚合为复合测量的因子权重。

正如图9.3中旋转负荷矩阵的例子，为了达到足够高的聚合效度，同一构念的各指标应在单个因子上具有0.6或更高的因子负荷（也叫作同因子负荷）。而为了达到更高的区分效度，这些指标应在所有其他因子上具有0.3或更低的因子负荷（也叫作跨因子负荷）。

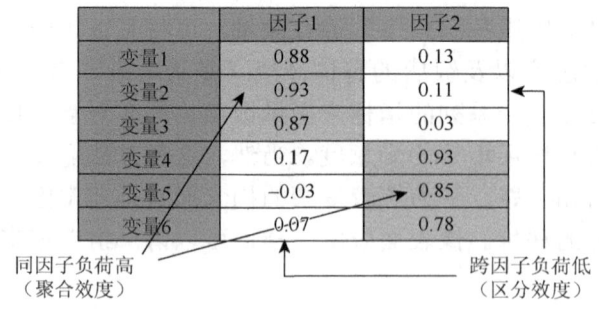

图9.3 聚合效度与区分效度的探索性因子分析

效标关联效度通过变量是否能很好地与当下或将来的标准相关联来衡量，包括预测效度和同时效度。预测效度是指测量在多大程度上预测了理论的预期结果，如美国高考成绩是否能用来预测学生将来的学术成就（如平均学分绩点）？衡量预测效度需要设计反映构念理论联系的关系网。同时效度衡量的是某个指标在多大程度上与同时发生的其他标准相关联，如学生的微积分成绩与线性代数成绩之间是否有关联，这两门课程都属于数学课程，因此其成绩应同时相关。与聚合效度和区分效度不同的是，同时效度与预测效度在实证研究中通常忽略不计。

如图 9.4 所示，信度是效度的必要不充分条件，效度是信度的充分不必要条件。信度低，效度不可能高；信度高，效度未必高；效度低，信度有可能高；效度高，信度一定高。

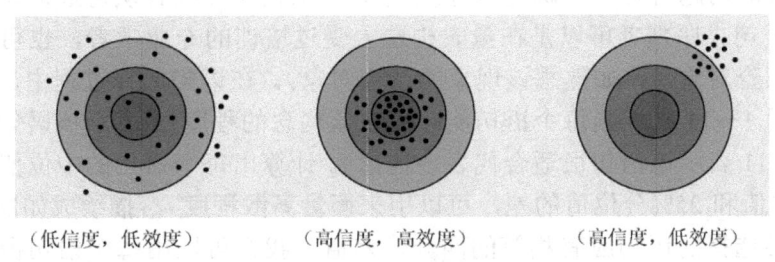

（低信度，低效度）　　（高信度，高效度）　　（高信度，低效度）

图 9.4　效度与信度

9.1.3　量表的开发

我们怎样设计出这些指标呢？设计这些指标的过程就叫作量表开发。更正式地来说，量表开发也是测量的一部分。对构念的测量需要将与不可观测的构念有关的定性判断与定量的测量单位结合。量表开发就是根据一定的规则对客观实体赋值。在实证科学研究中，将抽象概念具体化仍然是最难解决的问题。

量表开发最终是为得到包含给定构念的衡量语句或者指标的量表。这部分讨论的量表开发和前面部分讨论的量表评价是不同的。量表评价主要是收集受访者对既定量表语句的回答。比如，定类量表收集受访者"是"或者"否"的回答，等距量表收集受访者从"非常不赞同"到"非常赞同"的不同程度的回答。对某一陈述回答进行量表评价并不是量表开发过程。量表开发指的是在量表评价之前开发出量表语句。

量表可能是单维的也可能是多维的，这取决于基本构念是单维的（如体重、风速、公司规模）还是多维的（如学术才能、智商等）。单维量表根据由高到低的尺度来衡量构念。需要注意的是，单维量表也可能包含多个语句，但是这些语句都只是衡量同一基本维度。单维量表在社会科学构念衡量中比较普遍。比如，"自尊"可通过从高到低的单一维度来衡量。多维量表运用不同的语句来分别衡量概念的各个维度，或者从不同的维度对构念进行测量，然后加总每个维度的得分得到多维构念的综合衡量得分。比如，学术才能的衡量可通过对学生的数学能力和语言表达能力分别进行衡量来实现，然后对这些得分进行加总得到学术才能的综合得分。由于社会科学研究中大多运用单维量表，接下来，我们将介绍开发单维量表的三种方法。

单维量表开发方法发展于 20 世纪上半叶，各种方法根据其发明者进行命名。三种最普遍的单维量表开发方法如下：①瑟斯通的等距量表法；②利克特加总量表开发方法；③格特曼的累积量表法。三种量表开发方法在很多方面是相似的，只是评判者对量表语句的评级和选择最终量表语句时所运用的统计方法有所区别。接下来我们对每种方法进行讨论。

（1）瑟斯通等距量表法。路易斯·瑟斯通（Louis Thurstone）是最早的、最著名的量表开发理论家，他在1925年发明了等距的量表开发方法。这种方法以构念的概念定义为基础，基于概念产生相关量表语句。语句由对构念有所了解的专家进行确定。最初的待选语句用相似的方式进行表述，比如，将其表述成受访者同意或者反对某一论点（而不是要求受访者对问题进行具体陈述）。接下来，要求相关评判者从待选语句中选出最能反映构念的语句。评判者可以是在量表构造上受过培训的专业学者，也可以是对该构念有兴趣的调查对象（比如熟悉该现象的调查对象）。在语句选择过程中，评判者根据自身的观点用1～11来评判每个语句能够反映该构念的程度（1表示该语句非常不适合代表该构念，11表示该语句很适合代表该构念）。计算出每个语句的中位值和四分位差值（75%分位值和25%分位值的差，可以用来衡量离散程度），描绘成如图9.5所示的柱状图。最终选择的语句应有相等的四分位差值。我们可以用每个语句得到的中位值代表语句得分，并选出具有最小的四分位差值的语句。但是，除了完全依靠统计分析方法进行语句选择外，对待选语句的每个层面进行检查，并选出最清晰、最有意义的表述也不失为一个更好的策略。每个量表语句的中位值代表最后加总所感兴趣的构念的各个语句得分时所运用的权重。这种量表好比一个标尺，每个语句或者陈述根据1～11这一尺度进行评分（同样根据这一尺度进行加权）。因为每个语句得到1～11的评分的概率相同，这种方法就叫作等距法。

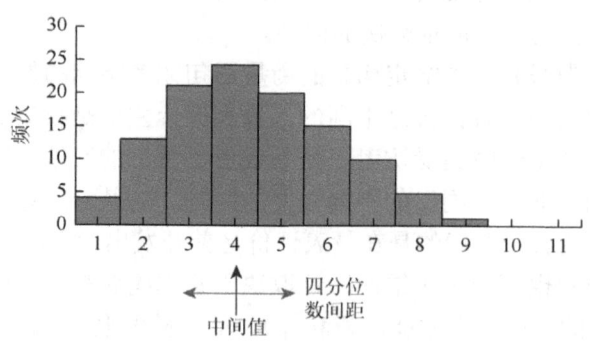

图9.5　瑟斯通量表语句的柱状图

（2）利克特加总量表开发方法。这个单维量表开发方法是由Likert（1932）发明的，它很可能是这章介绍的三种量表开发方法中最普遍的方法。和瑟斯通的量表开发方法一样，利克特的方法是基于感兴趣的构念的定义，利用专家的工作，产生80～100个待选的量表语句。评判者根据1～5的评价尺度对这些语句进行评价（1表示非常不赞同，2表示稍微不赞同，3表示中立态度，4表示稍微赞同，5表示非常赞同）。在这种评价尺度下，最终选出代表构念的语句。这里介绍了几种选择方法：①计算评判者所评判的每个语句与总语句（对所有单个语句进行加总）的二元相关系数，剔除相关系数低（如 0.6 以下）的单个语句。②截取最高分数端的 25%为高分组，最低分数端的 25%为低分组。求出这两个组的平均值，对高低两组的平均值做 t 检验，选出有较高 t 值的语句（即选出高分位组与低分位组区分度大的语句）。最后，研究人员选出相对有限的语句集，这些语句与总语句的相关系数高或者其语句本身有较大的区分度（即 t 值较大）。利克特量表开发方法假定所有语句具有相同的权重，因此可以对受访者对于每个语句的回答直接加总评分。因此这种方法叫作加总量表开发法。需要注意的是，在加总得分之前，与构念原意义相反的语句应该进行相反方向的赋值（即 1 代表非常赞同，2 代表稍微赞同等）。

（3）格特曼的累积量表法。这个方法是格特曼根据埃默里·博加德斯（Emory Bogardus）的社会距离方法进行设计的。这个方法假设人们和他人一起参加社会活动有不同的意愿，用从"最不强烈的"到"最强烈的"一系列的语句衡量这种意愿程度。这个方法的思想是只要受访者同意其中的一条语句，那么代表他也同意先前所有的语句。但在实践中，我们很少能够找到与这种渐增模式相吻合的语句组合。语句组合与渐增内涵的相关程度可以运用量表图分析法检验。

和前面介绍的量表开发方法一样，格特曼量表开发方法也是基于感兴趣的构念的定义并利用专家的工作，产生很多待选的量表语句。评判者对这些语句进行评价，如果这些语句与构念相符，评判者就选择"是"，如果其认为语句与构念不符，他们就选择"否"。接下来，利用矩阵或者表格来表示评判者对待选语句的回答。将表的资料首先依据各被访者回答"是"的个数由上到下进行降序排列，然后再按答案"是"的数目由多至少将各语句按从左至右的顺序排列。得到重新整理的表格如表 9.1 所示。需要注意的是，量表从左至右（即横穿各个语句）阅读时是渐增的。但是，如表 9.1 所示，存在一些异常情况，因此表格并不完全是渐增的。可以运用量表图分析方法选出最能实现量表渐增特性的语句（当语句数量较少时，可直接通过观察挑选语句）。用这种统计方法评估每个语句的得分，并利用各个语句的得分加总计算得出全部语句的分值。

表 9.1 格特曼量表中已排序整理的矩阵

ar	语句 12	语句 5	语句 3	语句 22	语句 8	语句 7
29	Y	Y	Y	Y	Y	Y
7	Y	Y	Y	Y	**Y**	
15	Y	Y	Y	Y		
3	Y	Y	Y	Y		
32	Y	Y	Y			
4	Y	Y		**Y**		
5	Y	Y				
23	Y	Y				
11	Y			**Y**		

注：**Y** 表示妨碍矩阵累积性的异常情况。

9.2 抽　　样

9.2.1 抽样的程序

虽然不同的抽样方法具有不同的操作要求，但它们通常都要经历以下几个界定总体步骤。

1. 界定总体

界定总体就是在具体抽样前，首先对从中抽取样本的总体范围与界限做明确的界定。一方面，这是由抽样的目的决定的。因为抽样虽然只对总体中的一部分个体实施，但其目的却是描述和认识总体的状况与特征，是为了发现总体中存在的规律性，因此必须事先明确总体的范围。另一方面，界定总体也是达到良好的抽样效果的前提条件。如果不清楚、明确地界定总体的范围与界限，那么，即使采用严格的抽样方法，也可能抽出对总体严重缺乏代表性的样本来。

在这方面最为著名的例子是1936年美国总统大选的民意测验。总统选举投票前，《文摘》杂志寄出1000万张询问投票倾向的明信片，然后依据收回的200万份结果极其自信地预测共和党候选人兰登将以领先15%的得票率战胜民主党候选人罗斯福而当选总统。然而，选举结果使预测者们大失所望：获胜者不是兰登，而是罗斯福，并且其得票率反超兰登20%。《文摘》杂志的声誉一扫而光，不久就因此而关了门。

是什么原因导致《文摘》杂志的预测失败了呢？除了抽样方法的非随机性以及邮寄方式上的原因外，对抽取样本的总体缺乏清楚的认识和明确的界定也是极为重要的原因。因为它当时抽样所依据的并不是美国全体已登记的选民名单，而是依据电话号码簿和汽车登记簿来编制抽样框，再从这些号码中进行抽取。这样一来，那些没有家庭电话和私人汽车的选民就被排除在抽样总体之外了。而在当时，由于1933年开始的美国经济大萧条的影响，一方面大量人口滑落到下等阶层，另一方面此时的劳动阶层选民希望选个民主党人当总统，因而很多人出来投票。结果，这些未被抽到民意测验中的较穷的选民以压倒性的多数投了罗斯福的票，使《文摘》杂志的预测遭到惨败。

这一实例告诉我们，要有效地进行抽样，必须事先了解和掌握总体的结构及各方面的情况，并依据研究的目的明确地界定总体的范围。样本必须取自明确界定后的总体，从样本中所得的结果，也只能推广到这种最初已做出明确界定的总体范围中。

2. 制定抽样框

这一步骤的任务就是依据已经明确界定的总体范围，收集总体中全部抽样单位的名单，并通过对名单进行统一编号来建立起供抽样使用的抽样框。例如，如果我们要对一家购物中心的会员做满意度抽样调查，那么第一步是要对总体进行界定。比如说，本次调查的总体是曾在这家购物中心注册过会员的顾客。这样，没来过这家购物中心以及来过但是没有注册会员的顾客就被排除在总体之外。而制定抽样框这一步的工作，就是要收集会员花名册，并按一定的顺序将全部花名册上的名单统一编号，形成一份完整的、既无重复又无遗漏的总体成员名单，即抽样框，从而为下一步抽取样本打下基础。

需要注意的是，当抽样是分几个阶段、在几个不同的抽样层次上进行时，则要分别建立起几个不同的抽样框。比如，为了解某市小学生的学习情况，需要从全市500所小学中抽取10所小学，再从每所抽中的小学中抽取3个班级，最后从每个抽中的班级中抽取10名小学生。那么，就要分别收集并排列全市500所小学的名单、每所抽中的小学里所有班级的名单，以及每个抽中的班级中所有学生的名单，形成三个不同层次的抽样框。

3. 决定抽样方案

从前面有关抽样类型的介绍中，我们已经了解到具体的抽样方法有好几种，而从后面几节对这些方法的介绍中我们将会看到，各种不同的抽样方法都有自身的特点和适用范围。因此，对于具有不同研究目的、不同范围、不同对象和不同客观条件的商业研究来说，所适用的抽样方法也不一样。这就需要我们在具体实施抽样之前，依据研究的目的要求、各种抽样方法的特点，以及其他有关因素来决定具体采用哪种抽样方法。除了抽样方法的确定以外，还要根据要求确定样本的规模以及主要目标量的精确程度。

4. 实际抽取样本

实际抽取样本的工作就是在上述几个步骤的基础上，严格按照所选定的抽样方法，从抽样框中抽取一个个的抽样单位，构成样本。依据抽样方法的不同，以及依据抽样框是否可以事先得到等因素，实际的抽样工作既可能在研究者到达实地之前就完成，也可能需要到达实地后才能完成，即既可能先抽好样本，再下去直接对预先抽好的对象进行调查或研究，也可能一边抽取样本一边就开始调查或研究。

到实地进行抽样时，往往是直接由调查员按预先制定好的操作方式或具体方法执行。比如，要抽取居民家庭时，往往是先确定好居委会，然后制定出具体操作方式："楼房按单元抽，一个单元抽一户；平房按排抽，一排抽一户；两种抽样都采取简单随机抽样的方法，每个调查员随身带20张写好号码的小纸片装在口袋中，摸到什么号码就抽取所对应的家庭。"这样，调查员就可以一边抽样一边调查了。

5. 评估样本质量

完整的抽样过程还应包括样本抽出后对样本进行的评估工作。样本评估就是对样本的质量、代表性、偏差等进行初步的检验和衡量，其目的是防止因样本的偏差过大而出现失误。评估样本质量最根本的依据是研究者的抽样设计和抽样实施过程的质量。此外，人们在实践中也常常采用比较的方法。其做法是，将可得到的反映总体中某些重要特征及其分布的资料与样本中的同类指标的资料进行对比。若二者之间的差别很小，则可在一定程度上认为样本的质量较高,代表性较大;反之,若二者之间的差别十分明显,那么样本的质量和代表性就一定不会很高。

9.2.2 抽样设计的原则

在进行抽样设计时,应遵循一定的原则。美国著名的抽样专家基什(Kish)教授在其名著《抽样调查》中提出了一个优秀的抽样设计所应该满足的四条标准。这四条标准也可以作为抽样设计所遵循的四条原则。

(1)目的性原则,是指在进行抽样方案设计时,要以课题研究的总体方案和研究的目标为依据。以研究的问题为出发点,从最有利于研究资料的获取,以及最符合研究的目的等因素来考虑抽样方案和抽样方法的设计。

(2)可测性原则,指的是抽样设计能够从样本自身计算出有效的估计值或者抽样变动的近似值。在研究中通常用标准误来表示。这是统计推断必需的基础,是样本结果与未知的总体值之间客观的、科学的桥梁。因为只有概率样本在客观上才是可测的,即概率样本可以计算出有效的估计值或抽样变动的近似值。

(3)可行性原则,是指研究者所设计的抽样方案必须在实践中切实可行。它意味着研究者所设计的方案能够预料实际抽样过程中可能出现的各种问题,并设计了处理这些问题的方法。由于在理论上设计抽样方案和在实际中执行这一方案是两码事,因而可行性是抽样设计的一条重要标准。

(4)经济性原则,主要指的是抽样方案的设计要与研究的可得资源相适应。这种资源主要包括研究的经费、时间、人力等。

由于这四条标准相互之间存在着一定的制约关系,甚至会相互冲突,因而在实际设计中,常常存在这样的情况,即研究者很难设计出一个在上述四个原则上同时达到最大值的抽样方案。在更多的情况下,实际的抽样设计就成为研究者在这四条标准中进行取舍和保持平衡的过程。比如说,如果要增强抽样方案的可测性,研究者就应该尽可能加大样本的容量;然而在这样做的时候,却同时又意味着增加抽样所需的资源。这就使得抽样设计的经济性原则进一步减弱。相对而言,在这四条标准中,目的性原则和可行性原则是首要的。抽样设计要服务于研究的目标,这是设计的出发点和基本目的;而可行性则是设计方案得以实现的前提和保证。研究者应该在优先考虑这两条标准的基础上,去进一步提高方案的可测性,同时减少方案所需的资源。

9.2.3 概率抽样方法

概率抽样是按照概率原理进行的,它要求样本的抽取具有随机性。前面已经提到,概率抽样有若干种不同的形式,每一种具体的形式有着各自不同的特点。而在研究中对不同抽样方式的选择将涉及研究问题的性质、完善的抽样框的获得、研究经费的多少、样本精确性的要求,以及资料的收集方法等因素。下面我们就结合这些因素,对几种基本的概率抽样方法逐一进行介绍。

1. 简单随机抽样

简单随机抽样又称纯随机抽样,是概率抽样的最基本形式。它按等概率原则直接从含有 N 个元素的总体中随机抽取 n 个元素组成样本（$N>n$）。常用的办法类似于抽签,即把总体的每一个单位都编号,将这些号码写在一张张小纸条上,然后放入一个容器（如纸盒、口袋）中,搅拌均匀后,从中任意抽取,直到抽够预定的样本数目。这样,由抽中的号码所代表的元素组成的就是一个简单随机样本。

对于总体元素很多的情形,我们则采用随机数表来抽样。随机数表中的数码和排列都是随机形成的,没有任何规律性（故也称为乱数表）。利用随机数表进行抽样的具体步骤如下。

（1）先取得一份总体所有元素的名单（即抽样框）。
（2）将总体中所有元素一一按顺序编号。
（3）根据总体规模是几位数来确定从随机数表中选几位数码。
（4）以总体的规模为标准,对随机数表中的数码逐一进行衡量并决定取舍。
（5）根据样本规模的要求选择出足够的数码个数。
（6）依据从随机数表中选出的数码,到抽样框中去找出它所对应的元素。

按上述步骤选择出来的元素的集合,就是所需要的样本。举例来说,某总体共 3000 人（四位数）,需要从中抽取 100 人作为样本进行调查。首先,我们要得到一份总体成员的名单。其次,对总体中的每一个人从 1 到 3000 进行编号。再次,根据总体的规模,确定从随机数表中选择四位数。具体的选法是从随机数表的任意一行和任意一列的某一个四位数开始,按照从上到下的顺序,或者从左到右的顺序,以 3000 为标准,对随机数表中依次出现的每个四位数进行取舍:凡小于或等于 3000 的数码就选出来,凡大于 3000 的数码以及已经选出的数码则不要,直到选够 100 个数码为止。最后,按照所抽取的数码,从总体名单中找到它们所对应的 100 个成员。这 100 个成员就构成一个随机样本。表 9.2 就是对 3000 人的总体进行抽样时,我们采用随机数表对四位数码进行取舍的例子（采用后四位数,并按从上往下的顺序排列）。有软件辅助的时候,也可以用软件直接生成指定范围内的随机数,这样会更加方便、快捷。

表 9.2 随机数表抽样例

随机数表中的数码	选用的数码	不选用的原因
8432990906	0906	
1053873020		后面四位数大于 3000
9427410041	0041	
0139022507	2507	
9361404310		后面四位数大于 3000
1359866042		后面四位数大于 3000
6321912683	2683	
9420582507		与所选的第三个数码重复
2725651176	1176	

2. 系统抽样

系统抽样又称等距抽样或间隔抽样。它是把总体的单位进行编号排序后，再计算出某种间隔，然后按这一固定的间隔抽取个体的号码来组成样本的方法。它和简单随机抽样一样，需要有完整的抽样框，样本的抽取也是直接从总体中抽取个体，而无其他中间环节。

系统抽样的具体步骤如下。

（1）给总体中的每一个个体按顺序编号，即制定出抽样框。

（2）计算出抽样间距。计算方法是用总体的规模除以样本的规模。假设总体规模为 N，样本规模为 n，那么抽样间距 K 就由下列公式求得

$$K（抽样间距）= \frac{N（总体规模）}{n（样本规模）}$$

（3）在最前面的 K 个个体中，采用简单随机抽样的方法抽取一个个体，记下这个个体的编号（假设所抽取的这个个体的编号为 A），把它称作随机的起点。

（4）在抽样框中，自 A 开始，每隔 K 个个体抽取一个个体，即所抽取个体的编号分别为 A、$A+K$、$A+2K$、…、$A+(n-1)K$。

（5）将这 n 个个体合起来，就构成了该总体的一个样本。

例如，要在某大学总共 3000 名学生中，抽取一个容量为 100 的大学生样本。我们先将 3000 名学生的名单依次编上号码，然后按上述公式可求得抽样间距如下。

$$K = \frac{3000}{100} = 30$$

即每隔 30 人抽一名。为此，我们先在 1~30 的数码中，采用简单随机抽样的方法抽取一个数字，假如抽到的是 12，那么就以 12 为第一个号码，每隔 30 名再抽一个。这样，我们便可得到 12、42、72、…、2982 总共 100 个号码。我们再根据这 100 个号码，从总体名单中一一对应地找出 100 名学生，这 100 名学生就构成本次的一个样本。

3. 分层抽样

分层抽样又称类型抽样，它首先将总体中的所有单位按某种特征或标志（如性别、年龄、职业或地域等）划分成若干类型或层次；其次，在各个类型或层次中采用简单随机抽样或系统抽样的办法抽取一个子样本；最后，将这些子样本合起来构成总体的样本。例如，在一个企业抽取职工样本时，我们首先把职工总体分为工人、干部和技术人员三大类；其次，采用简单随机抽样或系统抽样的方法，分别从这三类职工中抽取三个子样本；最后，将这三个子样本合起来构成全体职工的样本。

在实际运用分层抽样的方法时，研究者需要考虑下列两个方面的问题。

一是分层的标准问题。同一个总体可以按照不同的标准进行分层，或者说，根据不同的标准可以将一个总体分成不同的类别或层次。那么，在实际抽样中究竟应该按什么标准来分层呢？通常采用的原则如下：①以所要分析和研究的主要变量或相关的变量作为分层的标准；②以保证各层内部同质性强、各层之间异质性强、突出总体内在结构的

变量作为分层变量；③以那些已有明显层次区分的变量作为分层变量。

二是分层的比例问题。分层抽样中有按比例分层和不按比例分层两种方法。按比例分层抽样是指按总体中各种类型或层次的比例来抽取子样本的方法，即在单位多的类型或层次中所抽的子样本就大一些，在单位少的类型或层次中所抽的子样本就小一些。比如，某厂有工人 600 人，按性别分层则有男工 500 人，女工 100 人。总体中两类工人人数的比例为 5∶1。因此，若要抽 60 人作样本，那么，按比例的抽法就是根据上述比例，分别从 500 名男工中随机抽取 50 人，而从 100 名女工中随机抽取 10 人。这样，样本中男女工人之比与总体中男女工人之比完全相同，均为 5∶1。可以说，样本的性别结构是总体中性别结构的一个缩影。

采取按比例分层抽样的方法，可以确保得到一个在某种特征上与总体结构完全一样的样本。但是，在有些情况下，又不宜采用这种方法。例如，有时总体中有的类型或层次的单位数目太少，若以按比例分层的方法抽样，则有的层次在样本中个案太少，不便于了解各个层次的情况，这时往往要采取不按比例抽样的方法。比如上例中，样本中女工人数过少，此时我们可以采取不按比例抽样的方法，在 500 名男工中抽 30 人，在 100 名女工中也抽 30 人。这样，样本就能较好地反映出男女两类工人的一般状况，我们也能很好地对男女两类工人的情况进行比较和分析。

但需要注意的是，我们采用不按比例分层抽样的方法，主要是便于对不同层次的子总体进行专门研究或进行相互比较，但若要用样本资料推断总体时，则需要先对各层的数据资料进行加权处理，即通过调整样本中各层的比例，使数据资料恢复到总体中各层实际的比例结构。比如上例中，若要用 30 个男工、30 个女工的收入资料去推断全厂工人的平均收入时，就需要在男工的收入后乘以 5/3，而在女工的收入后乘以 1/3，再加总平均，否则就会导致推断的偏误。

4. 整群抽样

整群抽样是从总体中随机抽取一些小的群体，然后由所抽出的若干个小群体内的所有元素构成样本。这种小的群体可以是居民家庭，可以是学校中的班级，也可以是工厂中的车间，还可以是城市中的居委会等。整群抽样中对小群体的抽取可采用简单随机抽样、系统抽样或分层抽样的方法。总之，整群抽样与前几种抽样的最大差别在于，它的抽样单位不是单个的个体，而是成群的个体。

举例来说，假设某大学共有 100 个班级，每班都有 30 名学生，总共有 3000 名学生。现要抽 300 名学生作为样本。如果我们采用整群抽样的方法，就不是直接去抽一个个的学生，而是从全校 100 个班级中，采取简单随机抽样的方法（或是系统抽样、分层抽样的方法）抽取 10 个班级，然后由这 10 个班级的全部学生（300 名）构成样本。

采取整群抽样的方法，不仅可以简化抽样的过程，更重要的是它可以降低收集资料的费用，同时还能相对地扩大抽样的应用范围。在简单随机抽样和系统抽样中，都要求有一份总体所有成员的名单，即抽样框。但在实际过程中，这样的名单往往难以获得。有时即使可以获得，真正运用起来却十分麻烦。因此，上述两种抽样方法的应用范围受到一定的限制。

但是，应该看到，整群抽样所具有的简便易行、节省费用的优点，是以其样本的分布面不广、样本对总体的代表性相对较差等缺点为代价的。由于整群抽样所得样本中的个体相对集中，而且涉及的面相对缩小，故在许多情况下会导致样本的代表性不足，使得结果的偏差较大。

为了更好地理解整群抽样的特点，我们可以将整群抽样与前述几种抽样方法，特别是分层抽样方法作些比较。假设我们的总体是 31 个省（自治区、直辖市）所有城市的集合，我们要抽取一个规模为 40 个城市的样本。若按简单随机抽样或系统抽样的方法，则首先需要弄到一份全国城市的名单，其次根据随机数表或通过计算抽样间距，直接从抽样框中抽取城市；若按分层抽样的方法，则可以先按城市规模将总体分为特大城市、大城市、中等城市和小城市四类，然后分别从每一类中抽取若干城市，并将这些城市合起来构成样本；而如果采用整群抽样的方法，则可以以省（自治区、直辖市）为抽样单位，从 31 个省（自治区、直辖市）中随机抽取 3~5 个省（自治区、直辖市），再以所抽中的这些省（自治区、直辖市）中所包含的全部城市的集合作为样本。

整群抽样方法的运用，尤其要与分层抽样的方法相区别。当某个总体是由若干个有着自然界限和区分的子群（或类别、层次）组成的，同时，不同子群相互之间差别很大而每个子群内部的差异不大时，则适合于分层抽样的方法；反之，当不同子群相互之间差别不大而每个子群内部的异质性程度比较大时，则特别适合于采用整群抽样的方法。

5. 多段抽样

多段抽样又称多级抽样或分段抽样，它是按抽样元素的隶属关系或层次关系，把抽样过程分为几个阶段进行的。在商业研究中，当总体的规模特别大，或者总体分布的范围特别广时，研究者一般采取多段抽样的方法来抽取样本。多段抽样的具体做法是，先从总体中随机抽取若干大群（组），然后再从这几个大群（组）内抽取几个小群（组），这样一层层抽下来，直至抽到最基本的抽样元素为止。比如，为了调查某市青年工人的状况，需要从全市青年工人这一总体中抽取样本。我们可以把抽样过程分为下述几个阶段进行：首先，以企业为单位抽样，即以全市所有企业为抽样框，从中随机抽取一部分企业；其次，在抽中的企业里，以车间为抽样单位抽样，即从全部车间中抽取若干个车间；最后，再在抽中的车间内抽取青年工人。需要说明的是，在上述每个阶段的抽样中，都要采用简单随机抽样或系统抽样或分层抽样的方法进行。

在运用多段抽样方法时，有一点需要注意，就是要在类别和个体之间保持平衡，或者说保持合适的比例。多段抽样的方法适用于总体范围特别大、对象的层次特别多的商业研究。由于它不需要总体的全部名单，各阶段的抽样单位数一般较少，因而抽样比较容易进行。但由于每级抽样时都会产生误差，故这种抽样方法的误差较大，这是它的主要不足。在同等条件下减少多段抽样误差的方法是，相对增加开头阶段的样本数，而适当减少最后阶段的样本数。所以，当研究者的人力和经费允许时，应尽量扩大开头阶段的抽样规模。

9.2.4 户内抽样与 PPS 抽样

1. 户内抽样的方法

当研究者以家庭作为分析单元,以入户访谈的方法收集资料,试图研究城乡家庭的结构、关系、生活方式或其他内容时,他们往往采用多段抽样的方法从某一市(县)中抽取区(乡),从区(乡)中抽取街(村),再从街(村)中抽取居委会(居民组),然后从居委会(居民组)中抽取家庭户,最后从家庭户中抽取一位成年人作为访谈对象。从这些访谈对象那里得到的有关其家庭的资料被用来描述这些家庭的特征和类型。在这种研究中,我们不仅需要抽出家庭户的样本,同时还要进行户内抽样——从所抽中的每户家庭中抽取一个成年人,以构成访谈对象的样本。在抽取家庭中的成年人之前的每个抽样阶段中,我们可以采用前面所介绍的某种方法来抽。而这最后一个阶段的抽样则可以采取一种被称作 Kish 选择法的方式进行。根据这种方法,每户家庭中所有的成年人(比如说 18 岁以上者)都具有同等的被选中的概率(机会)。

Kish 选择法的具体做法如下:研究者先将调查表分为(编号为)A、B1、B2、C、D、E1、E2、F 八种,每种表的数目分别占调查表总数的 1/6、1/12、1/12、1/6、1/6、1/12、1/12、1/6;同时,印制若干套(一套八种)选择表发给调查员,每人一套。选择表的形式如表 9.3 所示。

表 9.3 Kish 选择表

A 式选择表		B1 式选择表	
如果家庭户中 18 岁以上人口数为	被抽选人的序号为	如果家庭户中 18 岁以上人口数为	被抽选人的序号为
1	1	1	1
2	1	2	1
3	1	3	1
4	1	4	1
5	1	5	2
6 及以上	1	6 及以上	2
B2 式选择表		C 式选择表	
如果家庭户中 18 岁以上人口数为	被抽选人的序号为	如果家庭户中 18 岁以上人口数为	被抽选人的序号为
1	1	1	1
2	1	2	1
3	1	3	2
4	2	4	2
5	2	5	3
6 及以上	2	6 及以上	3

续表

D 式选择表		E1 式选择表	
如果家庭户中 18 岁以上人口数为	被抽选人的序号为	如果家庭户中 18 岁以上人口数为	被抽选人的序号为
1	1	1	1
2	2	2	2
3	2	3	3
4	3	4	3
5	4	5	3
6 及以上	4	6 及以上	5

E2 式选择表		F 式选择表	
如果家庭户中 18 岁以上人口数为	被抽选人的序号为	如果家庭户中 18 岁以上人口数为	被抽选人的序号为
1	1	1	1
2	2	2	2
3	3	3	3
4	4	4	4
5	5	5	5
6 及以上	5	6 及以上	6

调查员首先要对每户家庭中的成年人进行排序和编号。排序的方法如下：男性在前，女性在后；年纪大的在前，年纪小的在后。也就是最年长的男性排第一，次年长的男性排第二，以此类推；最年长的女性排在最年幼的男性后面，其他女性也按年纪从大到小接着排列，如表 9.4 所示。

表 9.4 家庭内成年人排序表

序号	年龄与性别特征
1	最年长的男性
2	次年长的男性
⋮	⋮
n	最年幼的男性
$n+1$	最年长的女性
$n+2$	次年长的女性
⋮	⋮
$n+m$	最年幼的女性

然后，调查员按照调查表上的编号找出相应的选择表，根据家庭人口数目从选择表中查出被选中个体的序号，最后对这一序号所对应的那个家庭成员进行访谈。比如，某

家庭18岁以上的成年人共有4人：祖母、父亲、母亲、儿子。其排序则为父亲、儿子、祖母、母亲。若调查表为 A 类，则抽取父亲；若调查表为 B2 类，则抽取儿子；若调查表为 D 类，则应抽取祖母；若调查表为 F 类，则抽取母亲。

按这种方法抽取被访对象的一个好处是，它不仅可以使研究者收集到样本家庭的资料，同时也可以收集到由这些被访者构成的个人样本的资料，这种资料可以用来描述这一地区所有成年人所构成的总体。因为按这种方法进行抽取时，家庭中的每一个人都有同样的概率被抽中，所以按这种方法抽出来的人所组成的样本，在年龄、性别、文化程度等方面的分布与总体的分布往往十分接近。

在实际调查中，研究者也经常采用一种十分简便的户内随机抽人的方法——生日法。这种方法的具体操作步骤如下：第一步，随机确定一年中的某一天为标准日期，为便于计算，通常抽取某个月的第一天，比如说6月1日，或者7月1日等。第二步，需要了解所抽中的户中18岁以上的人口数，以及每个人的生日是几月几日。第三步，计算出每个人的生日距离标准日期的天数。第四步，从中选出生日距离标准日期最近的人作为调查对象。比如，一项调查确定的标准日期是8月1日，所抽中的某户家庭共有5口人，老年夫妇两人，青年夫妇两人，一个上小学的儿童。那么，就询问4个成年人的生日。假设分别为老先生2月9日、老太太9月27日、年轻丈夫6月18日、年轻妻子5月6日。那么，4个人的生日距离标准日期的时间分别为172天、57天、43天、86天。因此，就应该抽取年轻丈夫作为调查对象。由于每一户家庭中人们出生的日期是随机分布的，标准日期也是随机确定的，因而这种按生日抽取个人的方法也具有随机性。其所抽取的个人样本也能够用来推断总体的情况。

2. PPS 抽样

有一种常用的不等概率抽样方法，叫作"概率与元素的规模大小成比例的抽样"（sampling with probability proportional to size），简称 PPS 抽样。其原理可以通俗地理解成以阶段性的（或暂时的）不等概率换取最终的、总体的等概率。其做法如下如述。在第一阶段，每个群按照其规模（所含元素的数量）被给予大小不等的抽取概率，大的群具有比小的群更大一些的概率；但到了抽样的第二阶段，从每个抽中的群中都抽取同样多的元素（也是不等概率的）。正是通过这样两个阶段上的不等概率抽样，使得总体中的每一个元素最终都具有同样的被抽中的概率。其实质是这样的：第一阶段中，大的群被抽中的概率大，而小的群被抽中的概率小；到了第二阶段，被抽中的大的群中的元素被抽中的概率小，而被抽中的小的群中的元素被抽中的概率大。正是这一大一小，平衡了由于群的规模所带来的概率差异。我们还可以用下列公式来说明 PPS 抽样的原理：

$$每一个元素被抽中的概率 = 所抽取的群数 \times \left(\frac{群的规模}{总体的规模}\right) \times \left(\frac{平均每个群中所要抽取的元素}{群的规模}\right)$$

从上述公式中也可以看到，PPS 抽样的做法已经排除了群的规模这一因素的影响——第一个分子与第二个分母相互约掉了——每一个元素的被选概率变成了所抽取的群数乘以从每个群中所抽取的元素数，再除以总体的规模。

由于 PPS 抽样需要知道每一个群的规模，所以做起来并不十分容易。如果我们无法知道每一个街道的居民户数以及每一个居委会的居民户数，或者无法得到总体中所有企业各自的职工人数，我们就无法运用 PPS 抽样。

9.2.5 非概率抽样

在社会研究中，人们有时还采用非概率抽样的办法来选取样本。非概率抽样不是按照概率均等的原则，而是根据人们的主观经验或其他条件来抽取样本。因而，其样本的代表性往往较小，误差有时相当大，而且这种误差又无法估计。所以，在大规模的正式研究中，一般很少用非概率抽样，常常只是在探索性研究中采用。常用的非概率抽样有以下几种（欣德勒，2021）。

1. 偶遇抽样

偶遇抽样又称作方便抽样或自然抽样，是指研究者根据现实情况，以自己方便的形式抽取偶然遇到的人作为对象，或者仅仅选择那些离得最近的、最容易找到的人作为对象。例如，为了调查某市的交通情况，研究者到离他们最近的公共汽车站，把当时正在那里等车的人选作调查对象。其他类似的偶遇抽样还有在街头路口拦住过往行人进行调查，在图书馆阅览室对当时正在阅览的读者进行调查，在商店门口、展览大厅、电影院等公共场所对进出往来的顾客、观众进行调查，利用杂志等对读者进行调查，老师对他所教的班级的学生进行调查等。

这种碰到谁就选谁的抽样方法往往被有些人误认为就是随机抽样。仅从表面上看，二者的确有些相似，都排除了主观因素的影响，纯粹依靠客观机遇来抽取对象；但二者有一个根本的差别，这就是偶遇抽样没有保证总体中的每一个成员都具有同等的被抽中的概率。在偶遇抽样的方式中，是以最先接触、最易接触或最便于获取的个体作为样本，用以推断整体特征。

2. 判断抽样

判断抽样又称立意抽样或目的抽样，它是研究者根据研究的目标和自己主观的分析来选择和确定研究对象的方法。这种抽样首先要确定抽样标准。由于标准的确定带有较大的主观性，所以，此法的运用结果如何往往与研究者的理论修养、实际经验以及对对象的熟悉程度有很大关系。

判断抽样的主要优点在于可以充分发挥研究人员的主观能动性，特别是当研究者对研究总体的情况比较熟悉、研究者的分析判断能力较强、研究方法与技术十分熟练、研究的经验比较丰富时，采用这种方法往往十分方便。但是由于它仍然属于一种非概率抽样，所以，其所得样本的代表性往往难以判断。在实际中，这种抽样多用于总体规模小、所涉及的范围较窄或时间、人力等条件有限而难以进行大规模抽样的情况。

3. 定额抽样

定额抽样又称作配额抽样，它是一种比偶遇抽样复杂一些也进步一些的非概率抽样方法。进行定额抽样时，研究者要尽可能地依据那些有可能影响研究变量的因素对总体分层，并找出具有各种不同特征的成员在总体中所占的比例；然后依据这种划分以及各类成员的比例采取偶遇抽样或判断抽样的方式选择对象，使样本中的成员在上述各种因素、各种特征方面的构成及在样本中的比例都尽量接近总体。其前提是要对总体中各种构成的比例有所了解。如果把各种因素或各种特征看作不同的变量，那么定额抽样实际上就是依据这些变量的组合。

有时，当研究的主要目标不是去推断总体状况，而是为了检验理论、解释关系或比较不同性质的群体时，或许不需要进行严格的随机抽样，不需要得到对总体有代表性、有概括性的样本。此时的抽样标准可能不是代表性，而是合适性——抽样适合研究的目标，适合检验理论和假设的需要，适合比较的需要。英克尔斯和史密斯（1992）在研究人的现代性时，就是根据合适性的原则，采用了定额抽样，而没有采用随机抽样。书中写道："我们没有寻找代表性的样本，而是寻找非常适合于目标的配额样本，个人与群体之所以被选入样本，是因为它们同我们要检验的理论有关……"

英克尔斯和史密斯的抽样设计如图9.6所示。他们对作为调查点的6个国家的选择，也是基于类似的考虑。"这些国家之所以使我们感兴趣，不是因为它们代表所有其他的国家，而是因为它们的人民符合我们的实验设计中的那些条件。"

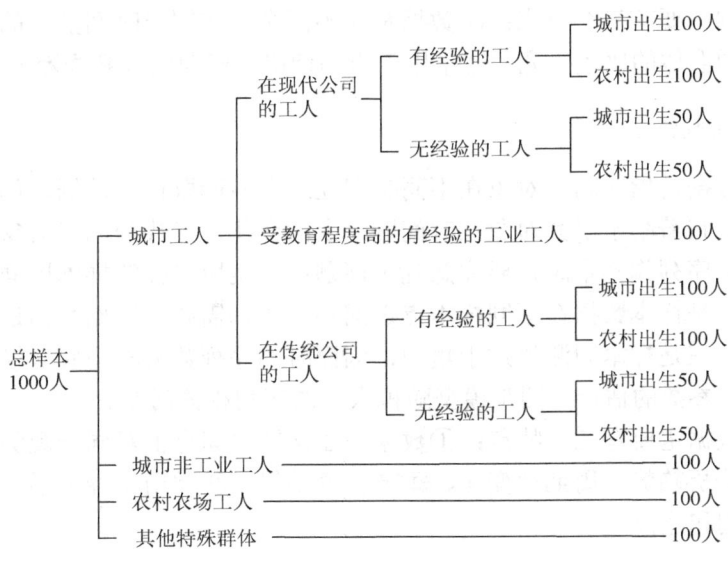

图 9.6 现代人研究抽样示意图

定额抽样与前面介绍的分层抽样十分相似，我们也可以把定额抽样称为分层抽样在非概率抽样中的对应词。实际上，二者具有本质上的差别。二者虽然都依据某些特征对总体进行分层，但二者的抽样方法不同。定额抽样方法是通过主观的分析来确定和选择组成这种模拟物的成员，注重的是样本与总体在结构比例上的表面一致性；而分层抽样的方法则是完全依据概率原则，排除主观因素，客观地、等概率地在各层中进行抽样，这与定额抽样中那种"按事先规定的条件，采取偶遇方式，有目的地寻找"的做法是完全不同的。

9.3 数据的类型

9.3.1 按时间维度分

1. 横截面数据

横截面数据是指在某一时点收集的不同对象的数据，如北京、上海、深圳、广州某一天的平均温度。它对应同一时点上不同空间（对象）所组成的一维数据集合，研究的是某一时点上的某种经济现象，突出空间（对象）的差异。横截面数据的突出特点就是离散性高。横截面数据体现的是个体的个性，突出个体的差异，通常横截面数据表现的是无规律的而非真正的随机变化，即计量经济学中所谓的无法观测的异质性。在分析横截面数据时，应主要注意两个问题：一是异方差问题，由于数据是在某一时期对个体或地域的样本的采集，不同个体或地域本身就存在差异；二是数据的一致性，主要包括变量的样本容量是否一致、样本的取样时期是否一致、数据的统计标准是否一致。

横截面数据主要有三个特点：①数据是对不同个体在同一时间点上的观测；②适用于跨部门或不同群体的比较研究；③常用于市场调研、横向比较和横断面分析等领域。

2. 时间序列数据

时间序列数据是指对同一对象在不同时间连续观察所取得的数据，如北京一年来每天的平均温度。它着眼于研究对象在时间顺序上的变化，寻找空间（对象）历时发展的规律。利用时间序列作样本时，要注意几个问题：一是所选择的样本区间内经济行为的一致性问题；二是样本数据在不同样本点之间不可比，需要对原始数据进行调整，消除其不可比因素；三是样本观测值过于集中，因而时间序列数据不适宜对模型中反映长期变化关系的结构参数的估计；四是模型随机误差的序列相关问题。

时间序列数据主要有三个特点：①数据是在连续时间点上对同一观测单位进行的观测；②可用于分析趋势、周期性变化、季节性变动等；③常用于经济学、金融学、气象学等领域的预测和建模。

3. 面板数据

面板数据是截面数据与时间序列综合起来的一种数据资源，如北京、上海、深圳、广州一年来每天的平均温度。在分析时，多用面板数据模型，故也被称为面板数据模型。它可以用于分析各样本在时间序列上组成的数据的特征，它能够综合利用样本信息，通过模型中的参数，既可以分析个体之间的差异情况，又可以描述个体的动态变化特征。

面板数据主要有三个特点：①数据是在连续时间点上对同一观测单位进行的观测；②可用于分析趋势、周期性变化、季节性变动等；③常用于经济学、金融学、气象学等领域的预测和建模。

9.3.2 按数据计量尺度分

数据按照计量尺度分，有定类尺度数据、定序尺度数据、定距尺度数据、定比尺度数据。

（1）定类尺度：是用于测量定类变量的尺度。定类尺度在本质上是一种分类体系，即把研究对象的不同属性或特征加以区分，标以不同的名称或符号，确定其类别。例如，将商业企业划分为国有企业、集体企业、股份制企业、私营企业等，对总体内的所有企业按其不同的经济成分进行分类计量，进而可以分析各种不同经济成分的企业在总体中的比重。

（2）定序尺度：一个变量如果能够按照某种逻辑顺序，依操作定义所界定的明确特征或属性而排列等级大小、高低、先后的次序，就适合用定序尺度进行测量。定序尺度可以按某种特征或标准将对象区分为强度、程度或等级不同的序列。例如，企业评级、顾客满意度、文化程度、社会地位、生活水平、工作能力。

（3）定距尺度：能够把社会现象或事物区分为不同的类别、不同的等级，还可以确定相互之间不同等级的间隔距离和数量差别。例如，智商、摄氏温度、华氏温度、年份、纬度、经度、考试成绩。

（4）定比尺度：能够测量事物间比例、倍数关系。例如，企业的产值销售额、职工人数、绝对温度，"0"是这些标志表现的绝对界限。再如，定比数据可以根据客户收入水平划分不同的细分群体，进而深入了解不同收入水平段的相关消费行为。企业可以通过不同收入群体的消费行为，做出有针对性的产品设计以满足他们的需求。此外，定比数据还可以根据客户的地理位置、习惯、文化和其他特征进行更加细致的了解，有效地改善企业的市场定位。

9.3.3 按体量和结构化与否分

按照体量和结构化与否分，数据可以分为传统数据和大数据。

1. 传统数据

传统数据范围以常见的文档和关系型数据为主。主要有以下特点。

（1）结构化：数据以表格、数据库等形式存储，具有明确定义的数据模式和架构。

（2）体量有限：数据量通常比较小，可以使用传统的数据库管理系统进行处理。

（3）通常由企业内部数据和第三方数据组成，用于支持日常业务运营和决策。

2. 大数据

除了来自业务直接相关的数据外，还要大量收集外部数据及看似不相关的数据，数据形式也各种各样，除了传统的数据形式外，音频、视频、行为、自媒体等各种数据都会根据需要纳入分析范围。主要有以下特点。

（1）体量巨大：数据量通常大到超出传统数据库管理系统的处理能力，需要采用分布式处理和存储技术。

（2）结构不固定：数据来源多样且格式不一，可能包含结构化数据、半结构化数据和非结构化数据。

（3）包含实时数据和历史数据，涵盖了更广泛的数据来源和种类。

（4）用于发现隐藏在数据背后的模式、关联和见解，支持更深层次的商业决策和创新。

3. 传统数据和大数据的不同点

（1）数据来源和范围不同。传统数据分析常会提取客户资料、消费、促销等直接相关的数据进行分析。大数据分析不但要提取直接相关的数据，可能还会提取网站访问行为、自媒体评论、客服语音等内部数据，还要从网络抓取行业数据、竞品数据，甚至天气变化等看似不相关的数据进行分析。

（2）分析方式不同。传统数据面对的大多是常规数据，处理工具常用 Excel，还有一些少量情况会读取数据库中的数据；大数据分析，先要面对的是各种复杂形式的数据，以及很多的原始数据，杂乱且数量巨大，要用到分布式平台和脚本语言才能开始分析过程，而这些变化，使得大数据分析在分析思路、分析方式等方面都与传统数据分析有很大的不同，如图9.7所示。

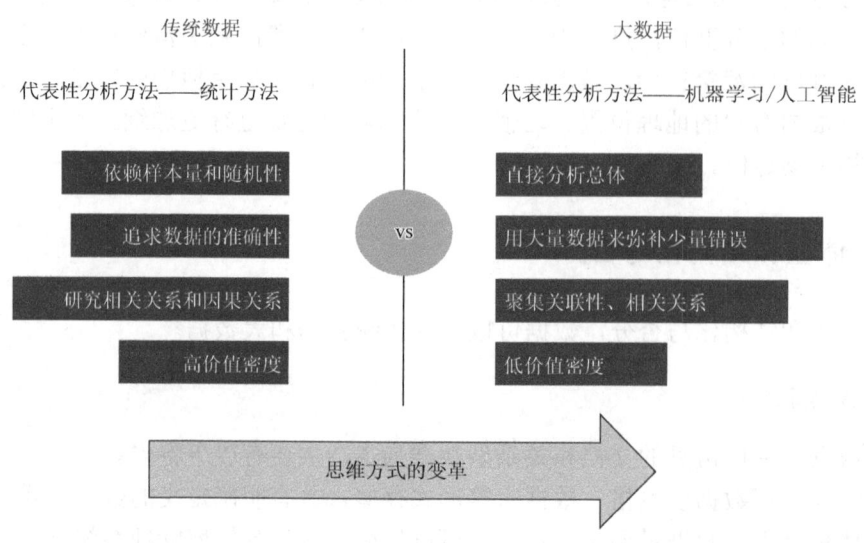

图 9.7　传统数据与大数据

9.3.4 按数据来源分

按数据的来源分,数据可以分为一手数据和二手数据。

1. 一手收据

一手数据是指调研人员通过实地调查,直接向有关调研对象收集的数据。主要特点有针对性、适用性强,来源广且可控,信息收集方法可自行选择;费时、费力、费钱,有时企业自己收集困难。一手数据的收集方法有如下几种。

(1)调查问卷:设计并实施问卷调查,收集被调查对象的反馈信息。

(2)实地观察:直接观察和记录研究对象的行为、情况等。

(3)实验研究:通过控制变量实施实验,获取特定数据以验证假设。例如,实时销售数据:一家零售商直接从自己的POS(point of sale,销售时点)系统中获取实时销售数据,包括每个产品的销售量、销售额以及客户购买行为等信息。这些数据被视为一手数据,可用于实时监控销售状况、调整库存和促销策略等。

2. 二手数据

二手数据是指经过他人收集、记录、整理所积累的各种数据的总称。文献性资料包括文字、图像、符号、声频、视频等,主要特点有收集容易、代价小、来源多;有时适用性差,需经进一步加工整理,有些资料精度不高。二手数据的数据来源如下。

(1)政府统计机构,如国家统计局发布的经济数据、人口数据等。

(2)行业报告:市场调研机构发布的行业趋势、市场规模等数据。

(3)企业报告:企业定期披露的经营信息。例如,市场调研报告:一家公司购买了市场调研公司发布的行业报告,其中包含了行业趋势、竞争分析、市场规模等数据。这些数据被称为二手数据,可用于制定市场战略、了解行业动态和竞争格局。

9.4 搜集商业一手数据

搜集一手数据有多种方式,如果你搜集的是大数据,通常用爬虫法,如果你搜集的是传统数据,按照是否操控变量,可以分为观察法和实验法,如图9.8所示。实验法需要改变一些变量,来看结果变量的变化情况,观察法不需要改变任何变量,两种方式的比较如表9.5所示。

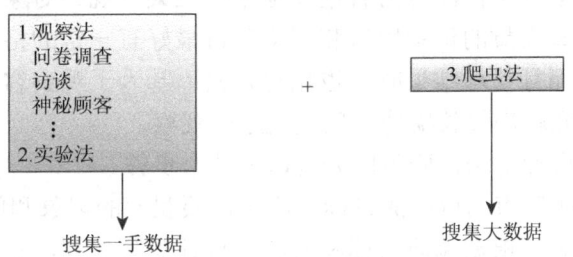

图9.8 如何搜集数据

表 9.5　搜集一手数据的两种方式

比较维度	观察法	实验法
变量测量	1. 研究中涉及的所有变量都通过测量得到 2. 自变量和因变量在调查问卷中没有先后顺序 3. 一般通过抽样方法控制外生变量	1. 研究中的自变量需要通过实验操控得到 2. 自变量在前，因变量在后 3. 通过严格的实验设计来控制外生变量
变量数目	相对较多	相对较少
样本量	大样本，通常200份以上	相对较少，每组30份即可
需要重点考虑的因素	抽样方法、问卷设计、量表信度和效度	抽样方法、问卷设计、量表信度和效度、实验操控、实验操控检验、实验设计

结合商业背景和最常用的数据搜集方法，本书将依次介绍商业观察法、神秘顾客法、商业问卷法、访谈法、商业大数据爬虫，并通过一个专题来介绍商业实验设计。

9.4.1　商业观察法

商业观察法是一种通过直接观察和记录现象来获取商业信息的方法。它不依赖于主观的问卷调查或访谈，而是通过观察人们在实际场景中的行为和互动，来获取有关市场需求、产品使用情况以及消费行为的信息。商业观察法可以帮助企业了解消费者的真实行为和态度，从而更准确地判断市场需求，为产品开发、定价和推广提供依据（齐克芒德等，2012）。

商业观察法适用于各种不同的市场调研场景。以下是一些常见的观察法应用场景。①零售市场观察：观察消费者在购物过程中的行为，如购买决策、品牌选择、产品比较等。②线下店铺观察：观察消费者在实体店铺的行为，如进店率、停留时间、购买行为等。③网络购物观察：观察消费者在电子商务平台上的行为，如浏览产品、加入购物车、支付等。④广告效果观察：观察消费者对广告的反应和效果，如曝光率、点击率、购买转化率等。⑤产品使用观察：观察消费者使用产品的情况，如产品功能使用情况、用户体验等。

商业观察法不通过提问或交流而系统地记录市场现象的过程，观察员运用观察技巧见证并记录信息；商业观察既包括观察人、物体，也包括观察事件，需要注意以下几点。①观察法观察人们实际在干什么，而不是依赖他们所说的；②观察是研究者根据需要有目的、有意识地进行的一种活动，因而是自觉的，不是盲目的，是主动的，不是被动的；③科学观察要求观察者善于把注意力有选择地集中在某一观察对象上，尽量排除外界无关刺激的影响；④调查人员的记录用纸和观察项目最好有一定的格式，便于详细地记录观察中的有关事项，而且整理结果时，也相对轻松；⑤为了观察客观事物的发展变化过程，进行动态对比研究就需要长期地、反复地进行观察。

利用商业观察法进行市场调研可以分为以下几个步骤。

（1）设定目标：明确市场调研的目标，确定需要观察的现象和问题。

（2）设计观察计划：根据调研目标和问题，设计观察计划，包括观察场景、观察对象和观察要点。

（3）进行观察：按照观察计划，在实际场景中进行观察，记录消费者的行为和互动。

（4）数据整理和分析：将观察得到的数据进行整理和分类，进行分析和统计，提取有关市场需求和消费者行为的有用信息。

（5）结果汇报和决策：根据观察结果，撰写调研报告，向决策者和相关人员做出推荐和决策。

商业观察法作为市场调研的一种方法，具有以下优点。①直接观察真实行为：观察法可以直接观察消费者的真实行为和态度，避免了主观问卷调查的误差。②可以获取深入信息：通过观察可以获取消费者在实际场景中的详细行为和互动信息，有利于深入了解市场需求。③可观察非语言行为：观察法还可以观察到消费者的非语言行为，如表情、姿态等，这些信息对于了解消费者态度和偏好具有重要意义。

商业观察法同时具有以下缺点。①无法获取内在动机：观察法只能观察到消费者的外在行为，无法获取其内在的动机和思考过程。②有时不便实施：某些观察对象和场景可能不方便或不允许进行观察，如个人隐私、商业机密等。③受观察者的影响：观察者的存在和观察行为可能会影响到被观察者的行为和态度，导致结果有所偏差。

通过合理使用商业观察法，企业可以更全面、准确地了解市场需求和消费者行为，有效指导产品创新、市场营销和策略决策。在实际操作中，需要注意观察者的专业素养和观察场景的选择，以及数据整理和分析的科学性与准确性。只有在充分理解商业观察法的原理和方法的基础上，才能更好地利用商业观察法进行市场调研，为企业的发展和竞争提供有力支持。

按照不同的角度，商业观察法可以分为不同的类型。

（1）按照观察的情境条件分类。①自然情境观察法：包括自然行为的系统现象观察以及偶然现象的观察，收集到的材料较为客观、真实，但对观察对象本质上的东西把握不够。②实验室观察法：是在实验室的模拟环境中，按照一系列严密的观察计划进行的，这种观察能捕捉到较为深层次的东西，有利于探讨事物内在的因果关系。

（2）按观察者是否直接参与被观察者所从事的活动分类。①参与式观察：观察者参与到被观察者的活动当中去，在相互接触与直接体验中倾听和观察被观察者的言行。观察者既是研究者又是参与者。②非参与式观察：不要求观察者直接参与被观察者的活动，而是以旁观者的身份了解事物发展的动态。在条件允许的条件下，观察者可以采用录像的方式对现场进行录像。非参与式观察操作起来比较容易，也易于获得较为真实的资料。

（3）按观察结果的标准化程度的方法分类。①控制观察：预设有明确的目标、所要观察的问题以及大致范围，有较详细的观察计划、步骤以及合理设计的可控性观察，能获得翔实的材料，并能对观察资料进行定量分析和对比研究。②无控制观察：则是一种开放式的观察活动，允许观察者根据当时的情境调整自己的观察视角和内容。观察者可以事先设计一个观察提纲，但这个提纲的形式比较开放，内容也比较灵活，可以根据当时的情形进行修改。

（4）按实施观察的方式分类。①人员观察：通过观察员深入到现场，利用自身的感觉器官，见证并记录下市场信息。②机器观察：通过科学仪器记录市场信息。在特定的环境下，机器可能比人员更精确、更容易、更便宜地完成工作。

(5）按观察的对象分类。①直接观察：是指对所发生的事或人的行为的直接观察和记录。在观察过程中，调查人员所处的地位是被动的，也就是说调查人员对所观察的事件或行为不加以控制或干涉。②间接观察：是通过对实物的观察来追索和了解过去所发生过的事情，故又称为对实物的观察法。

9.4.2 神秘顾客法

神秘顾客法是采用受过专门培训的购物者对企业的服务、业务操作、员工诚信度、商品推广情况以及产品质量等进行匿名评估，这些受过专门培训的购物者在体验过程中不掺杂个人主观偏好。神秘顾客在对受测对象检测中以第三方的身份出现，可以保持检测对象的客观、公正、保密性。通过神秘顾客的检测可以对窗口性行业的营业环境、服务人员的服务态度、业务素质和技能进行评估和考核，从而达到改进内部服务管理的质量，提高顾客满意度的目的。此外，在竞争情报收集领域，神秘顾客法可以用于了解竞争对手销售商品或提供服务的种类、品牌、价格等方面的信息。目前，神秘顾客法被广泛应用于电信、银行、汽车、食品、餐饮、医院、旅游、运输等服务性行业。

神秘顾客不同于一般性调查的访问员，具有较高的综合素质和理解能力、良好的心理状态、端正的工作态度、敏锐的观察和分辨能力。神秘顾客要始终坚持公平、公正、中立、保密的工作原则，有相当的记忆能力。具有行为学、心理学基础知识的神秘顾客在调查过程中，表现更自然、不易暴露，另外更容易了解被调查者的心理，易于发现存在的问题。神秘顾客要始终坚持公平、公正、中立的工作态度，并具有良好的心态和心理素质，要始终保持一种普通顾客的心态。神秘顾客进行调查时要遵循"眼看耳听、用心感受"八字方针，"眼看"就是根据考核的指标，细心观察，"耳听"就是倾听调查过程中的语言信息；"用心感受"要求调查者全身心融入场景，不仅感知物理环境的氛围，更需用心感受被调查对象所展现的服务态度、专业意识及潜在情绪，以此构建出全方位、多层次的评估洞察。

◎ 案例：肯德基神秘顾客

美国肯德基公司遍布全球，仅中国门店就突破了1万家。然而肯德基公司在万里之外，怎么能相信它的下属公司循规蹈矩呢？一次，上海肯德基有限公司收到3份国际公司寄来的鉴定书。对他们外滩快餐厅的工作质量进行了3次鉴定评分，分别为83分、85分、88分。公司中方经理都为之瞠目结舌，这3个分数是怎么评定的？

原来，肯德基公司雇佣、培训了一批人，让他们佯装顾客，进行点餐、用餐和咨询等常规操作。在用餐过程中，神秘顾客会仔细观察餐厅的环境状况、设施设备、服务态度、产品评价等多个方面，并对这些方面进行客观评分，如表9.6所示。用餐结束后，神秘顾客会填写详细的评估报告，包括餐厅的优点、不足以及改进建议等。这些人来无影、去无踪，而且没有时间规律，这就使快餐厅的经理、雇员时时感受到某种压力，丝毫不敢疏忽。

表 9.6 肯德基公司神秘顾客评分表

餐厅地址		访问日期		排队人数		神秘顾客编号	
餐厅电话		到店时间		取餐时间			
餐厅类型		离店时间		消费金额（附小票）			
环境状况（满分 20 分）							
餐厅整体清洁度（5 分）		桌椅干净程度（5 分）		洗手间卫生情况（5 分）		垃圾处理情况（5 分）	
得分低于 4 分的情况说明：							
设施设备（满分 20 分）							
设施设备的完好度（5 分）		设施设备的舒适度（5 分）		设施设备的方便度（5 分）		设施设备的美观度（5 分）	
得分低于 4 分的情况说明：							
服务态度（满分 20 分）							
服务员的礼貌程度（5 分）		服务速度（5 分）		解决问题的能力（5 分）		服务的专业程度（5 分）	
得分低于 4 分的情况说明：							
产品评价（满分 20 分）							
品类齐全程度（5 分）		食物口感（5 分）		食物卫生（5 分）		食物份量（5 分）	
得分低于 4 分的情况说明：							
附加体验（20 分）							
交通便利性（5 分）		停车便利性（5 分）		消防安全（5 分）		特色活动（5 分）	
得分低于 4 分的情况说明：							
总分及总体评价：							
改进建议：							

9.4.3 商业问卷法

问卷是调查研究中用来收集资料的工具，它在形式上是一份精心设计的问题表格，其用途是用来测量人们的行为、态度和社会特征。下面介绍问卷的结构、问卷设计的原则、问卷设计的步骤。

1. 问卷的结构

尽管实际调查中所用的问卷各不相同，但是它们往往都包含这样几个部分：封面信、指导语、问题、答案、编码等。

（1）封面信，即一封致被调查者的短信。它的作用在于向被调查者介绍和说明调查的目的、调查单位或调查者的身份、调查的大概内容、调查对象的选取方法和对结果保密的措施等。封面信的语言要简明、中肯，篇幅不宜长，短短一两百字最好。虽然封面信的篇幅短小，但在问卷调查过程中却有着特殊的作用。研究者能否让被调查者接受调查，并使他们认真地填写问卷，在很大程度上取决于封面信的质量。特别是对于采用邮寄填答法的方式进行的社会调查来说，封面信的影响更大。因为有关调查的一切情况，都得靠封面信来说明和解释。

（2）指导语，即用来指导被调查者填答问卷的各种解释和说明，有些问卷的填答方法比较简单，指导语很少，常常只在封面信中用一两句话说明即可。比如，"请根据自己的实际情况在合适的答案号码上画圈或者在空白处直接填写"。此外，还有些指导语分散在某些较复杂的调查问题后，针对该问题的填答规范、具体方式及操作方法给予细致阐述。

（3）问题及答案，这是问卷的主体，也是问卷设计的主要内容。从形式上看，问题可分为开放式与封闭式两大类。开放式问题就是那种只提出问题，但不为回答者提供具体答案，由回答者根据自己的情况自由填答的问题。封闭式问题则是在提出问题的同时，还给出若干个答案，要求回答者根据实际情况进行选择。比如，"你最喜欢看哪类电视节目？"就是一个开放式问题。但是，当我们在这个问题下面列出了若干个答案，要求回答者选择其一作为回答时，就变成封闭式问题。比如，"你最喜欢看哪类电视节目？A. 新闻节目 B. 体育节目 C. 文艺节目 D. 其他节目"。

开放式问题的主要优点，是允许回答者充分自由地发表自己的意见。因而，所得资料丰富、生动。其缺点是资料难以编码和统计分析，对回答者的知识水平和文字表达能力有一定的要求，填答所花费的时间和精力较多，还可能产生一些无用的资料。封闭式问题的主要优点是填答方便，省时、省力；资料易于做统计分析。其缺点是资料失去了自发性和表现力，回答中的一些偏误也不易发现。根据开放式问题与封闭式问题的不同特点，研究人员常常把它们用于不同的调查中。比如在探索性调查中常常采用以开放式问题构成的问卷；而在大规模的正式调查中，则主要采用以封闭式问题构成的问卷。

至于表格式问题，其处理方式略有差异。特别是对于一些具有定序层次答案的态度问题，编码时还要特别注意它的方向性。

如表9.7所示，对于支持购买进口产品的看法，我们按照1＝非常同意，2＝同意，3＝无所谓，4＝不同意，5＝很不同意来赋值；而对于支持购买国产产品的看法，我们按照5＝非常同意，4＝同意，3＝无所谓，2＝不同意，1＝很不同意来赋值。

表9.7 请你对下列看法发表意见（在每一行选一格打√）

看法	非常同意	同意	无所谓	不同意	很不同意
购买国产产品更放心					
购买国外资深厂家生产的进口产品，花再多钱也值得					
就算有钱，也应该支持国产产品					

每一个回答者在这一量表上的三个得分（每行一个答案所对应的码值）加起来，就构成他对购买国产产品的态度得分。按上述赋值方式，则一个回答在该量表上的得分越高，表明回答者的态度越倾向于购买国产产品。

（4）有的问卷还需要在封面印上问卷编号、调查员编号、审核编号、调查日期、被调查者居住地、被调查者合作情况等有关内容。

2. 问卷设计的原则

在实际动手设计问卷之前，我们应该牢记下面几条基本原则。这些原则虽然并不直接涉及问卷设计的具体方法和技术，但在某种意义上，它的重要性并不亚于具体方法的介绍。

（1）明确问卷设计的出发点。

问卷作为调查者用来收集资料的工具，对其进行设计时，自然要考虑调查者的需要，即问卷设计要紧紧围绕所研究的问题和所要测量的变量来进行，既不漏掉一些必需的资料，也不包含一些无关的资料。但是，如果只从研究者的需要来考虑，而不考虑被调查者的多种实际情况，那么所设计的问卷往往会存在一些不妥的地方。比如，有些问卷长达 40 页，问题数目多达几百个；有些问卷中问题设计得过于复杂，一个问题中包含着一百多个子问题；有些问卷中的问题需要回答者进行难度较大的回忆和计算；等等。这些情况都是设计时没有为回答者着想，没有从回答者的角度进行考虑的表现。

（2）明确阻碍问卷调查的各种因素。

由于问卷调查需要被调查者的密切合作，因此，在设计问卷时，必须对那些在问卷调查过程中可能出现的阻碍因素有清楚的认识。阻碍被调查者合作的因素主要有两个大的方面。一是主观上的障碍，即由被调查者心理上和思想上对问卷产生的各种不良反应所形成的障碍。比如，当问卷内容太多，问卷表太厚，或者问卷中需要花时间思考、回忆、计算的问题太多时，回答者就容易产生畏难情绪；当问卷中的问题涉及个人隐私等敏感的内容时，回答者就容易产生种种顾虑；当问卷的封面信对调查的目的、内容、意义解释不够时，回答者就可能对问卷调查不重视，缺乏积极合作的责任感；而当问卷内容脱离被调查者的生活实际，或者所用的语言与被调查者的文化背景不协调，或者问卷形式设计得呆板、杂乱时，被调查者就可能对问卷调查毫无兴趣、置之不理，甚至将问卷弃如废纸。二是客观上的障碍，即由被调查者自身的能力、条件等方面的限制所形成的障碍。比如说，阅读能力带来的限制，一个被调查者起码要能看得懂问卷才能作出回答。如果问卷的格式较复杂、问题较抽象或者语言不通俗易懂，那么有些文化程度较低的被调查者就很难看懂问卷的内容和要求。又如理解能力的限制，无论是对于问题的内容还是对于填写问卷的方法，常常会有一些被调查者理解不了，因而，对他们来说，问卷调查就是不可行的。还有记忆能力、计算能力所带来的限制，在问卷中，研究者常常询问有关被调查者过去的经历或生活的问题，也常常询问诸如每年的收入、每月的生活费用、每天用于某件事的时间等问题。这些问题常常要求被调查者进行一定的（有时甚至是困难的）回忆、思考和计算，然而，并不是每个人对自己所经历过的各种事情都能回忆起来，也并不是每个人都能按调查者的要求进行计算。如果我们不设身处地地为被调查者考虑，那么一些回答者就会由于上述种种客观条件的限制而放弃答卷，从而降低了调查问卷的回收率，影响到调查质量。

（3）注意问题的语言及提问方式。

语言是问卷设计的基本材料，要设计出含义清楚、简明易懂的问题，必须注意问题的语言。问题措辞的基本原则是简短、明确、通俗、易懂。要尽可能使用简单明了、通俗易懂的语言，而不要使用一些复杂的、抽象的概念以及专业术语；最好不要用长句子，要使问题尽可能清晰、简短，使回答者能很快看完，很容易看懂，一看就明白；问题要避免带有双重（或多重）含义；问题不能带有倾向性，即问题的提法和语言不能使被调查者感到应该填什么，或者感到调查者希望他填什么；不要用否定形式提问，比如说，习惯于"您是否赞成物价改革"而不习惯于"您是否赞成物价不改革"；不要问超过回答者认知范围的问题；不要直接询问敏感性问题，当问及某些个人隐私或类似对顶头上司的看法这样一些问题时，最好采取某种间接询问的形式，并且语气要特别委婉。

（4）合理的问题数量与顺序。

一般来说，问题不宜太多，问卷不宜太长。通常以回答者在 20 分钟以内完成为宜，最多也不要超过 30 分钟。此外，对于在公共场所进行的调查，以及通过电话进行的调查，问卷中的问题数量就要更少一些。回答问卷的时间应控制在 5 分钟之内，最长不能超过 10 分钟。

问卷中问题的前后顺序及相互间的联系，既会影响被调查者对问题的回答结果，又会影响调查的顺利进行。如何安排问卷中问题的次序呢？一般来说，有下列常用的规则：把简单易答的问题放在前面，把复杂难答的问题放在后面，能避免影响被调查者的情绪和积极性；把被调查者熟悉的问题放在前面，把他们感到生疏的问题放在后面，就不至于使调查一开始就卡住而无法进行；把能引起被调查者兴趣的问题放在前面，把容易引起他们紧张或产生顾虑的问题放在后面；一般先问行为方面的问题，再问态度、意见、看法方面的问题；涉及主要个人特征（如年龄、性别、文化程度、婚姻状况、职业等），属较敏感的内容，不宜放在开头，而适合放在末尾；开放式问题应放在问卷的最后面。这是因为回答开放式问题要比回答封闭式问题需要更多的思考和书写时间。无论是把它放在问卷开头，还是放在问卷的中部，都会影响回答者填完问卷的信心和情绪。

◎ 案例：判断提问的质量

例1
● 您对单位近几年来情况的感觉是：①几乎没什么变化；②变化不大；③变化较大；④变化很大
● 分析：该例的问题是提问含糊。

例2
● 一个公司的文化和精神总是会改变的。您认为这些年您所在的公司这种情况是：①改变得太快了；②还可以；③慢了些；④太慢了

- 分析：这个提问的问题在于概念太抽象。

例 3
- 您认为，您所在部门的平均工资水平是否应该提高呢？①应该大幅提高；②应该小幅提高；③暂不提高；④不应提高
- 分析：这个例子的问题是提问有倾向性。

例 4
- 如果在此次裁员中你失业了，你认为凭你的学历和能力能够找到合适的工作吗？①能够；②不能够；③不知道
- 分析：该例的问题是同时提出两个问题。

例 5
- 您是否为个体经营者？是　否
- 您认为缩短工时能否促进企业经济改革，或相反？①促进；②阻碍；③不相干
- 分析：该例的问题是提问语言不通俗、不够口语化，甚至有语病。

3. 问卷设计的步骤

1）探索性工作

要设计一份调查问卷，第一步工作并不是马上动手去罗列调查的问题，而是要先做一定的探索性工作，即先摸摸底，熟悉和了解一些基本的情况，以便对各种问题的提法和可能的回答有一个初步的认识。做这种探索性工作的常见方式是设计者围绕所要调查的问题，自然地、随意地与各种对象交谈，并留心观察他们的特征、行为和态度。通过交谈，常常可以避免在设计问卷时，出现许多含糊的问题，也可以避免设计出不符合客观实际的回答来。这是因为，当我们在交谈中提出的问题含糊不清时，回答者必然会提出疑问。而熟悉和了解各种类型的调查对象对某一问题所给予的具体回答，就为设计者根据实际情况恰当地设计出这一问题的各种答案奠定了基础。

2）设计问卷初稿

做了探索性工作后，我们就可以动手设计问卷初稿了。具体做法如下。

首先，根据研究假设和所需资料的内容，在纸上画出整个问卷的各个部分及前后顺序的框图。其次，具体地设计出每一个部分中的问题及答案，并安排好这些问题相互间的顺序。再次，根据回答者阅读和填写问卷是否方便等，对所有问题进行检查、调整和补充。最后，将调整后的结果打印成问卷初稿。

3）试用

问卷初稿设计好后，不能直接将它用于正式调查，还必须对问卷初稿进行试用和修改。试用这一步在问卷设计的过程中至关重要，尤其对于大型调查而言，更是不可或缺、不容忽视的重要步骤。试用问卷初稿的具体方法有两种：一种叫客观检验法；另一种叫主观评价法。客观检验法的具体做法如下：将问卷初稿打印若干份；然后采取非随机抽样的方法选取一个小样本，用这些问卷初稿对选取的样本进行调查；最后认真检查和分析试调查的结果，从中发现问题和缺陷并进行修改。检查和分析的方面有四个，如表 9.8 所示。

表 9.8　问卷的客观检验

客观检验的指标	描述	可以说明的问题
回收率	返回问卷的份数除以发放的总数	如果回收率较低,比如说 60%以下,那么说明问卷设计上有较大问题
有效回收率	即扣除各种废卷后的回收率	它比回收率更能反映问卷初稿的质量。因为收回的废卷越多,说明回答者填答完整的就越少,这也就意味着问卷初稿中的毛病可能越多
填写错误	填答内容的错误,或者填答方式的错误	前者是由对问题含义不理解或误解造成的。对于这种情况,一定要仔细检查问题的用语是否准确、清晰,含义是否明确、具体。后者是填答方式的错误,这主要是由于问题形式过于复杂,指导语不明确等
填答不完全	某几个问题普遍未作回答或者从某个问题开始都未作答	说明被调查者卡住了,需要分析中断的原因,并改进问卷

主观评价法的具体做法如下：将设计好的问卷初稿打印若干份，分别送给该研究领域的专家、研究人员以及典型的被调查者，请他们直接阅读和分析问卷初稿，并根据他们的经验和认识对问卷进行评论，指出不妥之处。比如，我们准备进行一项有关城市交通问题的社会调查，当设计好调查问卷后，我们采用主观评价法对问卷进行试用。我们可以将打印的问卷初稿分别送到城市交通管理部门的有关人员、公共汽车公司的司售人员、出租车司机、公安局的交通民警等手中，请他们从各自的角度对问卷中的问题进行检查和评论，提出他们的具体意见。

4）修改定稿并印制

根据上述方法找出问卷初稿中所存在的问题后，逐一对问卷初稿中的毛病进行认真分析和修改，最后才能定稿。在对修改后的问卷进行印制的过程中，同样要十分小心和仔细。无论是版面安排上的不妥，还是文字上、符号上的印刷错误，都将直接影响到最终的调查结果。只有经过了试用和修改，并对校样反复检查后，才能把问卷送去印刷，并用于正式调查。

★ 拓展：用 AI 工具生成商业问卷

各种问卷设计和发放的平台、公司为问卷调查提供了极大的便利，并且越来越多的平台提供生成问卷的 AI 工具。以问卷星为例，只需要在完成了注册、登录、点击创建问卷（可以点击"AI 创建问卷"）后，就可以输入你需要调研的课题名称、输入你希望生成的问卷题目数量，点击"开始创作"按钮，就能智能生成问卷。

虽然 AI 工具已经很发达，但绝不能完全依赖 AI，我们仍然需要对调查的目的、对象特点保持清醒，在 AI 生成问卷的框架基础上，根据本书介绍的原则、步骤、注意事项进行编辑和修改。你可以添加、删除或修改问题，调整内容以及调整问题的顺序。

9.4.4　访谈法

访谈法是指通过访问员和受访人面对面地交谈来了解受访人的心理和行为的心理学

基本研究方法。在市场调研、社会学研究、商业咨询等多个领域，访谈法都发挥着重要作用。因研究问题的性质、目的或对象的不同，访谈法具有不同的形式。根据访谈进程的标准化程度，可将它分为结构型访谈和非结构型访谈。访谈法运用面广，能够简单而迅速地收集多方面的工作分析资料，因而深受人们的青睐（欣德勒，2021）。

在实施访谈法时，有几个关键的注意事项。

（1）准备充分：在访谈前，访员应对访谈的主题、目的、问题以及受访者的背景信息进行深入了解，确保访谈过程中能够提出有针对性的问题。

（2）建立良好的沟通氛围：访谈开始时，访员应通过友好的问候和适当的寒暄来拉近与受访者的距离，为后续的深入交流奠定基础。

（3）提问技巧：访员应掌握有效的提问技巧，如使用开放式问题来引导受访者深入表达，避免使用引导性或暗示性的问题。

（4）倾听与回应：访员在访谈过程中应全神贯注地倾听受访者的回答，并通过点头、微笑等方式表达理解和认同，鼓励受访者继续分享。

（5）记录与整理：访谈过程中，访员应详细记录受访者的回答，并在访谈结束后及时整理和分析访谈内容，提取有价值的信息。

◎ 案例：某电商平台调查服务满意度和改进建议的访谈记录

访谈对象：电商平台长期用户张先生

访谈时间：××年××月××日

访谈地点：电商平台总部会议室

访谈内容：

访员：张先生，非常感谢您接受我们的访谈。首先，请问您对我们电商平台的整体服务满意吗？

张先生：总体来说还是比较满意的，购物流程简便，商品种类也很丰富。

访员：那在您使用我们的平台过程中，有没有遇到过什么问题或者不便之处呢？

张先生：嗯，有时候搜索商品时，结果不太准确，希望能改进一下搜索算法。另外，退换货的流程也有点复杂，希望能简化一些。

访员：非常感谢您的反馈。我们会认真考虑您的建议，并尽快改进。最后，请问您对未来我们的电商平台有什么期待或建议吗？

张先生：我希望平台能够多举办一些优惠活动，同时加强商品质量的把控，让我们消费者购物更加放心。

访员：好的，非常感谢您的宝贵意见。我们会将这些建议转达给相关部门，并努力提升我们的服务质量。再次感谢您接受我们的访谈。

9.4.5 商业大数据爬虫

在多个网站上可以爬取到具有商业价值的大数据，这些数据涵盖了不同行业和领域，对于市场分析、商业决策等都具有重要意义。表 9.9 是一些建议的网站，以及它们的主要数据特点。

表 9.9 可以爬取到具有商业价值的一些网站举例

网站	数据特点
微博指数	微博内容提及量、阅读量、互动量加权得出的综合指数。数据具有时效性，基数大，可以实时反映热度变化情况，适合捕捉当前社会热点事件和话题
Alexa	提供全球网站排名和流量信息，对于分析网站流量和受欢迎程度非常有用
新榜	新媒体专属的数据平台，提供抖音、快手、公众号、小红书等平台关键意见领袖（key opinion leader，KOL）账号的数据，包括粉丝、浏览、互动、声量等。适用于广告投放监测和自媒体数据运营
猫眼数据	汇总电影票房、网播热度、电视收视等数据。适合做票房预测和节目热度监测
艾瑞指数	提供互联网行业的市场数据、用户行为数据等，有助于了解行业动态和趋势
金融数据类网站如新浪财经数据中心、Wind 等	这类网站提供丰富的金融数据，包括股票、债券、期货等市场的实时数据、历史数据以及财务分析数据等。对于金融投资和研究领域具有极高的商业价值
购物类网站如淘宝、京东等	这类网站数据可以提供消费者行为、满意度、市场趋势预测、产品推荐和广告精准投放等数据，具有巨大的商业价值
在线服务平台如大众点评、携程等	这些网站都具备在线交易的功能，并且都拥有大量的用户评价和信息反馈，商家可以利用这些数据改进服务质量，提升客户满意度，进而增强品牌竞争力。还能提供用户画像、市场预测、营销策略等商业研究数据

大数据爬虫的方法主要包括以下几种。

（1）使用 Python 编程语言的爬虫库。Python 是数据科学领域最受欢迎的编程语言之一，拥有许多强大的爬虫库。例如，BeautifulSoup 和 Scrapy 等库可以帮助开发人员快速编写爬虫脚本。这些库提供了丰富的功能和灵活的操作方式，使得数据爬取变得高效且易于管理。

（2）使用商业爬虫工具，如八爪鱼。这些工具将爬虫技术封装在易于使用的软件中，提供了大量的功能和定制选项。用户无须深入了解编程细节，即可通过简单的操作快速构建一个高效的爬虫。这种方法的优点是方便快捷，适合对编程不太熟悉或者需要快速获取数据的用户。

（3）通过 API（application program interface，应用程序接口）进行数据爬取。许多网站提供 API，允许开发人员在遵守规则的情况下访问网站数据。通过 API 进行数据爬取比直接爬取网页更为可靠和方便，因为 API 通常提供了更稳定、更结构化的数据格式。此外，使用 API 还可以避免一些与直接爬取网页相关的法律和道德问题。

（4）使用爬虫服务。一些公司提供专门的爬虫服务，这些服务可以通过 API 或 Web 界面让用户轻松地获取网站数据。这些服务通常使用高度优化的爬虫技术，能够高效地获取数据并提供高质量的结果。这种方法的优点是省去了用户自己编写和维护爬虫代码的麻烦，但需要支付一定的服务费用。

请注意，无论使用哪种爬虫方法，都需要遵守相关的法律法规和道德规范。同时，也要尊重网站的版权和隐私设置，避免非法获取和使用数据。

9.5 搜集商业二手数据

商业二手数据的搜集可以通过多种渠道进行，首先是企业内部的二手数据，可以通过营销资料、业务资料、统计资料和财务资料等渠道进行收集，这些数据对于了解企业自身运营状况和市场环境具有重要意义。还有大家都非常熟悉的搜索引擎如百度等，输入相关关键词进行检索，可以找到大量的二手数据报告和信息；在互联网论坛和社区中，用户可以发表自己的意见、评论和讨论，这些都是宝贵的二手数据来源；还可以通过购买第三方数据服务提供商的数据集，获得已经收集好的二手数据；与合作伙伴或其他组织进行数据交换，可以获得其他组织已经收集好的二手数据，这是一种互利共赢的方式。此外有一些网络平台，如199it、镝数聚、TalkingData、洞见研报等，专门汇总各行业报告提供给有需要的用户，这也是一个便捷的二手数据搜集渠道。当然还有公共数据集，政府机构和研究机构会发布一些公共数据集，如政府发布的统计数据、研究机构公开的调研数据等，这些数据都是公开的二手数据来源。

关于商业相关的公开数据集，大家可以关注以下方面。

（1）政府机构。国家统计局提供了关于中国经济、社会、科技等各方面的宏观数据。这些数据包括 GDP、CPI（consumer price index，消费价格指数）、PPI（producer price index，生产价格指数）等，对于了解国家整体经济运行状况非常有价值。中国人民银行会公布金融相关的数据，如社会融资规模、金融机构资产负债情况等，对于分析金融市场和货币政策有重要意义。其他政府部门，如国家发展和改革委员会、商务部等也会发布各自领域内的相关数据。

（2）公开数据集和平台。有一些平台如中国知网、万方数据等提供了大量的学术论文和数据资源，其中包括商业相关的研究数据和报告。数据竞赛网站如天池、DataCastle等，这些平台不仅举办数据竞赛，还提供了大量的公开数据集供参赛者和研究者使用。

（3）商业咨询机构和研究公司。这些机构会定期发布关于市场、行业和企业的研究报告，其中包含了大量的商业数据和分析。

（4）金融市场数据。股票交易所、期货交易所等金融机构会公布大量的交易数据和市场指数，这些数据对于金融分析和做出投资决策至关重要。

虽然这些数据是公开的，但在使用时仍须遵守相关的数据使用规定和法律法规，确保数据的合规性和准确性。同时，由于数据可能会随时间变化，一定要在使用前进行验证和更新。

国外也有很多提供公开数据的平台，如美国政府公开数据集。一旦研究者确定了自己的研究方向，就应该主动去了解领域内可用的二手数据渠道，并熟悉其数据特征。

9.6 专题五：商业实验设计

在商业研究领域，我们可以利用实验确立因果关系。实验是在人为控制的情况下，研究人员操控待研究的原因，观察结果是否发生相应变化。实验因素是指研究人员操控的待研究的原因。操作是指研究人员以具体的增量改变变量水平。例如，某公司面临一款新电子游戏产品的定价和分销问题。经理知道这个产品的价格水平和零售店的类型是影响销售量的潜在原因。我们可以通过操作价格和分销进行研究。我们给一部分消费者定价100美元，给另外一部分消费者定价200美元。我们把零售分销放在某些折扣店和专门销售电子产品的地方。通过在四种条件下比较销售结果，零售商可以检验价格和分销是否是导致销售量变化的原因。表9.10为我们描述了这个研究。

表 9.10　用实验法研究电子游戏产品的定价和分销问题

配送方式	统计 Wee Box 在如下条件下的销售量	
	高价	低价
专门配送	伊利诺伊州的皮奥里亚： 零售价：200 美元 零售店：Best Buy	艾奥瓦州的德梅因： 零售价：100 美元 零售店：Best Buy
常规配送	密苏里州的圣路易斯： 零售价：200 美元 零售店：Big Cheap-Mart	密苏里州的堪萨斯城： 零售价：100 美元 零售店：Big Cheap-Mart

假设 Wee Box 消费者规模在以上每个城市中都相同，通过比较上述四种情况的销售量，我们可得出价格和配送与销售量之间的关系

上面这种实验可能发生在试销市场上。试销是商业研究中常用的一种实验方法，是指在实际市场上进行的实验。麦当劳做试销实验由来已久，其一般会选择一些分店，然后追踪观察新产品的销售情况和消费者回馈。

下面以一个案例来说明商业实验设计的步骤。

（1）明确实验目标。首先需要明确实验目标，假设一家电商平台想要测试新的用户界面（user interface，UI）设计是否能提高用户留存率和转化率。我们设置的实验目标为：验证新 UI 设计是否能提高用户留存率至少 5%，并提升转化率 10%。

（2）设计实验方案。明确实验涉及的变量，对该例来说，实验因素（自变量）为新 UI 设计，结果变量（因变量）为用户留存率、转化率。实验中需要控制的变量为用户类型、访问时间、设备类型等。明确实验组与对照组，随机选取一部分用户作为实验组，展示新 UI 设计；另一部分用户作为对照组，保持原 UI 设计。同时还需要明确怎么进行数据收集，可通过用户行为跟踪工具收集用户留存率、转化率等数据。

（3）准备实验资源。确定本次实验需要的资源为人、时间、设备。明确具体安排：对于人员，设立专门的项目团队，包括产品经理、UI 设计师、数据分析师等；对于时间，确定实验周期为一个月；对于设备，确保服务器、网站或 App 能够支持新 UI 设计的展示。

（4）实施实验。完成新 UI 设计并上线到实验组。监控实验组和对照组的用户行为数据。每周进行数据汇总和分析，确保实验过程顺利。

（5）数据分析。使用数据分析工具（如 Excel、Python 等）处理数据。对比实验组和对照组的用户留存率，检查是否达到或超过 5%。对比实验组和对照组的转化率，检查是否达到 10%。使用统计方法进行显著性检验，确保实验结果可靠。

（6）结果解释。假设实验组的用户留存率提升了 7%，转化率提升了 12%。解释：新 UI 设计有效提升了用户留存率和转化率，符合预期目标。

（7）撰写实验报告。报告内容包括实验目标、方法、结果、结论以及改进建议。在形式上，报告应清晰、准确、客观，并包含必要的图表和数据支持。

（8）实验评估与反馈。根据实验结果评估新 UI 设计的有效性和商业价值。收集用户对新 UI 设计的反馈意见，为下一步优化提供参考。

通过以上步骤和案例，我们可以看到商业实验设计需要结合具体的商业背景和案例来详细规划与实施。同时，数据分析和结果解释是实验成功的关键，需要确保结果的可靠性和有效性。

★ 拓展：女士品茶实验

20 世纪 20 年代后期，在英国剑桥一个夏日的午后，大学的一些绅士和他们的夫人，还有来访者，正围坐在户外的桌旁，享用着下午茶。在品茶过程中，一位女士坚称：把茶加进奶里，或把奶加进茶里，不同的做法，会使茶的味道品起来不同。在场的科学精英们对这位女士的"胡言乱语"嗤之以鼻。这怎么可能呢？他们不能想象，仅仅因为加茶、加奶的先后顺序不同，茶就会发生不同的化学反应。然而，在座的一个身材矮小、戴着厚眼镜、下巴上蓄着的短尖髯开始变灰的先生，却不这么看，他对这个问题很感兴趣。他兴奋地说道："让我们来检验这个命题吧！"并开始策划一个实验。在实验中，坚持茶有不同味道的那位女士被奉上一连串的已经调制好的茶，其中，有的是先加茶后加奶制成的，有的则是先加奶后加茶制成的。

于是，在蓄着胡须先生的指导下，大家开始讨论应该如何进行实验判断。接下来，在场的许多人都热心地加入到实验中来。几分钟内，他们在那位女士看不见的地方调制出不同类型的茶来。

最后，在决战来临的气氛中，蓄短胡须的先生为那位女士奉上第一杯茶，女士品了一小会儿，然后断言这一杯是先倒的茶后加的奶。这位先生不加评论地记下了女士的说法。然后，又奉上了第二杯……该女士一共品尝了 8 杯茶，其中有 4 杯先加奶，有 4 杯先加茶，按照随机的顺序给女士品尝。最后的结果是，在 4 杯先加奶的茶中，女士猜对了 3 杯，在 4 杯先加茶的茶中，女士也猜对了 3 杯，你能否根据这个数据，通过科学的方法来检验一下这位女士是否真的具备这种特殊的能力呢？

这位蓄短胡须的先生就是大名鼎鼎的罗纳德·艾尔默·费希尔（Ronald Aylmer Fisher）（1890—1962），英国统计与遗传学家，现代统计科学的奠基人之一。

◎ 案例：基于消费者视角的集群品牌有效性三阶段实验研究

（1）实验背景与目的。集群品牌是我国学者提出的独创性学术概念，集群品牌化作为集群产业发展的重要战略，受到集群地方政府、产业协会的高度重视（何晓媛等，2017）。但是，在实施过程中出现了一些问题，尤其是柠檬市场风险危及集群品牌整体声誉的事件时有发生。因此，需要继续深入探究集群品牌的效应，对实验研究中发现的看似集群品牌无效性的数据进行重新解读。

（2）集群品牌的选择。已有研究结果显示，"温州中国鞋都"集群品牌无显著正面效应，而不少研究认为"温州中国鞋都"是一个成功的集群品牌。"成功的集群品牌对消费者没有正向影响"的观点值得深入研究。因此，本研究也选择"温州中国鞋都"作为实验用集群品牌。考虑到福建晋江在民间也有"中国鞋都"之称，本研究出于对比需要，选择的另一个集群品牌就是"晋江中国鞋都"。不过两个鞋都的典型产品并不一样，前者是皮鞋，后者是运动鞋。

（3）实验刺激物选择和处理。在实验刺激物选择上，本案例选择了温州某公司的一款皮鞋和晋江某公司的一款运动鞋，分别作为"温州中国鞋都"和"晋江中国鞋都"的典型产品。为了避免公司品牌对消费者的影响，在呈现这两款产品的时候，通过技术处理隐去公司品牌，被试不知晓这两款产品的公司品牌，但是外观质量较好。在实验中呈现这两款产品时，被试对其印象良好。

（4）实验设计思想。本案例采用常用的比较法测度品牌效应，控制其他变量不变，仅仅改变产品的品牌。在本案例中比较"不知晓集群品牌"（无品牌）和"知晓集群品牌"（有品牌）情况下，被试对产品的质量评价和购买意愿的变化，以此来检验集群品牌的有效性。在具体设计上，本案例把被试知晓集群品牌程度分两种情况：一是自然状态下被试对集群品牌的知晓；二是详细介绍集群品牌客观情况后，被试对集群品牌的知晓。由此构建出集群品牌的三阶段实验：不告知集群品牌，告知集群品牌名称，详细告知集群品牌信息。实验流程设计如图9.9所示。

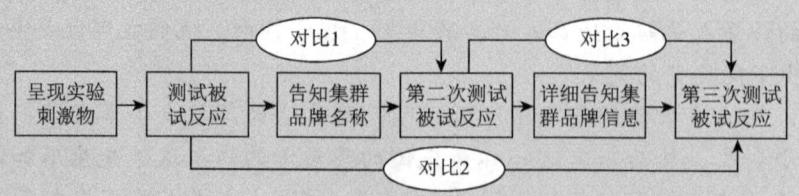

图 9.9 集群品牌三阶段实验流程示意图

（5）实验过程。第一阶段：呈现一双皮鞋，并对皮鞋的质量做描述。不告知皮鞋的集群品牌，只是告知这是一双不知产地的无品牌皮鞋，请被试用语义差异的 7 分制量表，对产品质量高低及购买意愿进行打分。同样地，再呈现一双运动鞋并做了质量描述，不告知运动鞋的集群品牌，请被试对产品质量和购买意愿打分，并回收问卷。第二阶段：告知被试，前述的皮鞋和运动鞋分别来自某集群品牌（被称为"温州中国鞋都"和"晋江中国鞋都"），请被试再次对该产品的质量进行评价并回答是否愿意购买，再次回收问卷。第三阶段：告知被试，上述皮鞋和运动鞋分别来自"温州中国鞋都"和"晋江中国鞋都"，并对这两个集群做了比较详细的正面事实性介绍，相当于及时让被试了解更多关于所测试集群品牌的知识。之后再次请被试对相应产品的相关指标进行打分，并回收问卷。

实验结束后，邀请部分被试进行访谈交流，了解他们对"温州中国鞋都"和"晋江中国鞋都"在实验前的了解和认识程度，以及实验后对这两个集群的看法。

第10章　商业数据分析

在数字经济时代，数据已成为在土地、资本、技术等之外的又一重要生产要素，被称为"新石油""新黄金"。商业研究者要善于通过商业数据为企业提供全面的市场洞察和竞争情报，优化生产、供应链、销售等各个环节，提高运营效率，降低成本，帮助企业更深入地了解客户需求，提供个性化的产品和服务，从而提升客户满意度和忠诚度，帮助企业识别并量化潜在风险，揭示消费者行为的变化、技术的发展趋势等，为企业创新提供数据支持。

10.1　七　武　器

要解决常见的商业问题，有七种最常用的方法，这一部分将介绍它们的使用（表10.1）。

表 10.1　商业数据分析七武器

分析方法	描述	应用
总量-部分分析	用于描述总体或部分，或对部分进行比较	描述性分析、性能分析、深度营销分析、赢家-输家分析
相关分析	寻找两种或两种以上因素之间的关系，以期能够用一种因素解释另一种因素或者驱动另一种因素	前后对比、控制测试、驱动因素、仪表盘
趋势分析	一段时间内进行的总量分析或相关分析，即在一段时间内的趋势	销售或收入趋势、趋势的改变或分布趋势、在一段时间内的影响因素
估算	缺乏历史数据时，用结构性的方法来做一个近乎准确的推测	内部数据有限的商业案例，依赖外部数据和假设的商业案例
预测分析/时间序列分析	根据当前和历史数据，对未来事件的预测	销售预测与库存管理、消费者行为分析、财务和成本管理等
细分	将客户或产品进行有意义的划分，确定更好的目标市场，通过用户定制实现更高价值	对客户或产品分组，以实现目标和定制
客户生命周期分析	着眼于购买过程的不同阶段，可以确定某类客户处于什么阶段，以及指导如何将他们转移到下一个购买阶段	客户价值评估、客户关系管理、客户运营策略优化等

10.1.1　总量-部分分析

总量-部分分析方法是一种处理间歇性需求预测的商业数据分析方法。间歇性需求指的是某些商品或服务需求不连续出现,有时甚至会有较长的无需求期。这种类型的需求在备件管理、医疗设备、时尚商品等领域十分常见。总量-部分分析方法通过分析整体数据和个别数据来更准确地预测需求,尤其适用于需求不稳定或难以预测的场景。这是一种用于解释总体和部分之间关系的统计分析方法。在商业数据分析中,这种方法通常用于探究整体业绩与其组成部分之间的关系,或者研究整体市场与其各个细分市场之间的关系。它通常用来描述一个总体或部分,对不同部分进行比较。总体是指你想了解的事物或人的集合。

总量-部分分析方法的核心在于结合总量分析和部分分析的优点来提高预测的准确性。总量分析指的是对所有历史数据进行整体分析以预测未来趋势,而部分分析则是分析较短时期内的数据以捕捉更细微的变化。

这种分析方法可以通过以下步骤进行。

(1)数据集聚:将历史数据按照一定时间间隔聚合,如按月或按季度。这样可以平滑数据中的随机波动,便于观察长期趋势。

(2)总量分析:对聚合后的数据使用统计模型(如指数平滑法、差分自回归移动平均模型等)进行趋势分析和季节性分析。

(3)部分分析:将聚合数据分解到原始的时间粒度,分析短期内的需求变化,这通常涉及使用更加复杂的统计或机器学习模型来处理数据的非线性特征。

(4)结果融合:结合总量分析和部分分析的结果,制定最终的需求预测。这一步通常需要专家系统或决策支持系统来整合不同时间尺度的预测结果。

总量-部分分析方法的作用和相关商业案例见表10.2。

表 10.2 总量-部分分析方法的作用和相关商业案例

作用	描述	举例
描述性分析	旨在对数据进行总体描述和概括,揭示数据的特征和分布情况	企业可以利用总量-部分分析方法将销售总量分解为不同产品、不同地区或不同渠道的部分量,以便比较各部分量之间的差异和关系
性能分析	旨在评估企业或产品的绩效表现,发现业绩的变化趋势和影响因素	企业可以利用总量-部分分析方法将销售总量分解为不同产品线、不同市场或不同时间段的部分量,然后对各部分量的变化趋势和影响因素进行分析
深度营销分析	旨在帮助企业更好地了解客户需求和行为,制定个性化的营销策略和方案	企业可以利用总量-部分分析方法将客户总量分解为不同年龄段、不同性别或不同地域的部分量,然后对各部分量的消费行为和偏好进行比较与分析
赢家-输家分析	旨在识别市场中的赢家和输家,发现成功和失败的原因与规律	企业可以利用总量-部分分析方法将市场总量分解为不同产品、不同品牌或不同销售渠道的部分量,然后对各部分量的市场份额和增长趋势进行比较与分析

总量-部分分析方法有两大优势。首先,这种方法可以提高预测的准确性,即通过综合考虑长期趋势和短期变动,可以更全面地理解需求模式;其次,总量-部分分析方法的灵活性高,可以根据需求的具体特点调整聚合的时间框架和分析模型。然而,这种方法也有一定的局限性。例如,总量-部分分析方法对数据需求的要求高,需要大量的历史数

据和较高质量的数据输入；其计算复杂性高，在部分分析阶段可能需要运用高级的统计或机器学习技术。

下面，我们通过一个案例分析帮助大家理解总量-部分分析方法在业务问题中的应用与效果。

◎ 案例：山葡萄酒寻找目标客户

在山葡萄酒厂，你也想试图了解通常是哪些人在预订婚宴，以做好交流准备。你查看过去三年的预订记录，如在 300 个客户中，对年龄、性别和位置做综合分析。分析显示，他们中 85%为女性，平均年龄为 33 岁，其中有 60%的人住在俄勒冈。

现在你可以使用这个结论来准备你的对话交流了，也可以将俄勒冈设定为你的营销目标。你在哪里可以找到目标客户，是否有一些商店专门服务于这些人？他们偏爱什么样的出版物？他们在某些餐馆吃饭吗？你能在这些地方做广告吗？

除了描述总体以外，综合分析也可用于对两个分部进行比较。

你想解决的另一个商业问题是将填写婚礼预订在线表格的人转换为你的客户。你可以对两种表格（短表格和标准表格）的使用结果进行测试，看哪种表格能争取到更多的客户。

总之，综合分析可以用来回答描述性或比较性的商业问题，如：
- 我的客户是谁？
- 不同地区的客户有什么不同？
- 年轻人与老年人相比，会更多地通过平板电脑访问我们的数码产品吗？
- 在上一次的营销活动中，哪些措施起作用，哪些不起作用？

10.1.2 相关分析

相关分析是一种统计方法，用于评估两个数值变量之间的线性关系程度。相关分析通过寻找两种或多种事物之间的关系，希望实现用某种事物解释或影响另一种事物的目的。相关分析的理论基础来源于概率论和统计学，特别是回归分析和假设检验。这些理论提供了评估和解释两个变量之间关系的数学模型。例如，Pearson 相关系数是衡量两个变量之间线性关系的常用方法，它基于每对变量的样本均值和标准差计算得出。

在进行相关分析前，必须进行彻底的数据准备工作，包括下面四个步骤。

（1）数据收集：确保收集的数据具有代表性和准确性。

（2）数据清洗：删除或处理缺失值、异常值和重复数据。

（3）变量筛选：选择对研究目标有意义的变量。

（4）数据转换：如有必要，进行数据标准化或归一化，以消除量纲的影响。

数据准备好以后，应该首先做散点图，可以定性地观察相关的强弱和正负，特别是，散点图可以帮助我们确认，相关的形式是不是线性的，如图 10.1 和图 10.2 所示。

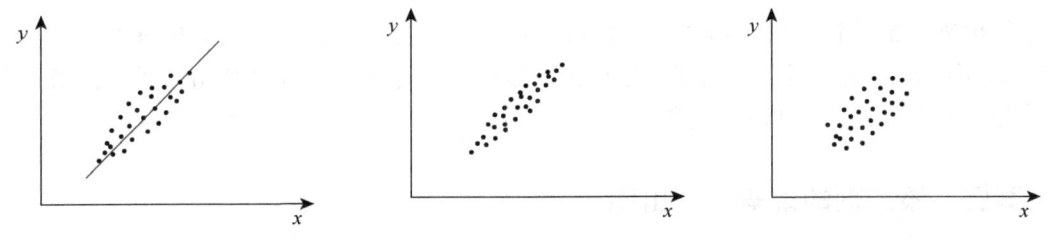

图 10.1　散点图点子的疏密提示了相关的强弱

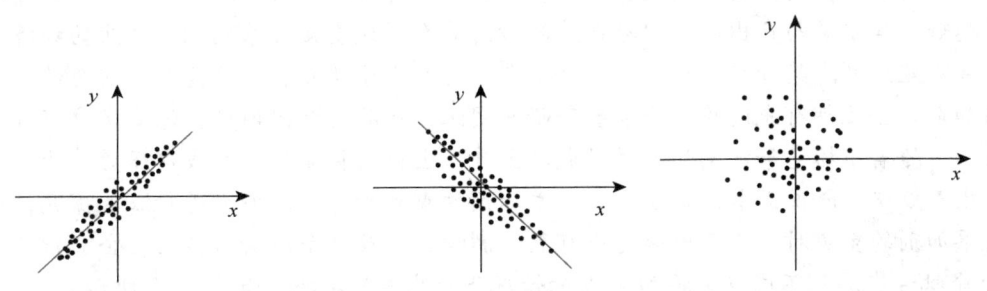

图 10.2　散点图点子分布的象限提示了相关的正负

散点图确定了相关的形式是线性的，我们可以定量计算相关系数。相关系数可以量化变量之间关系的强度和方向。相关系数的值范围从 –1 到 +1，其中 +1 表示完全正相关，–1 表示完全负相关，绝对值越大，相关程度越强，而 0 表示没有线性关系。

很多同学在计算相关系数的时候，直接在软件选择 Pearson 相关系数，是很草率的，我们需要根据数据类型选择恰当的相关系数。事实上，相关系数有很多种。

（1）Pearson 相关系数。Pearson 相关系数用于衡量两个连续变量之间的线性相关性。它的取值范围在 –1 到 1 之间，其中 1 表示完全正相关，–1 表示完全负相关，0 表示无相关性。该方法假设数据呈正态分布，对离群值敏感。

（2）Spearman 等级相关系数。Spearman 等级相关系数用于衡量两个变量之间的单调关系，即不考虑变量之间的线性关系，而是考虑它们的等级或顺序。该方法适用于定尺度数据或小样本量的情况，对数据的分布不做假设，对离群值不敏感。

（3）Kendall 等级相关系数。Kendall 等级相关系数也用于衡量两个变量之间的单调关系，它通过比较配对数据的顺序来计算相关性，适用于小样本量或非正态数据。

（4）点二列相关系数。点二列相关系数适用于包含一个二分变量和一个连续变量的数据集。例如，判断员工晋升意愿与工作年限的相关关系：将员工是否有晋升意愿作为二分变量（有晋升意愿为 1，无晋升意愿为 0），员工的工作年限作为连续变量。

（5）偏相关系数。偏相关系数用于衡量两个变量之间的相关性，同时控制其他变量的影响。它可以消除其他变量对两个变量之间关系的干扰，从而更准确地评估它们之间的关系。

（6）交叉相关系数。交叉相关系数用于衡量两个时间序列之间的相关性，可以帮助分析它们之间的动态关系和相互影响。

这些相关性分析技术可以根据数据的性质和研究问题的要求进行选择与应用。相关系数算出来,需要进行假设检验,才能最终得出相关性的结论,如果算出来相关系数为 0.2,就下结论,变量间存在低度的正相关,是很不严谨的,也许这个 0.2 不能通过显著性检验,那么 0.2 就与 0 没有差异。

◎ **案例:添加剂的重量和产出率**

随着畜牧业的快速发展,饲料添加剂作为提升饲料营养价值、改善动物生产效率的重要工具,越来越受到饲料企业和养殖户的青睐。然而,添加剂的使用并非越多越好,其重量与产出率之间存在着微妙的关系,这直接关系到饲料企业的经济效益和养殖效果。某知名饲料企业,近年来一直致力于研发和生产高效、安全的饲料添加剂。企业拥有先进的生产设备和研发团队,产品远销国内外,深受客户好评。然而,随着市场竞争加剧和原材料成本上升,企业面临着巨大的成本压力。为了提高生产效率,降低成本,企业决定对添加剂的重量和产出率关系进行深入探究,确定添加剂的重量对饲料产出率是否有显著影响,以及这个影响有多大。企业搜集了 30 个批号在加入不同重量添加剂 A 的情况下产出率的数据,如表 10.3 所示。

表 10.3 添加剂和产出率数据

批号	添加剂 A/克	产出率	批号	添加剂 A/克	产出率	批号	添加剂 A/克	产出率
1	8.7	88.7%	11	8.6	88.9%	21	8.7	89.6%
2	9.2	91.1%	12	8.9	88.4%	22	8.3	88.1%
3	8.6	91.2%	13	8.8	87.4%	23	8.9	90.8%
4	9.2	89.5%	14	8.4	87.4%	24	8.9	88.6%
5	8.7	89.6%	15	8.8	89.1%	25	9.3	92.8%
6	8.7	89.2%	16	8.4	89.4%	26	8.7	87.2%
7	8.5	87.7%	17	8.2	86.4%	27	9.1	92.5%
8	9.2	88.5%	18	9.2	92.2%	28	8.7	91.2%
9	8.5	86.6%	19	8.7	90.9%	29	8.8	88.2%
10	8.3	89.6%	20	9.4	90.5%	30	8.9	90.4%

首先,我们画出散点图,观察相关的形式。如图 10.3 所示,添加剂的重量和产出率的散点图大致是一个狭长的椭圆形,拟合一条线性趋势线,点子大致围绕其周围,说明添加剂的重量和产出率之间是线性的相关关系,且左低右高,是正相关的形式。

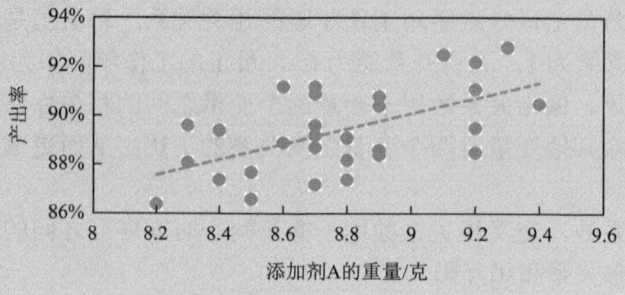

图 10.3 添加剂的重量和产出率的散点图

为进一步进行定量分析，需要计算相关系数。由于两个变量都是连续数据，选择 Pearson 相关系数，任何统计软件都能辅助求得该系数。这里用最常用的 Excel 的数据分析工具库，选择"相关系数"，在输入区域选中数据，在输出区域选择空白格子，即可得到相关系数为 0.58，如图 10.4 所示。

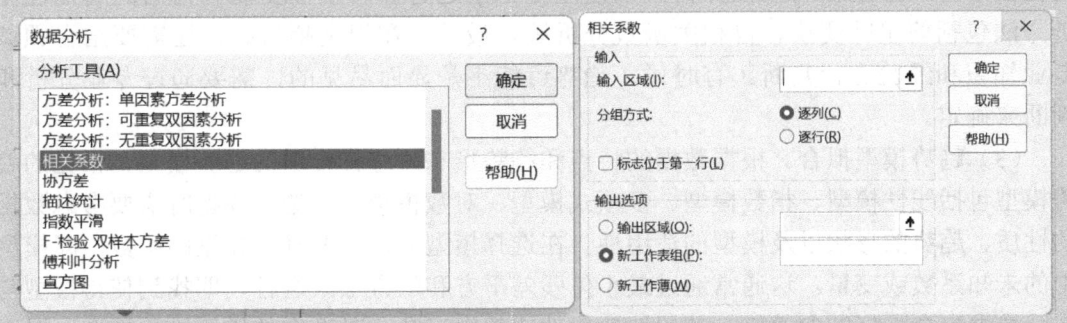

图 10.4　Excel 的数据分析工具库

我们已经大致可以确定添加剂的重量和产出率之间有中度的正相关，但是为了严谨起见，我们需要做一个相关系数的 t 检验。原假设是：添加剂的重量和产出率总体相关系数为 0。备择假设是：添加剂的重量和产出率总体相关系数不为 0。计算 t 统计量的值：

$$t = \frac{r\sqrt{n-2}}{\sqrt{1-r^2}}$$

其中，n 为样本量，该案例中为 30；r 为样本相关系数，这里就是我们计算出来的相关系数 0.58。通过计算，t 统计量的值为 3.76，该统计量服从自由度为 $n-2$ 的 t 分布，运用 Excel 的 tdist 函数（TDIST（统计量的值，自由度，单侧"1"或双侧检验"2"））可以计算出该统计量所对应的 p 值，在一个空白单元格输入"= TDIST（3.76，28，2）"，得到 p 值约为 0.0008，这是一个很小的 p 值，远小于常用的显著性水平 0.05，应拒绝原假设，添加剂的重量和产出率之间存在显著的正相关关系，相关系数为 0.58。

10.1.3　趋势分析

趋势分析方法是商业数据分析中常用的一种方法，用于识别和分析数据的变化趋势，并预测未来的发展方向。其基本原理是利用历史数据的变化模式来推断未来的走势，通过分析数据的趋势性，帮助企业做出决策和规划。

概括来说，趋势分析方法的基本原理和步骤可以归纳为以下几点。

（1）历史数据的收集和整理。需要收集并整理历史数据，包括时间序列数据或历史业绩数据。这些数据可以是销售额、市场份额、用户增长等指标，以时间为维度进行记录。

（2）趋势识别。利用统计方法或数据可视化工具，对历史数据进行分析，识别出其中的趋势。常见的趋势包括线性趋势、指数趋势、周期性趋势等。这可以通过绘制时间序列图、拟合趋势线或应用时间序列分析模型来实现，使用统计方法对趋势进行检验，以确定其是否显著。常见的检验方法包括斜率检验、残差分析等。这可以帮助确认趋势是否真实存在，以及拟合的趋势线是否具有统计显著性。如果数据中存在周期性波动，需要进行周期性分析，以便区分长期趋势和周期性变动。常用的周期性分析方法包括傅里叶变换、自相关函数分析等。最后，在识别趋势时，还需要结合领域专业知识和经验进行判断。有时候，趋势可能不是显而易见的，需要通过专业分析和判断来确定。

（3）趋势模型拟合。根据数据的特点和趋势形态，选择合适的趋势模型。常见的趋势模型包括线性模型、指数模型、多项式模型、对数模型等。选择模型时需要考虑数据的性质、趋势的形状以及模型的适用性。在选择模型后，需要确定模型的参数，即模型中的未知系数或变量。这通常通过最小化残差平方和的方法来进行，即找到使得模型与实际数据拟合最好的参数值。使用统计软件或数学工具，对选定的模型进行拟合。对于线性模型，可以通过最小二乘法求解回归系数；对于非线性模型，可以使用最小二乘法的变种或迭代算法进行参数估计。拟合模型后，需要评估拟合效果，确定模型是否能够很好地描述数据的趋势。这可以通过各种统计指标和图形来实现，如拟合优度、残差分析、拟合曲线与原始数据的比较等。根据评估结果，如果拟合效果不佳，可能需要重新选择模型或调整模型的参数。这可能涉及尝试不同类型的趋势模型、增加模型的复杂度或改变模型的假设等。

（4）未来预测。基于拟合的趋势模型，可以进行未来数据的预测。根据历史趋势和模型拟合结果，推断未来的发展趋势，并进行预测。这有助于企业制订长期规划、预测市场需求、调整资源配置等。

（5）评估和调整。最后，需要对趋势分析结果进行评估和调整。这包括评估模型的拟合程度、检验预测结果的准确性，并根据实际情况进行调整和修正。持续监测趋势变化，及时调整预测模型，以适应不断变化的市场环境。

趋势分析方法在商业数据分析中具有广泛的应用，特别是在销售或收入趋势、金融资产的走势分析中。由于趋势分析是一段时间内的综合分析或相关分析，即分析一段时期内的趋势，它通常用于观察销售业绩或收入增长在一段时期内的变化情况。我们的目标是识别趋势中的反常情况，以及查明在那段期间的受影响部门和影响因素。它常常被用于回答像这样的问题：我们的客户群已经转移到年轻人了吗？（通过追踪不同时间节点的年龄分布数据，洞察年龄趋势变化）；为什么增长趋势在下滑？（通过查看一段时间内的增长趋势，并按不同的部门划分，找到令增长放缓的相关因素）；为什么 iPhone 15 销售放缓？（通过查看 iPhone 15 在过去几个月的销售情况，识别影响销售的内部和外部的相关因素）。

10.1.4 估算

估算方法是商业数据分析中一种常用的技术，主要用于在不完全的信息条件下对关键商业指标进行预测和评估。估算可以基于统计数据、专家意见或模型推算等多种方式进行。这种方法在商业决策、项目管理、资源配置等领域中非常重要，尤其是在数据获取成本高或时间紧迫的情况下。

估算方法的基本原理是通过已知的数据点，采用数学模型、统计方法或专家的经验判断，来推断未知的量。这种方法依赖于以下几个核心原理。

（1）类比推理：在相似的情况下，相似的因素可能导致相似的结果。

（2）统计推断：使用历史数据或市场总体的统计特性来预测特定情况的可能结果。

（3）专家经验：依赖于行业专家对特定问题的直觉和经验判断，尤其是在复杂或独特的情况下。

估算方法通常包括以下几个步骤。①确定估算目标：明确需要估算的具体指标或结果，如销售额、市场份额、成本等。②收集信息：搜集相关的历史数据、市场研究报告、竞争对手分析等资料。③选择方法：根据数据的质量和可用性，选择最合适的估算方法，可能是定量的（如回归分析）或定性的（如德尔菲法）。④执行估算：应用选定的方法对数据进行处理和分析，得出估算结果。⑤验证和修正：通过与实际情况对比、专家审查等方式验证估算的准确性，并根据反馈进行必要的修正。

估算方法在商业数据分析中的应用非常广泛，尤其适用于内部数据有限的商业案例以及依赖外部数据和假设的商业案例。表 10.4 介绍这两种情况下的应用场景。

表 10.4　估算方法的两种应用场景

场景	案例	说明
内部数据有限	市场规模估算	当企业缺乏详细的市场数据时，可以利用已有的内部数据和少量外部数据，采用估算方法来估算市场规模。通过对现有客户数据、销售数据等进行分析，结合行业数据和市场调研结果，采用合适的估算模型和方法，推断出市场的规模和潜在需求
	客户价值估算	在客户数据有限的情况下，企业可以利用已知的客户信息和行为数据，结合外部数据和假设，采用估算方法来估算客户的价值。通过分析客户的购买行为、消费偏好等，建立客户价值模型，推断出客户的潜在价值和未来行为，为客户管理和营销决策提供指导
	产品需求预测	在产品开发初期或市场数据不完整的情况下，企业可以利用已有的产品数据和市场信息，采用估算方法来预测产品的需求量和市场接受度。通过对产品销售数据、用户反馈等进行分析，结合市场趋势和竞争情况，采用适当的估算模型和假设，推断出产品的潜在市场需求和销售预期
依赖外部数据和假设	市场份额估算	在缺乏市场份额数据或行业报告的情况下，企业可以利用外部数据和假设，采用估算方法来估算自身在市场中的份额。通过对市场规模、竞争对手的信息等进行分析，结合企业的销售数据和市场定位，采用合适的估算模型和假设，推断出企业在市场中的地位和份额
	风险评估和预测	在面临不确定性和风险的商业环境下，企业可以利用外部数据和假设，采用估算方法来评估和预测各种风险的可能性和影响。通过对市场环境、竞争对手、经济政策等因素进行分析，结合企业的风险管理体系和业务情况，采用适当的估算模型和假设，推断出可能的风险事件和损失程度
	产品定价策略	在缺乏充分市场定价数据或产品成本信息的情况下，企业可以利用外部数据和假设，采用估算方法来确定合理的产品定价策略。通过对市场需求、竞争价格、产品附加值等因素进行分析，结合企业的利润目标和市场定位，采用适当的估算模型和假设，推断出合理的产品定价水平和策略

在这些商业案例中，估算方法可以帮助企业利用有限的内部数据或依赖外部数据和假设，进行数据分析和决策支持，应对不确定性和风险，优化资源配置和决策效果。

10.1.5 预测分析/时间序列分析

预测分析是一种利用过去的数据和模型来预测未来事件或趋势的分析方法。通过对历史数据的分析,建立合适的数学模型或算法,来推断未来的可能情况或结果,以指导决策和规划。预测分析是指利用未来某个时点的目标值与当前或过去的其他相关指标之间的基础相关性,通过对当前和历史相关因素的观察分析,来较为准确地预测某个指标的未来状态。

时间序列分析是一种专门针对时间序列数据的分析方法,旨在识别数据中的趋势、周期性和季节性,并建立相应的模型来描述和预测数据的变化规律。

预测分析与时间序列分析方法之间既有联系又有区别。联系包括:①预测分析通常涉及时间序列数据的分析,因为它需要考虑数据的时间顺序和趋势;②预测分析可以使用时间序列分析中的方法来建立预测模型,如自回归模型、移动平均模型、自回归移动平均(autoregressive moving average,ARMA)模型等;③时间序列分析是预测分析的一种特殊情况,因为预测分析中的很多问题都涉及了时间序列数据的分析和预测;④预测分析中使用的很多方法,如移动平均、指数平滑、季节分解等,都是时间序列分析中常见的技术。区别包括:①预测分析的重点是预测未来的趋势或结果,而不一定需要深入分析数据的时间序列特征。②预测分析可能还涉及其他类型的数据,而不仅限于时间序列数据。例如,它可以包括基于分类、回归等方法的预测。③时间序列分析更侧重于对时间序列数据本身的特征进行分析和建模,包括趋势、季节性、周期性等,以及它们之间的关系和影响。④时间序列分析通常不限于预测,还包括对数据的趋势和周期性进行分析与解释。

预测分析和时间序列分析在商业数据分析中都有着重要的地位,它们在某些方面是相互联系的,但也有着明显的区别。预测分析更侧重于未来事件的预测和决策支持,而时间序列分析更专注于对时间序列数据本身的分析和建模。然而,在实际应用中,两者通常会结合使用,以更好地理解数据的特征和趋势,从而做出更准确的预测和决策。

预测分析和时间序列分析都涉及复杂的数据处理和建模过程,它们各自有一套方法来处理数据、建立模型和进行预测。我们将在专题六介绍商务智能大数据分析,该部分的思路和方法都是典型的预测分析,在此对预测的方法步骤不再展开。时间序列分析的步骤如表10.5所示。

表10.5 时间序列分析的步骤

编号	步骤	描述
步骤1	问题定义和目标设定	确定时间序列分析的目标,如识别趋势、季节性、周期性等,以及进行长期或短期预测
步骤2	数据收集和准备	收集时间序列数据,确保数据具有时间顺序,并进行数据清洗和预处理,处理缺失值和异常值
步骤3	时序图分析	绘制时序图,观察数据的基本特征,如趋势、季节性、周期性和随机波动,为后续分析提供基础
步骤4	平稳性检验	对时间序列数据进行平稳性检验,确保数据符合建模的基本假设,如平稳性、同方差性等

编号	步骤	描述
步骤5	模型识别与拟合	根据时序图的特征和平稳性检验结果，选择适当的时间序列模型，如差分自回归移动平均模型、季节性差分自回归移动平均模型、指数平滑法等
步骤6	模型诊断	对拟合的模型进行诊断，检验残差是否符合白噪声假设，以验证模型的合理性和有效性
步骤7	模型预测	使用训练好的时间序列模型进行未来数据的预测，生成预测值并计算预测的置信区间
步骤8	结果解释与应用	解释预测结果，包括预测的趋势、季节性和不确定性，为业务决策提供可靠的数据支持

预测分析和时间序列分析在商业数据分析中有着广泛的应用，可以用来解决许多商业问题，并为企业的决策提供支持。

典型的预测分析的应用包括：①销售预测：利用历史销售数据和市场信息，建立销售预测模型，预测未来产品销售量，为生产计划和库存管理提供指导。②需求预测：基于客户订单、市场趋势等信息，预测未来产品或服务的需求量，优化供应链和物流管理，减轻库存压力和降低成本。③市场趋势预测：分析市场数据和消费者行为，预测市场趋势和需求变化，为企业的市场营销策略和产品定位提供指导。④客户流失预测：利用客户历史购买记录和行为数据，建立客户流失预测模型，预测客户流失的可能性，并采取相应的客户保留措施。⑤价格预测：基于市场竞争情况和成本信息，预测产品价格的变化趋势，优化定价策略，提高市场竞争力和利润率。

典型的时间序列分析的应用包括如下几个。①季节性销售分析：分析历史销售数据，识别季节性销售变化的模式和规律，制定针对不同季节的营销策略和促销活动。②趋势分析：使用时间序列分析方法，识别销售数据中的趋势和长期变化，为未来销售预测和市场定位提供依据。③周期性分析：分析销售数据中的周期性变化，如每周、每月或每年的周期性模式，为生产调度和资源分配提供指导。④销售波动分析：分析销售数据中的随机波动和异常情况，识别潜在的影响因素，并采取相应的措施进行管理和调整。⑤市场预测：利用时间序列分析方法，预测市场的发展趋势和变化，为企业的市场战略和业务规划提供参考。

◎ 案例

例1：一个零售企业可以利用预测分析来预测未来的销售量，以优化库存管理和采购策略。

例2：一家电商公司可以利用时间序列分析来识别销售数据中的季节性和周期性变化，制定针对性的促销活动和营销策略。

例3：一家金融机构可以利用预测分析来预测客户流失的可能性，采取措施提高客户满意度和忠诚度。

例4：一家制造企业可以利用时间序列分析来预测原材料价格的变化趋势，制定合理的采购计划和成本控制策略。

综上所述，预测分析和时间序列分析在商业数据分析中有着广泛的应用，可以帮助企业理解市场趋势、预测未来发展，并做出相应的决策和调整。通过合理的数据收集、模型建立和预测分析，企业可以更好地把握商机，提高经营效率和竞争力。

10.1.6 细分

细分分析方法是指将整体数据或市场分割成不同的子群体或细分市场,并针对每个子群体进行分析和研究的方法。在市场营销和商业战略中,细分分析是一种常用的策略,旨在更好地理解不同群体的需求、偏好和行为,以便针对性地制定策略和服务方案。

细分分析将客户或产品划分为有意义的分部,通过客户定制,驱动更高的价值,实现更好的目标。被划分到同一个分部的人或产品彼此相似,与其他分部的特征具有明显差异。比如,将客户分为当前客户和潜在客户就是一种简单的细分。以亚马逊公司为例,你还可以进一步根据客户所购产品类别进行细分,如服装买家和图书买家,正如你所能想象的,细分的方法有很多种,这取决于为什么要进行细分。

★ 拓展:RFM 模型

RFM 模型是一种在营销领域中广泛使用的客户价值评估模型,它通过三个关键指标来衡量客户的价值和创收能力,从而实现对客户的细分。

(1) R(recency):最近一次消费时间。这个指标衡量了客户上一次购买产品或服务的时间距离现在的间隔。通常情况下,最近一次消费时间越近,客户对当前的产品或服务越感兴趣,也更容易被相关的营销活动所吸引。

(2) F(frequency):消费频率。这个指标反映了客户在特定时间段内购买产品或服务的次数。消费频率越高的客户,通常对品牌的忠诚度也越高,其客户价值相应越大。

(3) M(monetary):消费金额。这个指标代表了客户在特定时间段内购买产品或服务的总金额。消费金额越大,说明客户的消费能力越强,对企业的贡献越大。

通过综合这三个指标,企业可以对客户进行细分,识别出高价值客户、中价值客户和低价值客户,并针对不同价值的客户制定差异化的营销策略,以实现资源的优化配置和精细化运营。

某家服装零售企业希望对其客户群体进行深入分析,以便制定更精准的营销策略。他们选择了 RFM 模型来评估客户的价值,并根据评估结果制定相应的营销策略。表 10.6 是根据 RFM 模型整理的客户数据表格(部分数据示例)。

表 10.6 部分客户数据

客户 ID	R (最近一次消费时间)	F (消费频率)	M (消费金额)	RFM 得分	客户价值等级
001	30 天	6 次	2000 元	20	高价值客户
002	90 天	3 次	1000 元	12	中价值客户
003	180 天	1 次	500 元	6	低价值客户
...	...	...	...	...	...
010	60 天	4 次	1500 元	16	高价值客户

该企业规定，对于R得分，R≤30天得5分，30天＜R≤60天得4分，60天＜R≤90天得3分，90天＜R≤120天得2分，R＞120天得1分；对于F得分，F≥5次得5分，4次≤F＜5次得4分，3次≤F＜4次得3分，2次≤F＜3次得2分，F＜2次得1分；对于M得分，M≥2000元得10分，1500元≤M＜2000元得8分，1000元≤M＜1500元得6分，500元≤M＜1000元得4分，M＜500元得2分。将3个得分加总，得到RFM得分，规定15分及以上为高价值客户，10~15分为中价值客户，10分及以下为低价值客户。通过RFM模型对客户完成细分，可以实现分类客户关系管理，针对性地营销。

M得分比R和F得分高，说明这家企业比较重视消费金额这个维度，也可以在不同指标之间按照企业的需求设置不同权重来实现。

★ 拓展：杜邦分析

杜邦分析是一种经典的财务分析方法，通常用于评估公司的盈利能力和股东权益回报水平，还可以用若干个用以评价企业经营绩效的指标，按照其内在联系有机地结合在一起，进行综合评价，如图10.5所示。它得名于最早使用该方法的美国杜邦公司。

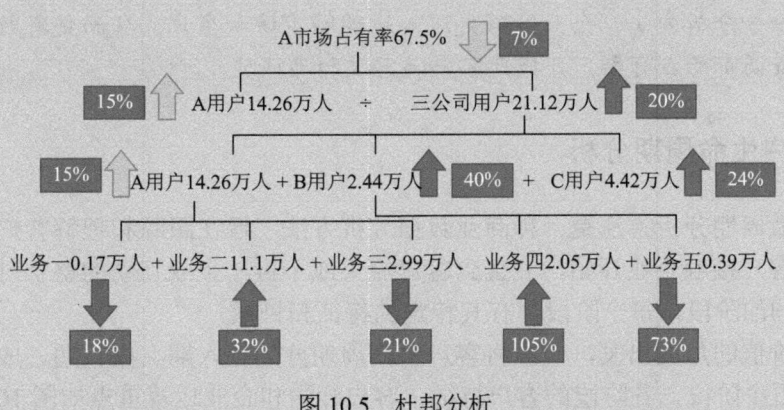

图 10.5 杜邦分析

杜邦分析其实也用到了细分的思想。将指标逐级分解，一些商业问题就找到了答案，例如：“为什么A公司的用户增长了15%，而市场占有率却下降了7%呢？”通过杜邦分析将市场占有率按公司细分，深入剖析至各公司用户规模以及业务数量的变化情况及其对应的增长率，便能揭示出以下关键信息。

（1）虽然A公司的用户增长了15%，但其竞争对手增长得更多，所以A公司的市场占有率反而下降了。

（2）B公司用户增长得最多，用户增长了40%，这个增长主要是其业务四的增长驱动的。

细分分析方法在商业数据分析中的应用非常广泛，特别是在客户管理和产品定制方面，能够帮助企业更精确地理解不同群体的需求和行为，从而制定更有效的市场策略和业务决策。表10.7是细分分析方法在商业数据分析中的一些具体应用。

表10.7 细分分析方法在商业数据分析中的应用

应用	类型	说明
客户分群	基于行为特征的分群	根据客户的购买频率、购买金额、产品偏好等行为数据，将客户分成不同的群体。例如，将高消费客户、低消费但忠诚度高的客户、偶尔购买客户等分开，以便制定个性化的营销和服务策略
	基于人口统计学特征的分群	根据客户的年龄、性别、地理位置等人口统计学特征进行分群。这种方法有助于定制针对性的广告宣传和促销活动，以吸引特定群体的注意力和兴趣
产品定位与定制	市场细分	将市场分割成多个细分市场，根据不同市场的需求和特点进行产品定位。这样可以更准确地满足不同细分市场的需求，提高产品的市场适应性和竞争力
	个性化产品和服务	根据客户的个性化需求和偏好，定制特定版本或特色化的产品和服务。例如，根据客户的购买历史和偏好，推荐相关产品或提供定制化的服务体验
营销策略优化	精准营销	通过细分分析，精确识别和定位潜在客户群体，采用精准的营销策略和沟通方式，提高市场推广的效果和回报率
	客户细分投放	根据客户分群的特点，优化广告投放策略和媒体选择，确保广告资源的最优配置和效果最大化
	个性化客户体验	根据客户的分群特征，优化客户服务流程和服务内容，提供更符合客户需求的个性化服务体验，增强客户满意度和忠诚度

通过细分分析方法，企业能够更深入地理解市场和客户，从而更有效地响应市场变化、提高市场占有率，并提升客户满意度和忠诚度。

10.1.7 客户生命周期分析

客户生命周期分析方法是一种商业数据分析方法，旨在跟踪和理解客户与企业之间的关系，从客户接触企业开始，一直到客户流失或不再与企业互动的整个过程。这一过程被分为不同的阶段，每个阶段都有其特定的特征和目标。

从用户价值的角度出发，一般将客户生命周期分为导入期、成长期、成熟期、休眠期和消失期五个阶段，各阶段的客户特征、客户行为和企业运营重点如图10.6所示。

从企业与客户互动的角度出发，客户生命周期一般包括客户获取、引导和培养、转化、忠诚和流失五个阶段。每个阶段的定义可能因企业而异，但通常都包含了客户与企业互动的关键节点。

（1）客户获取阶段。这个阶段是指客户第一次接触到企业或产品的阶段。客户可能通过广告、推广活动、搜索引擎、社交媒体或口碑等途径了解到企业或产品。

（2）引导和培养阶段。在获取客户后，企业需要积极引导客户进入下一个阶段，即培养阶段。这个阶段的目标是建立客户与企业之间的关系，增加客户对企业品牌的认知和好感度，激发其对产品或服务的兴趣。

（3）转化阶段。转化阶段是指客户完成首次购买或采取其他转化行为的阶段，包括客户购买产品、注册会员、订阅服务、参加活动等。转化后的客户通常会被认为具有更高的潜在价值。

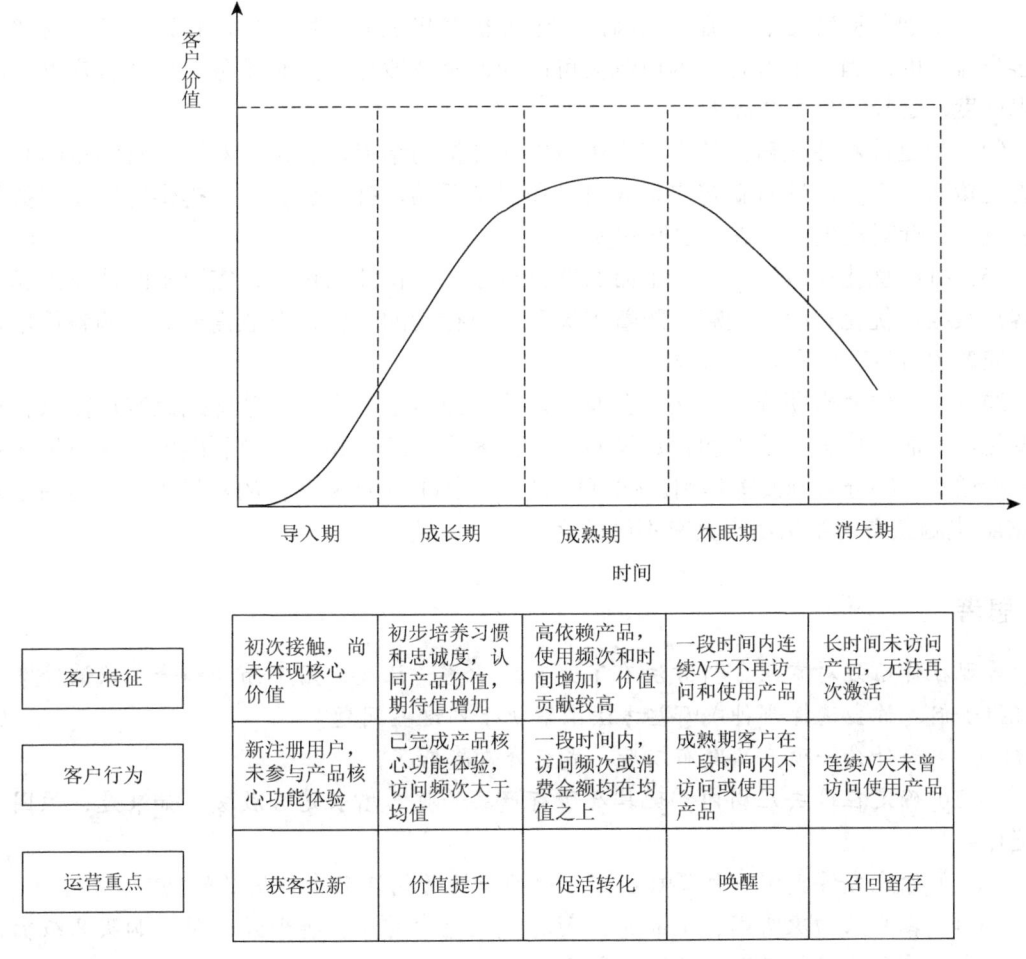

图 10.6 客户生命周期分析

(4) 忠诚阶段。一旦客户完成了首次转化，企业的目标就是提高客户的忠诚度。在这个阶段，企业努力保持客户的满意度，提供优质的产品和服务，以及良好的客户体验，以促使客户重复购买并成为品牌的忠实支持者。

(5) 流失阶段。流失阶段是指客户不再与企业进行交互或购买产品的阶段。客户可能由于各种原因而选择离开，如产品质量问题、竞争对手的诱惑、个人需求变化等。流失客户的挽留和重新吸引是企业客户管理中的重要任务之一。

客户生命周期分析方法包括以下几个重要方面。

(1) 跟踪客户行为和互动：通过收集和分析客户数据，跟踪客户在不同生命周期阶段的行为和互动，包括访问网站、参与活动、购买产品、投诉反馈等。这些数据可以来自多个渠道，如网站分析、社交媒体、客户关系管理系统等。

(2) 客户价值评估：对不同阶段的客户进行价值评估，了解客户在不同阶段对企业的贡献程度和潜在价值。这可以通过客户生命周期价值等指标来衡量，帮助企业重点关注高价值客户，并制定相应的营销和服务策略。

（3）识别关键转化点和流失原因：通过分析客户生命周期数据，识别关键的转化点和客户流失的原因。了解客户为何流失可以帮助企业改进产品和服务，提高客户满意度和忠诚度，延长客户生命周期。

（4）制定针对性策略：基于客户生命周期分析的结果，制定针对性的营销策略和客户管理策略。例如，针对新客户采取引导和促销活动，针对忠诚客户提供定制化服务和特权权益，针对流失客户进行召回和挽留。

（5）持续优化和改进：客户生命周期分析是一个持续的过程，需要不断地监测和分析客户数据，优化和改进策略。随着市场和客户行为的变化，企业需要灵活调整策略，以适应新的市场环境和客户需求。

通过客户生命周期分析方法，企业可以更全面地了解客户，精确把握客户需求和行为变化，从而优化客户管理和营销策略，提升客户满意度和企业盈利能力。客户生命周期分析通常与细分共同发挥作用。你可以想象，通过 iTunes 获得的苹果用户会与通过企业 Mac 电脑获得的苹果用户具有不同的客户生命周期。

※ 思考

> 现在你已经对常用分析方法有了大致的了解，让我们用下面的例子来试试你掌握得如何。你会选择哪种或哪些方法来解决下列这些问题？
> （1）为什么一项产品发布以后，成交率却降低了？
> （2）确定在过去几周内，玩具及所有产品的收入增长是否放缓。如果是，原因是什么？
> （3）你能告诉我哪一种策略在上一次的市场营销活动中效果最好吗？
> （4）客户从初次听闻我们品牌，到其下载免费游戏，再到最终付款购买高级功能，这一整个过程所经历的时间周期具体是怎样的？
> （5）在我们的 100 万个客户里，我们应该给其中哪些客户发放代金券以获得最佳的营销回报？
> （6）客户使用我们的打印机产品有哪些不同的用途？这对我们来说意味着什么？

10.2 和统计成为最好的朋友

10.2.1 统计学的重要性

在当今数字化时代，数据分析在商业决策中扮演着至关重要的角色。而统计学方法作为数据分析的重要组成部分，在商业数据分析中展现出独特的优势和价值。统计学方法在商业数据分析中有什么重要性和优势呢，以及为什么商业数据分析需要建立在扎实的统计基础之上呢？

首先，统计学方法具有可解释性强的特点。通过统计分析，我们可以清晰地了解数据背后的规律和趋势，从而帮助我们解释数据变化的原因和结果。相比其他数据分析方法，统计学方法能够提供更深入的理解和解释，为商业决策提供更有力的支持。

其次，统计学方法具有优秀的推断性能力。通过统计分析，我们可以对样本数据进行推断，并据此进行预测和决策。统计学方法能够有效地探究数据之间的关系，并基于样本数据得出对整体数据的推断结果，从而为商业决策提供更准确的指导。

最后，统计学方法具有统计学意义，能够从数据中发现并测量关键变量之间的关系。通过统计分析，我们可以确定数据之间的相关性和影响程度，从而帮助企业更好地理解商业环境和市场趋势，有效进行市场定位和产品推广。

在商业数据分析中，统计学方法具有核心地位。商业决策需要建立在深入分析和准确预测的基础上，而统计学方法能够为商业数据分析提供有力的支持。统计分析不仅能够帮助企业识别市场机会和挑战，还可以为企业提供定制化的解决方案和决策建议，从而提升企业在竞争激烈的市场中的竞争力。

综上所述，统计学方法在商业数据分析中具有不可替代的重要性和独特价值。商业数据分析需要建立在扎实的统计基础之上，以确保准确的分析和预测结果，为企业的发展和决策提供可靠的支持。因此，我们应该充分重视统计学方法在商业数据分析中的应用，不断提升自身的统计学知识和技能，以更好地应对日益激烈的商业竞争环境。

10.2.2 实用统计方法与技巧

在商业研究领域，统计方法和技巧起着至关重要的作用，可以帮助企业分析市场、了解消费者行为、评估产品性能等。

第一，描述统计是商业研究中的基础技巧之一。通过描述统计方法，企业可以对收集到的数据进行整理、概括和分析，以便更好地了解数据的特征和趋势。在商业研究中，描述统计方法常用于制作数据可视化图表，计算平均值、中位数、标准差等统计指标，可以帮助企业快速了解市场情况、产品表现等关键信息。

第二，推断统计在商业研究中也有着重要的应用价值。通过推断统计方法，企业可以利用样本数据对总体数据进行估计和预测，从而做出决策和开展市场活动。例如，在市场调研中，企业可以通过样本调查数据，推断总体受众的行为和需求，从而确定产品定位、广告策略等方面的决策。

第三，回归分析是商业研究中用于研究变量之间关系的重要统计技巧。回归分析可以帮助企业建立变量之间的数学模型，揭示变量之间的因果关系，预测未来趋势。在商业研究中，回归分析常用于销售预测、市场份额分析、广告效果评估等领域，帮助企业优化决策和战略规划。

第四，方差分析也是商业研究中常用的统计方法之一。方差分析可以帮助企业比较不同组之间的平均差异，发现影响业绩和市场表现的因素。在市场营销领域，企业可以利用方差分析方法比较不同促销活动、产品特征等对销售业绩的影响，找出最有效的营销策略。

第五，时间序列分析在商业研究中也有着重要的应用。通过时间序列分析，企业可以研究数据在时间上的变化模式、趋势和季节性，为未来销售预测、库存规划等提供参考。在零售业、金融业等领域，时间序列分析被广泛用于预测市场需求、管理风险、制订业务计划等方面。

总的来说，实用统计方法和技巧在商业研究中扮演着不可或缺的角色。通过运用这些统计方法和技巧，企业可以更好地了解市场情况、评估产品表现、预测未来趋势，为决策提供科学依据，提升市场竞争力。因此，掌握并灵活应用这些实用统计方法和技巧对于企业在商业研究中取得成功至关重要。

10.2.3 统计学在商业分析中的应用

统计学在商业分析中的应用一直是商业决策中不可或缺的一环。统计学作为一门研究数据收集、分析、解释和展示的学科，在商业领域的数据分析中发挥着重要作用。统计学与商业数据分析的结合，不仅可以帮助企业更好地了解市场、消费者和产品，还能为企业提供科学依据和预测，从而优化商业运营和制定更有效的战略。

第一，统计学与商业数据分析之间存在着紧密的联系。统计学所具备的数据处理和分析技能，能够在商业领域处理大量的数据并发现数据背后的规律和趋势。通过统计学方法，商业数据可以得到更深入和准确的分析，帮助企业更好地了解市场需求、消费者行为和竞争对手，从而做出更明智的战略决策。因此，将统计学的方法和思维方式应用于商业数据分析中，对于企业获取关键信息、预测业务发展趋势至关重要。

第二，统计学在商业数据分析中的应用有着丰富的案例。例如，通过分析销售数据，企业可以发现哪些产品或服务受到消费者青睐，进而调整产品定位和市场推广策略。又如，通过统计分析市场趋势和竞争对手的数据，企业可以更好地把握市场动态，灵活应对市场变化。另外，统计学方法还可以帮助企业优化生产运营和供应链管理，提高效率和降低成本。总之，统计学方法在解决商业问题和优化商业流程中具有不可或缺的作用，有助于企业抢占市场先机。

第三，统计学与商业智能技术的结合也在商业领域起着越来越重要的作用。商业智能技术通过数据的收集、整理、分析和展示，帮助企业快速获得商业决策所需的信息和见解。而统计学作为商业智能技术的重要组成部分，可以进一步深入分析数据，挖掘隐藏在数据背后的规律和洞见。通过将统计学与商业智能技术相结合，企业可以实现对大规模商业数据的全面分析和洞察，为企业管理提供更加精准和及时的信息支持，帮助企业做出更具竞争力的决策。

以上仅仅展示了统计学在商业数据分析中的应用和作用。随着商业数据规模和复杂度的增加，统计学在商业分析中的重要性将愈发凸显。因此，企业需要认真对待统计学方法的应用，不断提升数据分析能力和技术水平，以应对激烈的市场竞争和不断变化的商业环境。通过有效地利用统计学方法和商业数据分析技巧，企业将能够更好地把握商业机遇，实现持续发展和成功。

10.3 专题六：商务智能大数据分析

10.3.1 基于机器学习和集成算法的商业预测

在这个信息爆炸的时代，如何高效处理数据并利用数据推动决策显得尤为重要，这便是人们通常所说的"大数据分析"。与大数据分析相伴而生的机器学习则是让计算机模拟人类的学习行为，不停地分析海量数据，发现数据背后的规律，从而在已有条件下做出最为理性的决断（王宁韬和钱妍竹，2020）。

1. 机器学习模型

机器学习是强有力的大数据分析工具。机器学习主要分为监督式学习与非监督式学习两大类，两者的区别在于训练数据中是否有目标变量（又称为预测变量）。监督式学习的训练数据中包含目标变量，即可以通过特征变量预测目标变量。而非监督式学习则主要根据数据特征判别其属于哪一个分类。

机器学习的通用步骤如下。①选择数据：将你的数据分成三组——训练数据、验证数据和测试数据（分别对应训练效果、验证效果、泛化效果）。②数据建模：使用训练数据来构建使用相关特征的模型（其具有对分类或者回归结果有影响的数据属性，如表的字段）。③训练模型：将你的特征数据接入你的算法模型，来确定算法模型的类型、参数等。④测试模型：使用你的测试数据检查被训练并验证的模型的表现（模型的评价标准包括准确率、精确率、召回率等）。⑤使用模型：使用完全训练好的模型在新数据上做预测。⑥调优模型：使用更多数据、不同的特征或调整过的参数来提升算法的性能表现。

机器学习在商业中有很大的应用空间。目前，机器学习方法已经被广泛应用于商业领域，具体案例如表 10.8 所示。

表 10.8 机器学习在商业领域的应用案例

应用领域	细分板块	具体案例
金融	大数据风控	金融反欺诈
		信用卡评分
		客户违约预测
	客户营销与维护	客户价值预测
		客户精准营销
		客户流失预警
产品销售	商品推荐	商品智能推荐
	产品销售	产品定价
		销量预测
	客户分群与分析	客户分群
		客户精准营销与流失预警
		产品评论情感分析

其中应用较为广泛的机器学习算法包括逻辑回归模型、决策树、K 近邻算法和支持向量机等。

(1) 逻辑回归模型。

逻辑回归模型虽然名字中有"回归"二字,但其在本质上却是分类模型。最常见的二分类模型可以预测一个人是否会违约、客户是否会流失等。

逻辑回归模型本质就是将线性回归模型通过 Sigmoid 函数进行了非线性转换,得到一个介于 0 到 1 之间的概率值,对于二分类问题(分类 0 和 1)而言,其预测分类为 1(或者说二分类中数值较大的分类)的概率可以用 Sigmoid 函数的公式计算。简单来说就是,预测属于各个分类的概率,有了概率之后,就可以进行分类了。对于二分类问题来说,比如在预测客户是否会违约的模型中,如果预测违约的概率 P 为 70%,则不违约的概率为 30%,违约概率大于不违约概率,此时就可以认为该客户会违约。对于多分类问题来说,逻辑回归模型会预测属于各个分类的概率(各个概率之和为 1),然后根据哪个概率最大,来判定属于哪个分类。

(2) 决策树。

决策树模型是机器学习的各种算法模型中比较好理解的一种模型,它的基本原理是通过对一系列问题进行 if/else 的推导,最终实现相关决策。

图 10.7 展示一个典型的决策树模型——员工离职预测模型的简单演示。该决策树首先判断员工满意度是否小于 5,若答案为"是",则认为该员工会离职,若答案为"否",则接着判断该员工收入是否小于 10 000 元,若答案为"是",则认为该员工会离职,若答案为"否",则认为该员工不会离职。

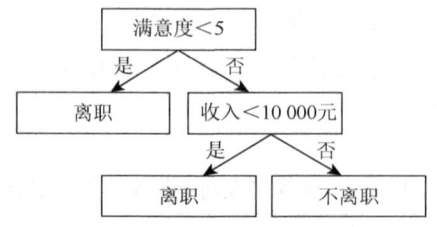

图 10.7　员工离职预测决策树

图 10.7 展示的就是决策树模型的核心原理。在实际应用中,企业会通过已有的数据来看离职员工符合何种特征,如查看他们的满意度、收入、工龄、月工时、项目数等,然后选择相应的特征进行节点分裂,便可以搭建出如图 10.7 所示的决策树模型,利用该决策树模型就可以预测员工离职情况。

(3) K 近邻算法。

K 近邻算法是非常经典的机器学习算法。K 近邻算法的原理非常简单:对于一个新的数据而言,K 近邻算法的目的就是在已有数据中寻找与它最相似的 K 个数据,或者说离它最近的 K 个数据,如果这 K 个点大多属于某一个类别,则该样本也属于这个类别。

举个简单的例子,我们可以使用 K 近邻算法对一个图形是三角形还是正方形进行分类。图 10.8 就是我们已有的数据集合,也就是训练样本集。这个数据集有两个特征,即三角形数和正方形数。除此之外,我们也知道每个形状的所属类型,即分类标签。我们常说,物以类聚,人以群分,判别一个人具有什么样的品质特征,常常可以从他身边的朋友入手,所谓观其友,而识其人。我们若要判别图 10.8 中的实心圆属于哪一类数据,则可以从它的"邻居"着手。但一次性看多少个"邻居"呢?

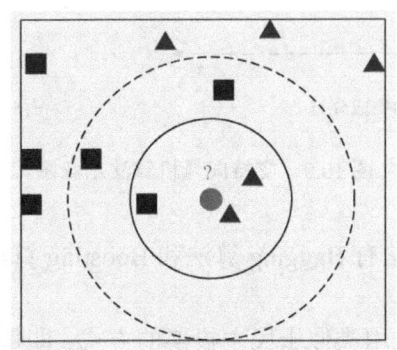

图 10.8 K 近邻算法分类示例

如果 K = 3,则离圆点最近的 3 个"邻居"是 2 个小三角形和 1 个小正方形,少数从属于多数,基于统计的方法,判定这个待分类点属于三角形一类。

如果 K = 5,则离圆点最近的 5 个"邻居"是 2 个三角形和 3 个正方形,还是少数从属于多数,基于统计的方法,判定这个待分类点属于正方形一类。

因此我们看到,当无法判定当前待分类点从属于已知分类中的哪一类时,我们可以依据统计学的理论看它所处的位置特征,衡量它周围"邻居"的权重,而把它归为或分配到权重更大的那一类。这就是 K 近邻算法的核心思想。

(4)支持向量机。

支持向量机是一种分类模型,其基本模型定义为特征空间上的间隔最大的线性分类器,其学习策略便是间隔最大化,最终可转化为一个凸二次规划问题的求解。

简单来说,该算法的核心思想是利用支持向量形成的一些超平面来划分不同类型的数据,并从众多超平面中找到一个最优超平面。在选择超平面结构时,需要使用客观距离算法计算所有样本点与超平面之间的距离。类似于图 10.9 中的 C 直平面和曲线平面恰好将两组数据分开。

2. 集成学习模型

集成学习模型是机器学习非常重要的一部分。正如我们所说的"团结就是力量",集成学习的思想就是将多个模型组合在一起,从而产生更强大的模型。该类模型使用一系列的弱学习器(或称之为基础模型)进行学习,并将各个弱学习器的结果进行整合从而获得比单个学习器更好的学习效果的一种机器学习方法。

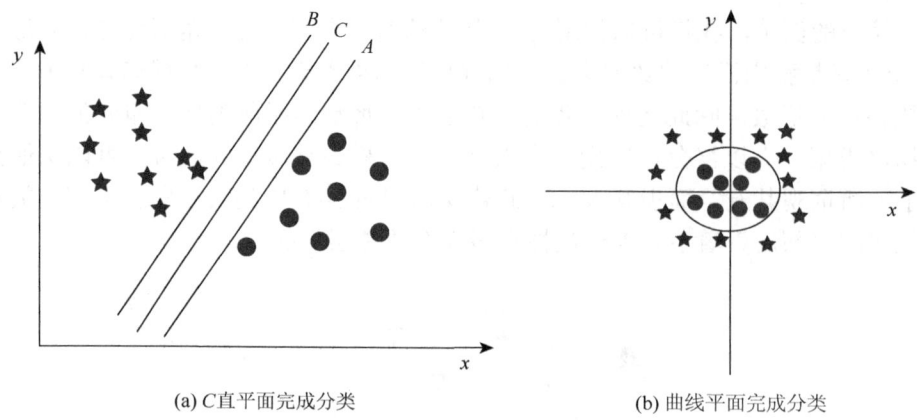

(a) C直平面完成分类   (b) 曲线平面完成分类

图 10.9　支持向量机算法示意图

集成学习模型的常见算法有 Bagging 算法和 Boosting 算法两种。

1）Bagging 算法

Bagging 算法的思想是采用类似于民主投票的方式，即每一个基础模型都有一票，最终结果通过所有基础模型投票，采用少数服从多数的原则产生预测结果。

Bagging 的原理可以这样理解：我们现在需要从原始训练数据中（假设共有 10 000 条数据）随机有放回地抽取 10 000 次数据构成一个新的数据集（因为是随机有放回抽样，所以可能出现某一条数据多次被抽中，也有可能某一条数据一次也没有被抽中的情况），每次使用一个训练样本训练一个基础模型。这样进行有放回的随机抽取 n 次后，训练结束时我们就能获得 n 个由不同的数据集训练的基础模型，也称之为 n 个弱学习器，根据这 n 个弱学习器的结果，我们可以获得一个更加准确、合理的结果。原理如图 10.10 所示。

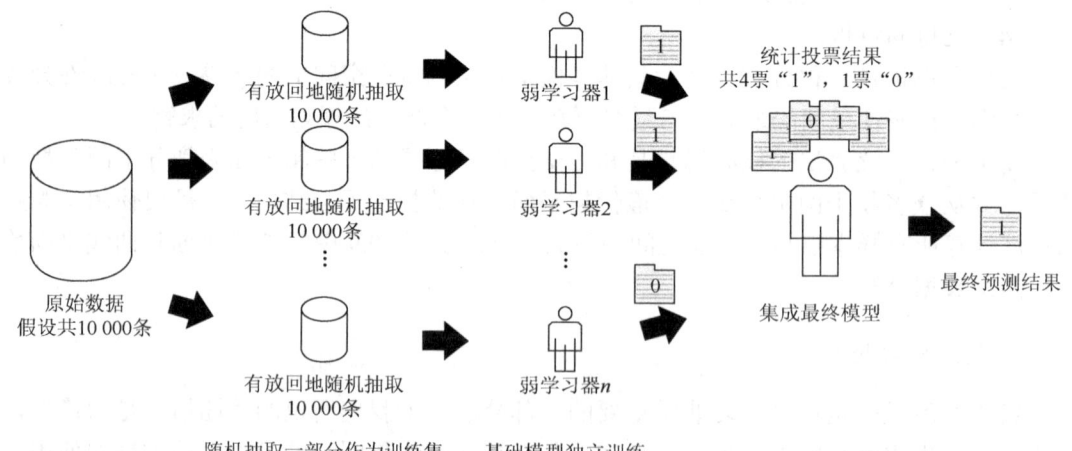

图 10.10　Bagging 算法原理

2）Boosting 算法

Boosting 算法的本质是将弱学习器提升为强学习器，它和 Bagging 算法的区别在于，Bagging 算法对待所有的基础模型一视同仁。而 Boosting 算法则做到了对于基础模型的区别对待，通俗来讲，Boosting 算法注重"培养精英"和"重视错误"。"培养精英"，即每一轮对于预测结果较为准确的基础模型，都会被给予一个较大的权重，表现不好的基础模型则会降低它的权重。这样在最终预测时，"优秀模型"的权重是大的，相当于它可以投出多票，而"一般模型"只能在投票时投出一票或不能投票。"重视错误"，即在每一轮训练后改变训练数据的权值或概率分布，通过提高那些在前一轮被弱学习器预测错误样例的权值，降低前一轮预测正确样例的权值，来使得分类器对误分的数据有较高的重视程度，从而提升模型的整体效果。原理如图 10.11 所示。

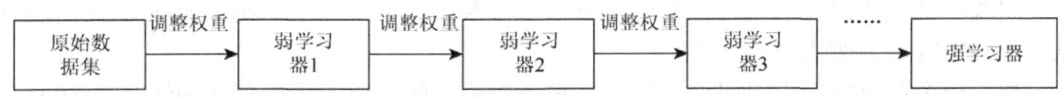

图 10.11　Boosting 算法原理

3. 典型集成算法

Bagging 算法的典型机器学习模型为随机森林模型，而 Boosting 算法的典型机器学习模型则为 AdaBoost、GBDT、XGBoost 和 LightGBM 模型。

1）随机森林

随机森林模型是一种经典的 Bagging 模型，其弱学习器为决策树模型。随机森林模型会在原始数据集中随机抽样，构成 n 个不同的样本数据集，然后根据这些数据集搭建 n 个不同的决策树模型，最后根据这些决策树模型的平均值（针对回归模型）或者投票（针对分类模型）情况来获取最终结果。

2）AdaBoost 算法

AdaBoost（adaptive boosting，自适应提升）算法是一种有效而实用的 Boosting 算法，它以一种高度自适应的方法顺序地训练弱学习器。AdaBoost 根据前一次的分类效果调整数据的权重，上一个弱学习器中错误分类样本的权重会在下一个弱学习器中增加，正确分类样本的权重会相应减少，并且在每一轮迭代时会向模型加入一个新的弱学习器。不断重复调整权重和训练弱学习器的过程，直到误分类数低于预设值或迭代次数达到指定最大迭代次数时，我们会得到一个强分类器。简单来说，AdaBoost 的核心思想就是调整错误样本的权重，从而迭代升级。

用图 10.12 来解释调整权重的概念，在步骤一中先切一刀对数进行划分，此时将小三角形错误地划分到了圆形类别中，在步骤二便调整这一分类错误的小三角形的权重，使它变成一个大三角形，这样它和三角形类型的数据就更加接近了，因此重新分类时，它便能准确地分类到三角形类别。

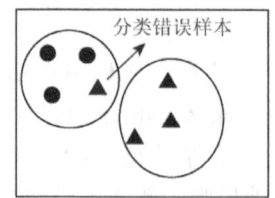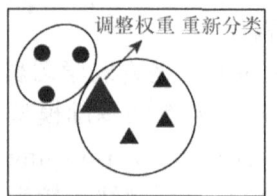

步骤一：最初各点权重相等，切一刀划分类别，使得误差率最低　　步骤二：有样本分类错误，提高分类错误的样本权重，重新分类

图 10.12　调整权重的概念示意图

3）GBDT 算法

GBDT（gradient boosting decision tree，梯度提升决策树）算法也是一种非常实用的 Boosting 算法，它与 AdaBoost 算法的区别在于：AdaBoost 算法根据分类效果调权重并不断迭代，最终生成强学习器；GBDT 算法则将损失函数的负梯度作为残差的近似值，不断使用残差迭代和拟合回归树，最终生成强学习器。简单来说，AdaBoost 算法是调整权重，而 GBDT 算法则是拟合残差。

通过一个简单案例来阐明这一核心思想：以简单的信用卡额度预测为例，表 10.9 有 4 个客户样本，特征变量 X 是年龄和月收入，目标变量 y 是信用卡额度。

表 10.9　客户样本数据

客户	X_1：年龄/岁	X_2：月收入/元	Y：实际信用卡额度/元
A	24	10 000	8 000
B	28	20 000	30 000
C	32	15 000	25 000
D	30	25 000	40 000

假设我们建立的第一棵决策树是图 10.13 中最左侧的决策树。下面的步骤就是 GBDT 算法的核心思想体现：我们将构造一棵新的决策树来拟合第一棵决策树产生的残差，注意这里我们拟合的是残差。因此，最终的模型就是如图 10.13 所示多个模型集成在一起的内容，这也充分体现了集成算法的集成思想。

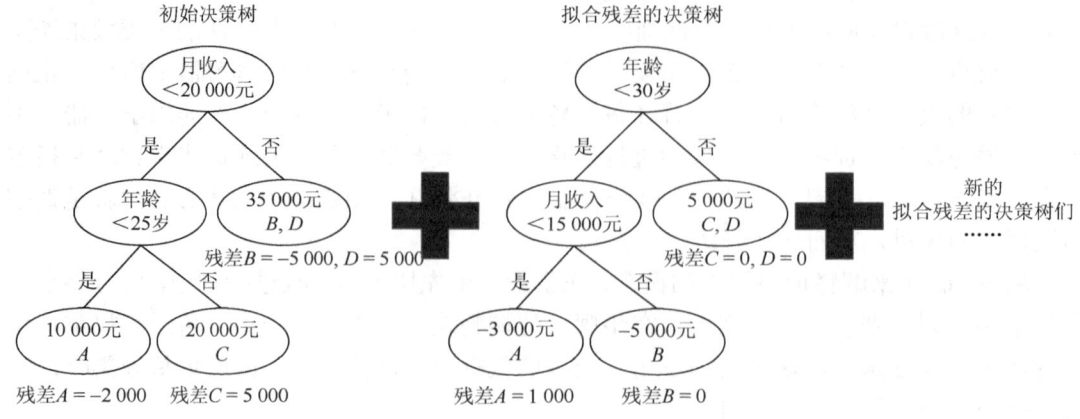

图 10.13　GBDT 算法示例

4）XGBoost

XGBoost（extreme gradient boosting，极限梯度提升）算法可以说是集成学习方法中的王牌算法。在著名的数据挖掘比赛平台 Kaggle 上，众多获胜者都使用了 XGBoost 算法，它在绝大多数回归问题和分类问题上的表现都十分优异。

XGBoost 算法在某种程度上可以说是 GBDT 算法的改良版，两者在本质上都是利用了 Boosting 算法中拟合残差的思想。结合讲解 GBDT 算法时提到的信用卡额度预测模型，其中初始决策树的预测结果不完全准确，会产生一些残差，因此会用新的决策树来拟合该残差，新的决策树又会产生新的残差，这时再构造新的决策树来拟合新的残差，如此迭代下去，直至符合预先设定的条件为止。

作为 GBDT 算法的高效实现，XGBoost 算法在如下两个方面做了优化。一是算法本身的优化。XGBoost 算法的损失函数，除了本身的损失，还加上了正则化部分，可以防止过拟合，泛化能力更强。XGBoost 算法的损失函数是对误差部分采用二阶泰勒展开，相较于 GBDT 算法的损失函数只对误差部分做负梯度（一阶泰勒）展开，更加准确。二是算法运行效率的优化。对每个弱学习器，如决策树建立的过程做并行选择，找到合适的子树节点分裂特征和特征值，从而提升运行效率。

5）LightGBM

LightGBM 算法是 Boosting 集合模型中的新进成员，它和 XGBoost 算法一样是对 GBDT 的高效实现，原理上它和 GBDT 及 XGBoost 类似，都采用损失函数的负梯度作为当前决策树的残差近似值，去拟合新的决策树。其核心原理包括基于 leaf-wise 的决策树生长策略，直方图算法，并行学习，GOSS（gradient-based one-side sampling，单边梯度采样）算法和 EFB（exclusive feature bundling，互斥特征绑定）算法等。

与传统的机器学习算法相比，LightGBM 具有训练效率更高，低内存使用，准确率更高，支持并行化学习，可以处理大规模数据等优势。

◎ 案例：信用卡用户违约预测

1. 背景描述

信用卡逾期还款是一种当今常见的行为。虽然信用卡最大的特点就是有透支功能，但事实上构成了客户与银行之间的借贷关系，到期不还款，不但可能造成法律纠纷，还会承担高额罚息，最重要的是会形成信用不良记录，给今后的工作和生活带来不利影响。本案例对某银行在某年 4 月到 9 月的信用卡违约数据进行分析，建立分类模型对客户下个月是否会违约做出预测。

2. 数据来源

某银行在某年 4 月到 9 月的账单等[①]信息如表 10.10 所示。

---

① Default of Credit Card Clients, http://archive.ics.uci.edu/dataset/350/default+of+credit+card+clients[2024-10-25]。

表 10.10　数据格式

X1	X2	...	X6	...	X11	X12	...	X17	X18	...	X23	Y
LIMIT_BAL	SEX	...	PAY_1	...	PAY_6	BILL_AMT1	...	BILL_AMT6	PAY_AMT1	...	PAY_AMT6	是否违约（0 未违约，1 违约）
20 000	2	...	2	...	−2	3 913	...	0	0	...	0	1
120 000	2	...	−1	...	2	2 682	...	3 261	0	...	2 000	1
90 000	2	...	0	...	0	29 239	...	15 549	1 518	...	5 000	0
50 000	2	...	0	...	0	46 990	...	29 547	2 000	...	1 000	0
50 000	1	...	0	...	−1	8 617	...	19 131	2 000	...	679	0

注：X1：LIMIT_BAL 为可透支金额。X2~X5：客户基本信息（性别、受教育状况、婚姻状况、年龄）。X6~X11：4月到9月（这里是从4月到9月——对应）客户还款状态。X12~X17：这6个月客户每月的账单金额。X18~X23：这6个月客户每月还款额。Y：代表是否违约

3. 抽样和训练方法选取

数据集中有 29 600 个客户数据，其中下月违约客户数为 6605 位，有 22 995 位客户未违约。两个类别客户数量有较大差异，在训练样本选取时，采用分层抽样，减少不必要的误差。为了达到更稳定的预测结果，由于样本量等原因，我们使用 k 折交叉验证。先将数据集划分成 k 个大小相似的不交叉的子集。每个子集都尽量按一定的比例抽取，数据的分布较为一致，不存在太多分布上的差别，最好是分层抽样。然后，每次训练的时候用 $k-1$ 个子集，测试集使用剩下的那个子集，从而就会得到 k 组训练集和测试集，通过这种方法进行测试，最终返回的是这 k 个测试结果的均值。这里选取 $k=4$ 进行训练。

4. 性能度量

对于二分类任务，我们一般采用精度、查准率、查全率、F 值进行评估。分类结果混淆矩阵如表 10.11 所示。

表 10.11　分类结果混淆矩阵

真实情况	预测结果	
	正例	反例
正例	真正类（TP）	假负类（FN）
反例	假正类（FP）	真负类（TN）

其中，精度 $=(TP+TN)/(TP+TN+FP+FN)=1-$错误率，查准率 $P=TP/(TP+FP)$，查全率 $R=TP/(TP+FN)$，$F=2PR/(P+R)$（基于查准率与查全率的调和平均）。

在4折交叉验证中，最后结果的查准率等都是通过直接平均得到的。

5. 模型建立及分析

分别使用 K 近邻算法、支持向量机、决策树、Bagging、AdaBoost 进行分类预测。比较各种方法结果，甄选出最适宜于分析信用卡数据的分类模型。从表 10.12 可以得知，总体而言，Bagging 具有更好的预测结果。

表 10.12 不同模型分类预测准确性

数据	指标	K 近邻算法	支持向量机	决策树	Bagging	AdaBoost
训练集	查准率	66.65%	69.04%	70.05%	81.88%	81.74%
	查全率	30.14%	33.88%	32.85%	32.85%	35.40%
	F 值	43.94%	48%	47%	47%	49%
	错误率	18.96%	18.15%	18.12%	18.12%	18.26%
测试集	错误率	21.9%	17.48%	17.75%	17.45%	17.94%

10.3.2 深度学习和 AI 的商业应用

深度学习是机器学习的一个分支，和机器学习一样，深度学习也是为 AI 服务的，击败众多世界顶级围棋高手的 AlphaGo 背后的原理就是深度学习。在数据量较小时，深度学习算法的效果和传统 AI 算法的效果相差不大，但在面对庞大的数据时，深度学习算法的效果会优于传统 AI 算法的效果。因此，当数据量庞大时，深度学习能满足的场景更多，应用的范围更广。由于篇幅关系，本书不会深入介绍目前常用的 TensorFlow、PyTorch 等深度学习框架，而选择简单叙述深度学习的基础——神经网络模型（邱锡鹏，2020）。

1. 神经网络模型

深度学习的框架基础是神经网络模型，但其研究的不是简单的神经网络模型，而是多层隐藏层的深度神经网络。

神经网络模型其实是在模仿人类大脑思考的方式。神经元是神经系统最基本的结构和功能单位，分为突起和细胞体两部分。突起的作用是接收冲动并传递给细胞体，细胞体整合输入的信息并传出。人类的大脑在思考时，神经元会接收外部的刺激，当传入的冲动使神经元的电位超过阈值时，神经元就会从抑制转向兴奋，并将信号向下一个神经元传导。神经网络模型的思想是通过构造人造神经元的方式模拟这一过程。

一个生物神经细胞的功能比较简单，而人工神经元只是生物神经细胞的理想化和简单实现，功能更加简单。要想模拟人脑的能力，单一的神经元是远远不够的，需要通过很多神经元一起协作来完成复杂的功能。这样通过一定的连接方式或信息传递方式进行协作的神经元可以看作一个网络，就是神经网络。

2. 典型神经网络模型

1）人工神经网络

人工神经网络是指一系列受生物学和神经科学启发的数学模型。这些模型主要是通过对人脑的神经元网络进行抽象，构建人工神经元，并按照一定拓扑结构来建立人工神经元之间的联结，来模拟生物神经网络。在 AI 领域，人工神经网络也常常简称为神经网络或神经模型。

2）单层神经网络模型

如图 10.14 所示,在一个简单的神经网络模型中有两组神经元,一组接收信号,另一组输出信号。接收信号的一组神经元通过线性变换和非线性的激活函数转换来修改信号,并传递给下一组神经元。线性变换是指对输入信号进行加权平均,它接受输入并计算每个节点的加权。在神经网络模型中,常用 Sigmoid 函数、Tanh 函数和 ReLU（rectified linear unit,线性整流）函数作为非线性转换的激活函数。这种由两组神经元构成的简单神经网络模型也称为单层神经网络模型。

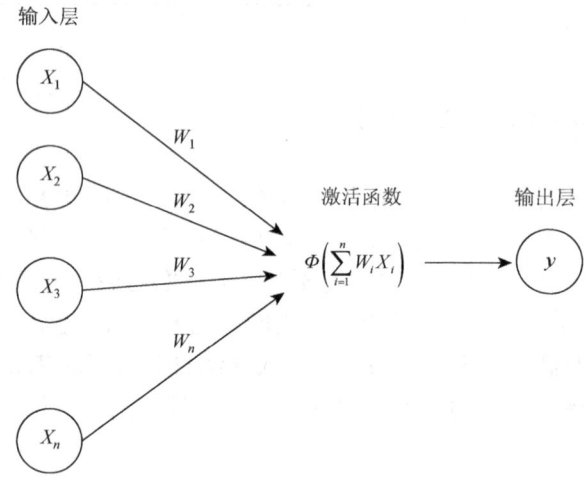

图 10.14　单层神经网络

在实际应用中,神经网络模型往往不都是单层的,而是使用如图 10.15 所示的多层神经网络。在多层神经网络模型中,输入层和输出层之间可以有多个隐藏层,层与层之间互相连接,信号不断地从上一层单向传递到下一层,每层的结果都通过线性变换和激活函数的非线性变换得到,最后由输出层输出。整个网络可用一个有向无环图表示。这些数量众

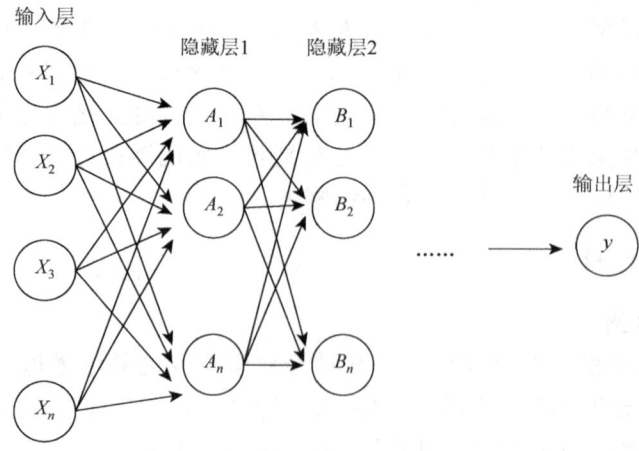

图 10.15　多层神经网络

多的隐藏层也是深度学习中"深度"两个字的由来。这种结构清晰、逻辑直接的架构也被称为前馈神经网络，是人工神经网络发展历程中最早被提出的经典模型。

3. 卷积神经网络

卷积神经网络是一种具有局部连接、权重共享等特性的深层前馈神经网络，如图10.16所示。卷积神经网络是受生物学上感受野机制的启发而提出的。感受野机制主要是指听觉、视觉等神经系统中一些神经元的特性，即神经元只接收其所支配的刺激区域内的信号。在视觉神经系统中，视觉皮层中的神经细胞的输出依赖于视网膜上的光感受器。视网膜上的光感受器受刺激兴奋时，将神经冲动信号传到视觉皮层，但不是所有视觉皮层中的神经元都会接收这些信号。一个神经元的感受野是指视网膜上的特定区域，只有这个区域内的刺激才能够激活该神经元。

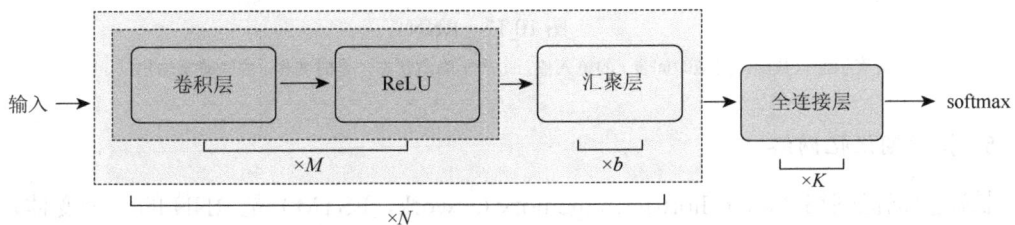

图 10.16 常用的卷积神经网络结构

ReLU 表示激活函数 ReLU，对卷积层的输出进行非线性变换；softmax 表示 softmax 函数，用于多分类问题的输出层，将输出转换为概率分布；M、b、K、N 分别表示卷积核数量、批量大小、类别数、特征图数量

目前的卷积神经网络一般是由卷积层、汇聚层和全连接层交叉堆叠而成的前馈神经网络。全连接层一般在卷积神经网络的最顶层。卷积神经网络有三个结构上的特性：局部连接、权重共享以及汇聚。这些特性使得卷积神经网络具有一定程度上的平移、缩放和旋转不变性。与前馈神经网络相比，卷积神经网络的参数更少。卷积神经网络主要在图像和视频分析的各种任务（比如图像分类、人脸识别、物体识别、图像分割等）上使用，其准确率一般远远超出了其他的神经网络模型。近年来卷积神经网络也广泛地应用到自然语言处理、推荐系统等领域。

4. 循环神经网络

在前馈神经网络中，信息的传递是单向的，这种限制虽然使得网络变得更容易学习，但在一定程度上也减弱了神经网络模型的能力。在生物神经网络中，神经元之间的连接关系要复杂得多。前馈神经网络可以看作一个复杂的函数，每次输入都是独立的，即网络的输出只依赖于当前的输入。但是在很多现实任务中，网络的输出不仅和当前时刻的输入相关，也和其过去一段时间的输出相关。此外，前馈神经网络难以处理时序数据，比如视频、语音、文本等。时序数据的长度一般是不固定的，而前馈神经网络要求输入和输出的维数都是固定的，不能任意改变。因此，当处理这一类和时序数据相关的问题时，就需要一种能力更强的模型。

循环神经网络（recurrent neural network，RNN）是一类具有短期记忆能力的神经网络，如图 10.17 所示。在 RNN 中，神经元不但可以接收其他神经元的信息，而且可以接收自身的信息，形成具有环路的网络结构。与前馈神经网络相比，RNN 更加符合生物神经网络的结构。RNN 通过使用带自反馈的神经元，能够处理任意长度的时序数据。目前，RNN 已经被广泛应用在语音识别、语言模型以及自然语言生成等任务上。

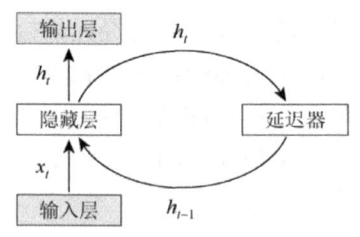

图 10.17 RNN

x_t 表示输入数据，对应时间步 t 的输入值；h_t 表示隐藏状态，是时间步 t 的隐藏层输出

5. 长短期记忆网络

长短期记忆网络（long short-term memory network，LSTM）是 RNN 的一个变体，可以有效地解决简单 RNN 的梯度爆炸或消失问题。LSTM 通过引入记忆单元和三类门控结构（输入门、遗忘门、输出门），实现了对序列数据中长期依赖关系的精准建模。RNN 中的隐状态存储了历史信息，可以看作一种记忆。在简单循环网络中，隐状态每个时刻都会被重写，因此可以看作一种短期记忆。在神经网络中，长期记忆可以看作网络参数，隐含了从训练数据中学到的经验，其更新周期要远远慢于短期记忆。而在 LSTM 中，记忆单元可以在某个时刻捕捉到某个关键信息，并有能力将此关键信息保存一定的时间间隔。记忆单元中保存信息的生命周期要长于短期记忆，但又远远短于长期记忆，因此称为长短期记忆。也就是说，长短期记忆是指长的短期记忆。

LSTM 是目前为止最成功的 RNN 模型，成功应用在很多领域，比如语音识别、机器翻译、语音模型以及文本生成。LSTM 通过引入线性连接来缓解长距离依赖问题。虽然 LSTM 取得了很大的成功，其结构的合理性一直受到广泛关注。人们不断尝试对其进行改进来寻找最优结构，如减少门的数量、提高并行能力等。

◎ 案例：基于 MLP 的信用卡欺诈检测

使用 Kaggle 上公开的信用卡欺诈相关数据集[①]构建 MLP（multilayer perceptron，多层感知器）神经网络来对信用卡欺诈进行预测分类。此数据集包含欧洲持卡人于 2013 年 9 月通过信用卡进行的交易，该数据集提供了两天内发生的交易。

该数据集有 31 个特征，包含交易金额和经过处理后的变量。数据可以分为四类："V1～V28" 是用主成分分析法获取的主成分特征，"Time" 为数据集中每个样本

---

① Credit Card Fraud Detection，https://www.kaggle.com/datasets/mlg-ulb/creditcardfraud[2024-10-25]。

与第一个样本发生时所经过的时间（秒），"Amount"为交易金额，"Class"为响应变量，用1和0表示，1代表发生了欺诈行为。

我们将数据集分为训练集和测试集，其中80%的数据用于训练，20%的数据用于模型评估。然后建立一个包含3层隐藏层的MLP。MLP是广泛用于分类和离群点检测的神经网络。

最后得出的检测结果如表10.13所示。从结果可以看出，MLP神经网络的检测率相对较高。

表10.13 检测结果

检测方法	检测率	误报率
逻辑回归	80.61%	0.02%
支持向量机	76.53%	0.01%
MLP	82.93%	0.10%

10.3.3 自然语言分析的商业用途

我们所处的信息时代以急速增长的数据信息收集、储存和转换成电子格式为特征。大量的商业数据以杂乱无章的文本形式储存。美林公司和高德纳公司联合进行的一项调查表明，85%的企业数据或多或少是以无序的方式收集并储存的。同时，调查声称这些杂乱无章的数据每18个月增长一倍。当今商界奉行"知识就是力量"，知识来源于数据和信息，若企业能够高效且有效地挖掘文本数据背后的资源，就能够做出更好的决策，从而在商业竞争中抢占有利地位，赢下竞争者（德伦，2016）。

1. 文本分析和文本挖掘

尽管文本分析和文本挖掘的首要任务都是通过自然语言处理和分析学将杂乱无章的文本数据转化为可执行的信息，但是两者的定义依然略有差别，尤其是在行业专家的眼中。多数人认为文本分析内涵广泛，包括信息检索（如针对给定关键词的检索和筛选）、信息提取、数据挖掘和网络挖掘。而文本挖掘主要关注从文本数据中发现新的有用信息。相对于文本挖掘来说，文本分析是一个新词汇。随着分析论受到越来越多的关注，一些相关的技术分析领域（如消费者分析、竞争分析、可视化分析、社会分析）纷纷搭上了分析论的"顺风车"。"文本分析"一词常用于商业，"文本挖掘"则多出现在学术研究圈。尽管这些词汇时不时地微调定义，但是文本分析和文本挖掘常常作为同义词出现。

在大量数据产生的领域，文本挖掘的益处尤为突出。其中，商业领域包括金融（如季度报告）和市场营销（如消费者评论）。举例来说，形式自由、以文本方式呈现的顾客互动，如投诉、赞扬或者保修索赔，可以客观地鉴别出未达完美的产品和服务特征，并且可被作为"输入"，通过一系列流程最终改善产品开发和服务分配。同理，这也适用于产生大量数据的市场延伸项目和焦点小组。对产品和服务的反馈格式不加限制，顾客就能够用自己的话表达他们的真实看法。

2. 自然语言处理及其应用

自然语言处理是文本挖掘的重要组成部分，同时也是 AI 和计算机语言学的分支。它主要研究如何理解人类的自然语言，企图将人类语言的描述（比如文本文件）转化为更加规范化的表现形式（如数字和符号），以方便计算机程序操作。自然语言处理的目标是超越句法驱动的文本操作（通常被称为"单词计数"），不仅需要考虑语法和语义限制，还需要考虑上下文，并达到对人类自然语言的真正理解和处理。

对"理解"一词意义和范围的界定一直是自然语言处理的一个主要讨论话题。考虑到人类语言的模糊性，要做到真正的"理解"需要了解大量话题以外的知识（单词、句子和段落之外的意思）。那么有朝一日电脑能否像人类一样正确、合理地理解自然语言呢？答案可能是否定的。从简单的单词计数到自然语言处理经历了很长的一段时间，而从自然语言处理到真正理解人类语言恐怕需要走更加漫长的一段路。下面列举一些自然语言处理执行过程中常见的挑战。

（1）词性标注。由于单词的词性不仅取决于定义，而且需要参考上下文，所以文本中的单词词性标注比较困难（如名词、动词、形容词或者副词）。

（2）文本划分。一些语言，比如汉语、日语和泰语是不分词连写的。在这些情况下，文本解析就需要确定词与词之间的边界，这对于机器来说无疑是比较困难的。在分析口语的时候，也会遭遇同样的挑战——声音代表了有顺序的一组字母，而单词以一种混合、交织的形式呈现其中。

（3）词汇歧义消解。有的单词可能不止一种意思，要选择其最合适的意思只能依靠分析单词所处的上下文。

（4）句法歧义。自然语言的语法是有歧义的，需要考虑多种可能的句子结构。选择最合适的句子结构需要融合语义和上下文信息。

（5）非理想输入/非规则输入。外国口音、地区方言和口吃等各种因素会影响口语的处理过程，印刷和语法错误则会影响文本的处理。

（6）言语行为。有的句子表达请求的意愿，但可能句子本身无法提供足够的信息确定请求的动作。比如，当问及"你能通过这门课吗"时，只需要回答"能/不能"；而问"你能把盐递给我吗"时，则需要实际行动。

AI 学者长久以来梦想开发一种能够自动从文本中读取和获得知识的算法。斯坦福大学自然语言处理实验室的研究人员将一种学习型算法应用于已经做过语法分析的文本，从而开发出能够自动识别文本中概念和概念间关系的技术。这种算法用一种特殊的程序处理大量的文本信息，并自动获取成千上万的知识条目，用这些条目将大大改善"词网"的资源库。词网是一个手动编写的英文词汇数据库，烦琐地记录了单词的定义、同义词以及同义词组间不同的语义关系。词网是自然语言处理应用的主要材料来源，不足的是它需要花费大量的人力、物力开发和维护。如果能够自动地将知识导入词网，词网将因此成为自然语言处理更加庞大、更加全面的资源库，而成本则仅为手动处理时代的一小部分。

在客户关系管理中，自然语言处理和词网的效用已经落到实处。大体上来说，客户关系管理的目标是通过更好地理解并有效地回应顾客的实际需要，以最大化消费者价值。客户关系管理的一个重要方面是情感分析，同时也是自然语言处理起重要作用的方面。情感分析利用大量文本数据资源（以网上讨论帖形式呈现的顾客反馈）检测顾客对具体产品和服务的看法。本章将会就情感分析进行详细分析。

文本挖掘的成功和流行度与自然语言处理的发展和对人类语言的理解密切相关。自然语言处理使得从非结构化的文本中提取特征成为可能，由此，大量数据挖掘技术可以发挥提取知识（新颖且有用的模式和关系）的作用。在此意义上，简单说来，文本挖掘就是结合自然语言处理和数据挖掘。

随着各种机构收集的非结构化数据不断增加，文本挖掘的价值定位和流行度也处于上升阶段。越来越多的机构意识到利用文本挖掘从它们的文本资源库中提取知识的重要性。在市场营销中，通过分析客服中心提供的非结构化数据，文本挖掘可以提高交叉销售和向上销售的业绩。由客服中心接线人员所做的记录整理而成的文本，以及转录的与顾客的对话可以被文本挖掘算法用来提取新颖、可操作的信息，旨在了解消费者对公司产品及服务的看法。此外，博客、产品评价以及网上讨论板块的帖子则是了解顾客情感的金矿。这些丰富的信息资源只要加以恰当的分析就能够被用于提高顾客满意度和顾客的整体忠诚度。

文本挖掘同时已经成为消费者关系管理不可或缺的工具。公司用文本挖掘分析丰富的非结构化数据，再联合企业数据库中相关的结构化数据，就可以预测消费者的观念以及后续的购买行为。举例来说，文本挖掘可以有效地提高数学模型的效用，以预测顾客流失率。这样，就能够对那些被列入最有可能流失的顾客及时使用"挽留技巧"来保留。

3. 情感分析及其应用

人是社会动物，我们每个人都是利用各种方式交换思想的专家。在做投资决策之前，我们会咨询金融论坛；在尝试一家新餐馆或者看新上映的电影前，我们会问问朋友的意见；而在购买大宗商品，比如房子、汽车、电器之前，我们会上网做功课，参考买家的评论和专家的意见。为了做出更好的决策，我们常常会询问别人的意见，尤其是在那些我们不擅长或者没什么经验的领域。互联网上的意见资源越来越丰富，获取也越来越便利，社交媒体（Twitter、Facebook）、在线评论网站和一些个人博客为我们提供了大量可参考的意见，找到其他人（成千上万的）的意见从来没有这么简单过。不论你想知道最新的电子产品信息还是政治公众人物的动态，你都可以在网络上找到答案。即使不是每个人都选择在网络上表达自己的意见，依靠社交渠道的迅猛增加和发展，数字也是呈现出指数增长的。

"情感"是一个难以精确界定的词汇。它经常和其他词汇相联系或者相混淆，如信念、观点、意见等。"情感"是一种反映个人感受的微妙意见。"情感"有一些将自身与其他概念区别开来的特殊属性，在文本中我们需要依此鉴别它。我们常用的办法是按话题将文本分类，这需要整个主题分类学的参与。而情感分类通常只有两种（正或负），加上这两极间的度量（如电影的星级评定），或者意见度量。这些类别横跨多种主题、用户和文档。看上去情感分类只需要分出几个类别，与标准文本分析相比简单得多，但实际上却恰恰相反。

情感分析作为一项研究领域，与计算机语言学、自然语言处理和文本挖掘息息相关。它还有各种各样的名字，我们在讨论"意见挖掘"、"主观性分析"和"评价性提取"时，就是在说"情感分析""情感计算"（用计算机识别、表达情感）。情感分析是对文本中的意见、感受和主观性的自动提取，它的突然流行给个人和公司带来了机遇和威胁，接受并学会利用它的主体将会从中大大获益。放到网上的任何意见信息，不管是来自个人还是公司，都会最终被挖出源头（好的或者坏的），被其他人检索、挖掘（一般是由电脑程序自动完成）。

情感分析致力于解答"大众针对特定议题所持感受究竟如何"这一核心问题，为此，它借助一系列自动化工具，深入挖掘海量的意见数据宝库。这一领域汇聚了来自商界、计算机科学、计算语言学、数据挖掘、文本挖掘、心理学乃至社会学的众多研究者与实践者，他们携手共进，旨在将传统上以事实为依据的文本分析范畴，拓展至更为广阔的领域，构建起一套以意见为导向的信息处理体系。在商业实践的广阔舞台上，特别是在市场营销策略制定与消费者关系维护的关键环节中，情感分析发挥着举足轻重的作用，它通过剖析海量的文本数据资源（诸如网站留言区中的消费者反馈、社交媒体平台如 Twitter 上的用户评论以及各类博客文章等），精准捕捉公众对于特定产品或服务的态度倾向，无论是赞誉之声还是批评之词，皆能一一洞察。文本中的情感有两种形式：显性情感和隐性情感。显性情感指的是文本直接表达某种意见（如"真是美好的一天！"）；隐性情感不明说，而是间接地表达（如"新水壶才用两天就坏了"）。情感分析的早期工作重点在显性情感上，因为它相对来说比较容易分析。当前的趋势是分析显性、隐性两种情感。情感极性作为情感分析的基本关注点，是一种文本的特殊特征，它通常被二分为正、负两种极性，但是极性有时也可能代表了一个范围。带有多种意见的陈述文本整体上体现出混合极性，而不是没有极性。

传统情感分析方法往往依托于调查手段，且较为侧重焦点小组讨论这一形式，其各项成本支出均相对高昂，正因如此，所能覆盖的样本范围极为有限。相比之下，基于文本的情感分析打破了这种限制。自然语言处理和数据挖掘科技可以处理客观信息和主观信息，在这两种方法的协助下，当前解决方案能够实现大型的数据收集、过滤、分类和聚合自动化。情感分析也许是文本分析最受欢迎的应用，由此人们可以打入各种数据源的内部，如 Twitter、Facebook、在线社区、论坛、博客、产品评论、客服中心日志和语音记录、产品评分网站、聊天室、比价终端、搜索引擎日志和新闻组。

下文我们将讨论情感分析的应用，来展示这种技术的强大功能和广泛影响。

1）顾客之声

顾客之声是分析型客户关系管理和顾客体验管理系统的有机组成部分。情感分析是顾客之声的驱动力，在获取（持续获取或者周期性获取）公司产品和服务反馈后，它可以更好地理解和管理顾客投诉或者感谢。例如，一家电影广告商（或者市场营销公司）也许会在新电影上映之前调研观众对预告片的消极情感，然后迅速地调整预告片和推广战略（在所有的媒体上）以减轻可能出现的消极影响。同样地，软件公司可以通过情感分析发现新产品的漏洞信息，尽早提供相应的补丁以进行弥补，避免造成更大的负面影响。

顾客之声的关注点一般是个体顾客及其有关服务和其他产品支持的需要、需求等事宜。顾客之声从所有的顾客接触点中收集数据，这些数据点包括邮件、问卷调查、客服中心记录和录音以及社交媒体帖子，接着顾客之声将顾客的语音与脚本（如问询记录、购买记录、退货记录）、企业运营系统中的顾客资料进行匹配。顾客之声主要依靠情感分析发挥作用，是顾客体验管理的核心要素，而顾客体验管理最终是为了建立与顾客长久而紧密的联系。

2）市场之声

市场之声用来分析总体意见和趋势，了解利益相关者——顾客、潜在顾客、影响者等——如何讨论你的产品及服务，以及你的对手的产品与服务。做得好的市场之声分析能够提高公司的竞争力，改善产品开发和定位。

3）员工之声

传统的员工之声仅限于员工满意度调查。普遍使用文本分析，有针对地使用情感分析是评估员工之声的巨大推动力。从大量意见鲜明的文本数据中，我们可以有效、快速地知道员工有什么想法。众所周知，积极、快乐的员工能够感染顾客，从而提高顾客满意度。

4）品牌管理

品牌管理关注和聆听社交媒体的声音，通过社交媒体，每个人（如曾经的/现在的/潜在的顾客、行业专家和其他权威人士）都可以发表自己的看法，企业可能因此声名鹊起或者名誉扫地。一些相对来说比较新兴的公司都提供基于分析的品牌管理服务。品牌管理的重点是产品和公司而不是顾客，运用情感分析技术的初衷，在于尝试引导并塑造顾客对品牌的认知与理解，而非深度介入或管理顾客的实际体验过程。

5）金融市场

预测单只股票（或者一组股票）的未来走势一直是吸引人却看似不可解决的问题。推动股票上升、下降的动力多种多样，但绝不是科学。很多人说股票市场是最感性的，从来不是理性的（尤其是短期的股票浮动）。所以，情感分析成为金融市场的新宠。从新闻、博客和讨论组中自动分析市场情感看起来是预测市场波动的正确途径。如果操作正确，情感分析可能会鉴别基于市场传闻的短期股票走向，潜移默化地影响资产流动性和交易。

第 11 章 可 视 化

麦肯锡公司曾经得到过一次沉痛的教训。该公司曾经为一家重要的大客户做咨询。咨询结束的时候，麦肯锡的项目负责人在电梯间里遇见了对方的董事长，该董事长问麦肯锡的项目负责人："你能不能说一下现在的结果呢？"由于该项目负责人没有准备，而且即使有准备，也无法在电梯从 30 层到 1 层的 30 秒钟内把结果说清楚。最终，麦肯锡公司失去了这一重要客户。

从此，麦肯锡公司要求员工凡事要在最短的时间内把结果表达清楚，凡事要直奔主题、直奔结果。麦肯锡公司认为，一般情况下人们最多记得住第一、二、三条内容，记不住第四、五、六条内容，所以凡事要归纳在 3 条以内。这就是如今在商界流传甚广的"30 秒钟电梯理论"或称"电梯演讲"。

11.1 为数据量体裁衣

数据可视化是一种科学技术研究，旨在通过图形、图像处理、计算机视觉以及用户界面等技术手段，将数据的各种属性和变量以视觉形式呈现出来，从而清晰、有效地传达与沟通信息。它起源于 20 世纪 60 年代的计算机图形学，随着计算机硬件和软件技术的发展，数据可视化已经扩展到包括科学计算可视化、信息可视化等多个领域。数据可视化是实现简单、明了地表达有效信息的强有力工具。具体来说，数据可视化具有以下功能。①简化复杂数据：数据可视化能将复杂的数据集转化为更易于理解的可视化格式，如图表、图形等，使得受众更容易理解数据，揭示数据中隐藏的模式和趋势。②有效传播信息：通过创造出更为生动、多彩、交互式的数据呈现方式，数据可视化可以让数据更具有吸引力，从而更容易被受众理解和接受。③提高记忆能力：数据可视化能将数据转化为图表和图形，更直观地展示数据的关系和趋势，从而更容易记住这些信息。④辅助理解数据：数据可视化有助于普通用户更快、更准确地理解数据背后的定义和含义。⑤增强数据吸引力：通过将枯燥的数据转化为具有视觉冲击力的图像，数据可视化可以大大增强读者的阅读兴趣。⑥探索数据洞见：数据可视化能清晰地展示数据的关系和趋势，帮助用户发现数据集中的隐藏洞见，为决策提供有力支持。

当然，充分发挥数据可视化的作用，需要方法和技巧。最基本的就是根据要表达的数据和信息，选择恰当的图形，如表 11.1 所示。

表 11.1 不同数据的可视化

要表达的数据和信息	图形					
	饼图	柱形图	条形图	折线图	气泡图	其他
成分整体的一部分	●					瀑布图
排序数据间比较						主次因素排列图
时间走势、趋势						
频率数据频次						漏斗图
相关性数据间相关						散点图
多重数据比较						蛛网图

下面介绍几种最常用的数据可视化图形。

1）饼图

饼图是是用圆形及圆内扇形的角度来表示数值大小的图形，它主要用于表示一个样本（或总体）中各组成部分的数据占全部数据的比例。饼图最显著的功能在于表现"占比"。由于人眼对面积的大小不敏感，当各部分的比例差距较小时，不宜采用饼图的形式。图 11.1 展示了某企业 4 种产品销售额占比情况。

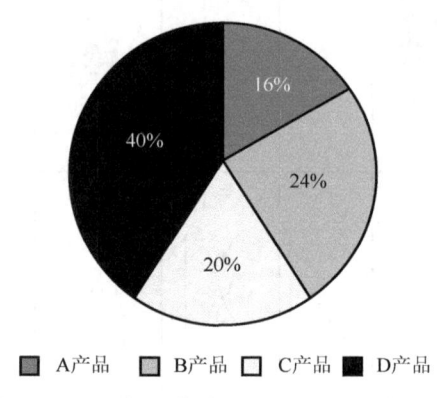

图 11.1　某企业 4 种产品销售额占比情况

2）柱形图

柱形图是以高度或长度的差异来显示统计指标数值的一种图形，简明、醒目。一般用于显示一段时间内的数据变化或显示各项之间的比较情况。图 11.2 展示了某企业 2023 年各季度 2 种产品销售量分布。

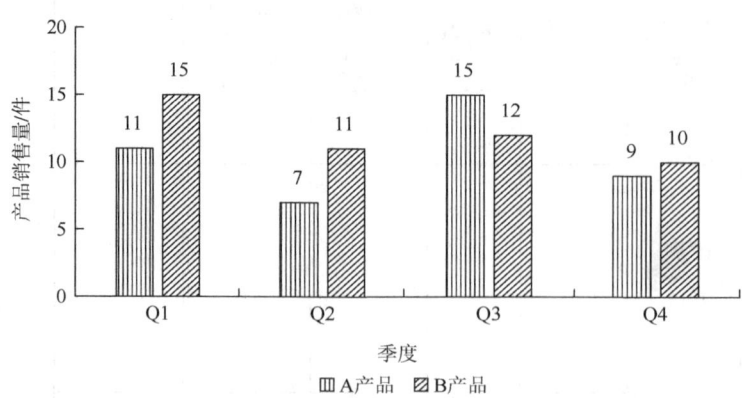

图 11.2　某企业 2023 年各季度 2 种产品销售量分布

3）条形图

条形图是一种以长方形的长度为变量的统计图表，是柱形图旋转了 90°的呈现方式。

当条目数较多时，如大于 12 条时，移动端上的柱形图会显得拥挤不堪，这时更适合采用条形图。条形图的数目一般要求不超过 30 条，否则易带来视觉和记忆上的负担。图 11.3 展示了某企业在 2023 年各季度的广告投放量。

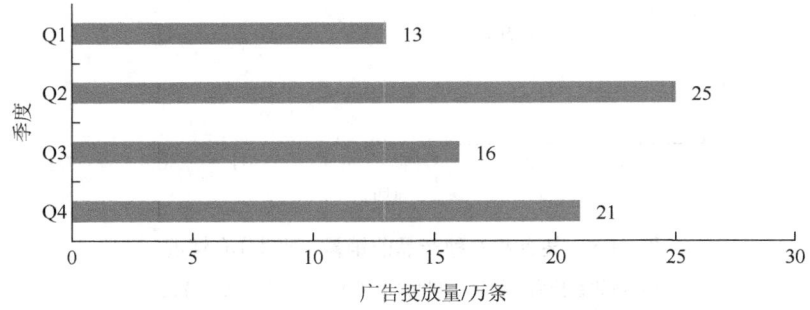

图 11.3　某企业在 2023 年各季度的广告投放量

4）折线图

折线图是用直线段将各段数据点连接起来而组成的图形，以折线方式显示数据的变化趋势。在折线图中，沿水平轴均匀分布的是时间，沿垂直轴均匀分布的是数值。折线图比较适合用于展现趋势。图 11.4 展示了某企业 3 种产品在 4 个季度的盈利情况。

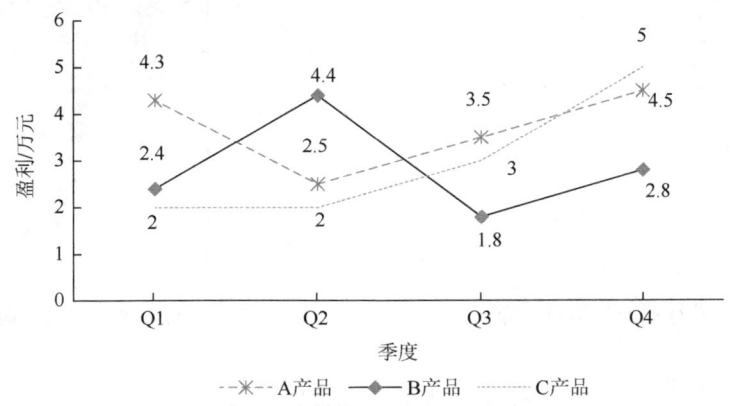

图 11.4　某企业 3 种产品在 4 个季度的盈利情况

5）气泡图

气泡图可以看作散点图的一种变形，通过每个点的面积大小来表示第三维。如果为气泡图加上不同颜色（或者文字标签），气泡图就可以用来表示四维数据。将点变成了大小不一的气泡的样式，通过气泡的颜色和大小展现不同的变量情况，通常用颜色区分数据的种类，常用于比较和展示不同类别之间的关系。图 11.5 以气泡图的形式展示了某企业 6 种产品的销量-利润分布情况。

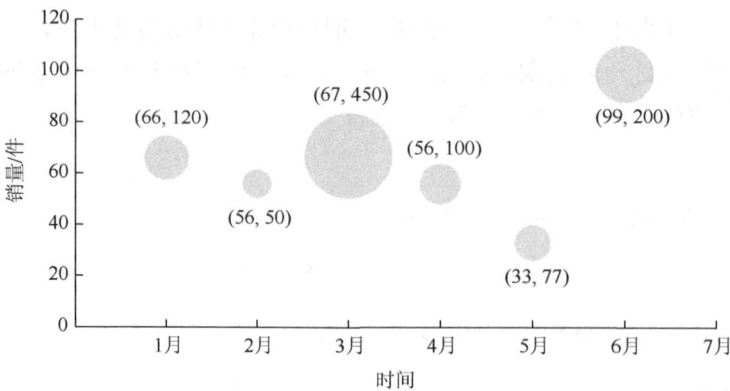

图 11.5 某企业 6 种产品的销量–利润分布情况

括号内的数据为（销量，利润），利润由气泡的大小来表示

6）其他图

数据规模和复杂程度的不断扩大使得可视化图表样式逐渐多样化，以满足特定的数据分析需求。其中主要包括瀑布图、主次因素排列图、漏斗图、散点图、蛛网图等图表形式，以新颖的展现样式来体现数据的多维特征。图 11.6～图 11.9 分别展示了雷达图、漏斗图、瀑布图、散点图的具体应用，清晰、直观地展示了多维数据的信息特征。

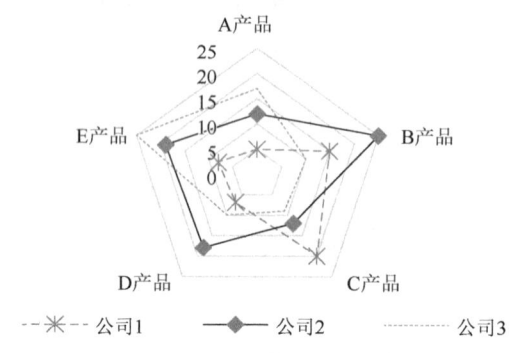

图 11.6 某行业产品销量分布

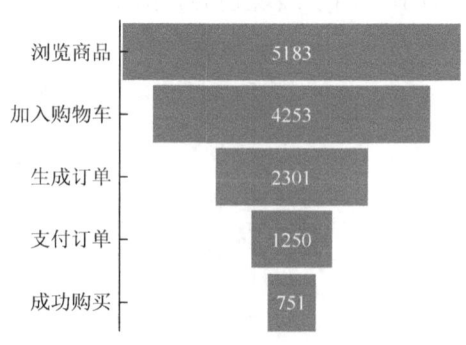

图 11.7 某电商网站一天内运营人数分布

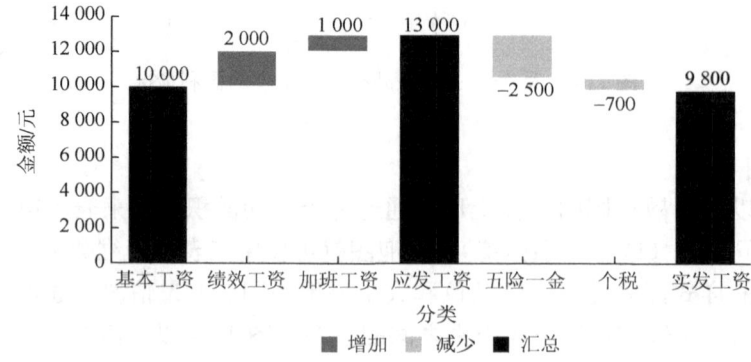

图 11.8 某企业员工某月工资情况

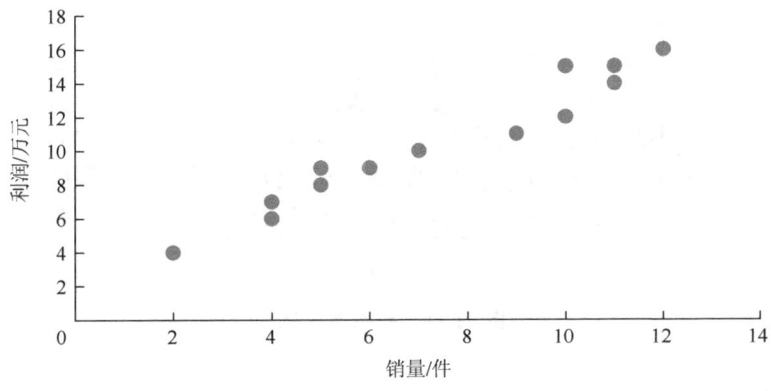

图 11.9　某企业产品销量–利润分布

11.2　展示更丰富的信息

如你所见，一张"五脏俱全"的图要具备坐标轴标签、图标题、图例、数据标签、数据单位、数据来源等要素，如图 11.10 所示。图标题可以直接显示图的内容主题；坐标轴标签可以告知图的统计指标；数据标签及单位可以体现统计指标的具体属性值；数据来源能够保证数据的真实性和有效性。缺少了其中任何一个信息，都会给读图者带来一定的信息困扰（赵骥等，2016）。

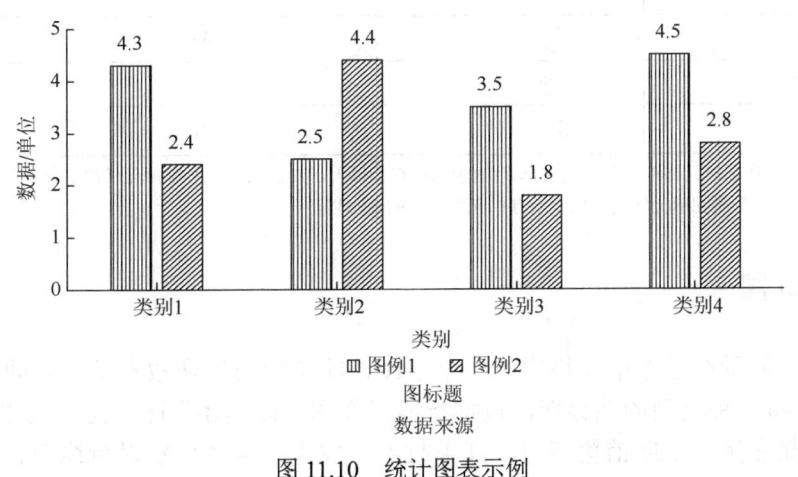

图 11.10　统计图表示例

为了展示更丰富的信息，可以在统计表中加入数据条、图标集、迷你图等统计工具。在锦上添花的同时，呈现出了更加丰富的数据信息。

11.2.1　数据条

数据条可以很容易地将一个单元格范围内的值实现可视化。如图 11.11 所示，不同个案的数据在数据条的显示下很直观地体现了数据大小关系以及变化趋势。

图 11.11　数据条示例

11.2.2　图标集

图标集可以实现数据按照自定义规则进行分组可视化展示，每个图标代表一个值范围，如表 11.2 所示。

表 11.2　某企业产品 2024 年销售情况

产品		销量/件
A	→	72
B	↓	58
C	↑	85
D	→	69
E	→	78
F	↑	91

注：上箭头表示所在单元格的值位于所有单元格的值的 67%以上，右箭头表示所在单元格的值位于所有单元格的值的 33%~67%，下箭头表示所在单元格的值位于所有单元格的值的 33%以下。

11.2.3　迷你图

迷你图是显示在单个单元格中的一个小图，能够快速展现数据基于时间的趋势和变化。Excel 支持三种类型的迷你图，包括折线迷你图、柱形迷你图、盈亏迷你图。表 11.3 为某企业产品在第一季度销售情况，其中收入、成本、盈利分别以折线图、柱形图、盈亏迷你图的形式呈现，盈亏迷你图的柱子朝上表示该值大于 0，朝下表示小于 0。

表 11.3　迷你图示例（单位：万元）

项目	1 月	2 月	3 月	4 月	图形
收入	72	75	71	80	
成本	55	49	74	75	
盈利	17	26	−3	5	

11.3 商业大数据可视化技术

面对信息的激流、多元化数据的涌现，大数据已经为个人生活、企业经营、社会的发展带来了机遇和挑战，大数据已经成为信息产业中颇具潜力的蓝海。面对越来越庞大、复杂的数据，数据可视化已经成为各个领域传递信息的重要手段。然而，商业数据可视化依然存在许多问题。商业数据规模已超越单机甚至小型计算集群处理能力的极限、数据获取与分析处理过程中易产生数据质量问题、当前的软件系统对复杂与高维的商业数据分析能力不足等问题给数据可视化带来了巨大的挑战。为应对大数据时代可视化带来的挑战，当前主要的可视化工具软件如 Tableau、Power BI 等不断更新，呈现出与数据挖掘技术、人机交互技术的紧密结合，广泛应用于大规模、高维度、非结构化数据的处理与分析，进而不断提高了数据分析的效率（吕云翔，2021）。

11.3.1 主要的数据可视化软件

1. Tableau

Tableau 是桌面系统中最简单的商业智能工具软件。Tableau 没有强迫用户编写自定义代码，新控制台也可以完全自定义配置。控制台不仅能够监测信息，还提供了完整的分析能力，Tableau 控制台灵活，具有高度动态性。

Tableau 以其简单易用、高效快捷的特性而备受青睐。作为一项融合了复杂计算机图形学、人机交互以及高性能数据库系统的跨领域创新成果，Tableau 尤为引人注目的两大核心技术亮点，便是其革命性的 VizQL 可视化查询语言，以及独具优势的混合数据架构。Tableau 专注于处理最简单的结构化数据，即已整理好的数据——Excel、数据库等。结构化数据处理在技术上难度较低，这就使得 Tableau 有精力在快速、简单和可视上做出更多改进。

2014 年 3 月，IT168 网站进行了一项有关数据可视化的调查，已经部署数据可视化的企业仅为 15%，有 56% 的企业计划 1～2 年内部署相关应用。从企业部署可视化的目的来看，排在前三位的分别为：通过可视化发现数据的内在价值（36%）、满足高层领导的决策需要（30%）和满足业务人员的分析需要（25%），仅有 9% 的企业选择更美观的展现效果。

针对 Tableau、Qlik、TIBCO Software、SAS、Microsoft、SAP、IBM 和 Oracle 8 家数据可视化产品和服务提供商的调查，分别从知名度、流行度和领导者三个角度进行分析。从知名度来看，8 家厂商几乎不分先后，只有微小的差距；从流行度来看，SAP、IBM 和 SAS 占据前三位，所占比例分别为 19%、18% 和 17%；从领导者来看，Tableau 以 40% 的优势遥遥领先。

2. Power BI

Power BI 是一套商业分析工具，可以连接数百个数据源，简化数据准备并提供即席查询。即席查询（Ad Hoc）是用户根据自己的需求，灵活地选择查询条件，系统根据用户选择生成相应的统计报表等。即席查询与普通应用查询最大的不同是普通的应用查询是定制开发的，而即席查询是由用户自定义查询条件。

Power BI 是微软公司发布的一种可视化工具，它整合了 Power Query、Power Pivot、Power View 和 Power Map 等一系列工具的经验成果，对于那些曾借助 Excel 开展报表制作与商业智能分析的专业人士而言，他们能够迅速上手并熟练运用 Power BI，甚至可以直接沿用此前构建的数据模型，实现无缝衔接。此外，Excel 2016 以上的版本也提供了 Power BI 插件。

3. 阿里 DataV

阿里 DataV 旨在让更多的人看到数据可视化的魅力，帮助非专业的工程师通过图形化的界面轻松搭建专业水准的可视化应用，满足会议展览、业务监控、风险预警、地理信息分析等多种业务的展示需求。拖拽即可完成样式编辑和数据配置，无须编程就能轻松搭建可视化应用，是业务人员和设计师的最佳拍档。

支持接入包括阿里云分析型数据库、关系型数据库、本地 CSV（comma-separated values，逗号分隔值）上传和在线 API 等，支持动态请求。将游戏级三维渲染能力引入地理场景，借助 GPU（graphics processing unit，图形处理单元）实现海量数据渲染，提供低成本、可复用的三维数据可视化方案，适用于智慧城市、智慧交通、安全监控、商业智能等场景。

4. 腾讯云图

腾讯云图是腾讯云旗下的一站式数据可视化展示平台，旨在帮助用户快速通过可视化图表展示海量数据，10 分钟零门槛打造出专业大屏数据展示，预设多种行业模板，极致展示数据魅力。采用拖拽式自由布局，无须编码，全图形化编辑，快速可视化制作，基于 Web 页面渲染，可灵活投屏于多种屏幕终端。

5. 百度 Sugar

百度 Sugar 是百度推出的数据可视化服务平台，目标是解决报表和大屏的数据可视化问题，显著减轻企业在数据可视化系统开发过程中的人力投入负担。可提供整体的可视化报表＋大屏解决方案，能够快速分析数据和搭建数据可视化效果，应用的场景比较广泛，如日常数据分析报表，以及搭建运营系统的监控大屏、销售实时大屏、政府政务大屏等。

Sugar 可提供界面优美、体验良好的交互设计，通过拖拽图表组件可实现 5 分钟搭建数据可视化页面，支持直接连接多种数据源，还可以通过 API、静态 JSON（JavaScript object notation，JavaScript 对象表示法）方式绑定可视化图表的数据，大屏与报表的图表数据源可以复用，用户可以方便地为同一套数据搭建不同的展示形式。

6. FineBI

FineBI 是帆软软件有限公司推出的一款商业智能产品，通过最终业务用户自主分析企业已有的信息化数据，帮助企业发现并解决存在的问题，协助企业及时调整策略并做出更好的决策，增强企业的可持续竞争力。

FineBI 具有以下几个方面的特点。完善的数据管理策略，FineBI 支持丰富的数据源连接，以可视化的形式帮助企业进行多样数据管理，极大地提升了数据整合的便利性和效率；可连接各种数据源，FineBI 支持 30 种以上的大数据平台和 SQL（structure query language，结构查询语言）数据源，支持 Excel、TXT 等文件数据集，支持多维数据库，程序数据集等各种数据源；可视化管理数据，用户可以方便地以可视化形式对数据进行管理，简单易操作。

思考题

1. 某快餐连锁店想推出新的咖啡热饮，需要确定热饮的杯子大小（中杯、大杯）、价格（该连锁饮料的低价位约 10 元，中等价位约 14 元，高价位约 18 元）和口味添加（列入考虑的有奶香、香草、巧克力、焦糖）。你会如何设计一个研究来科学决策呢？

2. 判断正误。如果你认为以下说法正确，就直接回答"正确"；如果你认为以下说法错误，回答"错误"，并简单解释错误的原因。

（1）偶遇抽样、滚雪球抽样都属于概率抽样。

（2）元分析属于文献挖掘的方法，文献挖掘属于文献综述的一种形式。与传统的文献综述相比，元分析在文献筛选的时候更加系统、严谨，可以整合大量的文献，适合解决文献中有争议的问题。

（3）元分析就是一种定量的文献综述技术，与传统的文献综述相比，更加系统、明确，搜索和筛选过程更严谨，可以解决有争议的问题，是证据级别最高的研究。

（4）可以对定性研究进行元分析。

（5）大数据就是数据量特别大的数据。

（6）在商业数据抽样中，必须采用概率抽样才能避免系统性误差。

（7）在研究设计中，现场实验是人工设定环境下的最大介入设计。

（8）测量工具的信度高，效度一定高，所有影响信度的因素都必然影响效度。

（9）对于连续的数据，等级相关系数和 Pearson 相关系数都可以计算，但是对于定序尺度的数据，不能计算 Pearson 相关系数。

3. 阅读以下材料，完成理论框架和假设的建立，规划数据搜集方案并进行研究设计。

外卖行业如何通过促销策略提升消费者购买意愿，是餐饮商家十分关注的问题。小 A 观察到了这种现象，选择了这个研究方向。通过对美团外卖、饿了么等外卖平台上促销策略的调研和整理，小 A 将促销策略归纳为三种类型：优惠券类、折扣类和附加服务优惠类。其中优惠券类的促销最多，包括满减红包、店铺无门槛红包、会员红包、新用户立减等；折扣类包括折扣产品和低价换购；附加服务优惠类主要是减免配送费。小 A 通过阅读文献发现：感知价值是影响消费者购买意愿的前置因素，而且感知价值越大，消费者购买意愿越高。对于促销来说，感知价值是消费者感知促销利益和感知促销成本综合比较的结果。

小 A 想要开展一项定量的基础研究：不同促销策略类型对消费者购买外卖的意愿有怎样的影响？外卖促销策略是否通过影响消费者感知价值来影响消费者购买外卖的意愿？对于不同类的外卖产品（如熟食、水果鲜花、药品、甜品、饮品等），这种影响是否有所不同？假设你是小 A：

（1）建立理论框架（提示：只需要画出理论框架图，除了感兴趣的变量以外，一些影响消费者购买意愿的控制变量也要考虑）。

（2）在理论框架的基础上，提出研究需要检验的假设。

（3）你会如何搜集数据？尽量具体阐述。

（4）如果需要检验外卖产品类型的调节作用，你会如果检验？如果需要检验感知价值的中介作用，你会如何检验？

（5）对这个研究进行研究设计。

4. 小 B 也对如何提高消费者购买外卖意愿这个问题感兴趣，因为他正好刚刚开了一家名为"贝克威"的汉堡炸鸡外卖店，因此，他给开业一个月以来光顾了"贝克威"外卖，且客单价在 50 元以上的 33 名顾客打了电话，进行了访谈并录音，问了他们在"贝克威"点外卖的感受，包括点餐系统的便捷性、口味、食品品质、送餐速度、包装等，以及未来继续光顾"贝克威"的意愿，以此来分析不同促销方式对提升他们继续光顾意愿的可能性。小 B 将录音转为文字，进行了开放式编码、主轴编码、选择性编码，最终得出了一套"提升贝克威顾客购买外卖意愿的机制"。

（1）小 B 的研究类型是什么？（提示：按应用领域、研究目的、信息类型和研究路径分别是什么类型）

（2）小 B 采用的研究方法是什么？开放式编码、主轴编码、选择性编码都是什么意思？

（3）如果小 B 想要探究哪些因素是影响顾客购买"贝克威"外卖意愿的核心因素，这些因素怎样组合能够得出高购买意愿，他可以采用什么方法？具体怎么做呢？

5. 阅读以下材料，完成理论框架和假设的建立，规划数据搜集方案并对实证结果进行解释。

消费者倾向于在可靠的互联网平台上购物，但由于入驻平台的商家良莠不齐，购买到假冒伪劣产品的情况时有发生。此时消费者不仅会找商家进行赔偿，还会对平台产生怀疑，从而影响对平台企业的忠诚。虽然平台企业出台了管理措施，但卖家社会责任缺失现象仍然频频发生，如制假售假、出售山寨产品、真假掺卖、带货直播聘请水军、恶意刷单、泄露消费者隐私等。

鉴于此，小王想要研究网络购物中卖家社会责任缺失（corporate social irresponsibility, CSI）对平台企业顾客忠诚的影响。通过查阅文献，他将平台企业顾客忠诚定义为顾客对该平台不同于其他同类型平台的偏好和信任，可由访问率与重复购买率衡量。已有文献还显示，平台建立忠诚度往往是通过提升平台品牌形象来实现的，转换成本、受众的性别、年龄、受教育程度、收入水平都可能对平台企业顾客忠诚产生影响。此外，小王对平台心理距离在建立顾客忠诚度的过程中发挥的作用很感兴趣。平台心理距离指顾客感知到的与购物平台之间的社会距离，通常通过社会亲密度来体现，比如互动频率、依赖程度，互动越多，依赖程度越高，平台心理距离就越小。小王想要检验是否顾客更容易对具有较高亲密度的平台保持宽容，从而降低 CSI 对平台企业顾客忠诚的负面影响。假设你是小王：

（1）建立理论框架（提示：画出理论框架图，标明变量类型）。

（2）在理论框架的基础上，提出研究需要检验的假设。

（3）你会如何搜集数据？请具体阐述。

（4）如果需要检验平台心理距离对平台企业忠诚度建立过程中的影响机制，你会如何检验？如果需要平台品牌形象的作用机制，你会如何检验？

（5）小王通过数据搜集和分析得到了表 11.4 的实证分析结果，请你对结果进行解释。（提示：对于有显著影响的变量、调节和中介机制，结合问题背景进行解释）。

表 11.4 实证结果

模型	平台企业顾客忠诚为因变量				品牌形象为因变量
	模型 1	模型 2	模型 3	模型 4	模型 5
性别	0.149**	0.023*	0.024*	0.087*	
年龄	0.084	0.004	0.047	−0.020	
受教育程度	−0.031	−0.054	−0.066	−0.021	
收入	0.024	−0.035	−0.029	0.005	
转换成本	0.505**	0.305**	0.675**	0.665**	
CSI	−0.165**	−0.150**	−0.151**	−0.134**	−1.667***
平台心理距离		−0.553***	−0.670***		
CSI×平台心理距离			−0.165**		
平台品牌形象				0.667***	
R^2	0.062	0.346	0.359	0.493	0.790

***、**和*分别表示在 1‰、1%和 5%的水平上显著

6. 如果你是小王，想做一个后续研究"互联网购物平台企业获得顾客忠诚的组态路径研究"，简述实施过程。

7. 阅读以下材料，完成理论框架和假设的建立，规划数据搜集方案并对信效度检验结果进行解释。

共享经济旨在借助信息技术提高闲置物品资源的利用率，生产、生活的各方面涌现出多个共享经济平台，为人们提供了各种各样的共享服务，涉及人们衣食住行各个方面。比如，Uber 平台提供搭车的出行服务；Lyft 平台提供侧重于出租车的用车、拼车服务。小王观察到了这种现象，选择了这个研究方向。

小王注意到，在共享经济消费者行为研究中，首先需要研究的问题是消费者是否接受使用的问题。接受使用共享经济平台的过程是一个接受新技术的过程，因此小王查阅

了技术接受模型（technology acceptance model，TAM）的文献并获得启发：根据 TAM，外部变量通过感知有用水平、感知易用水平来影响是否接受使用这个新技术。而外部变量包括可能获得的环保标签、潮流标签、经济利益、交通便利、健康利益，以及平台的促销宣传。小王在观察中发现，虽然这个逻辑在大多数情况下是成立的，但是不同年龄的人接受新平台、新技术有很大的差异，年轻人可能很快被外部促销，以及被可能取得的环保标签、经济利益等吸引，从而采用共享经济新平台，而年龄大一些的人，却没有受到吸引。假设你是小王：

（1）建立理论框架（提示：画出理论框架图，标明变量的类型）。
（2）在理论框架的基础上，提出研究需要检验的假设。
（3）你会如何搜集数据？请具体阐述。
（4）如果需要检验年龄在影响共享经济平台采用中发挥的作用，你会如何检验？如果需要检验感知有用水平和感知易用水平发挥的作用，你会如何检验？
（5）请问测量的信度和效度分别是什么意思？如果在该项目的研究中你获得了如表 11.5 所示的信效度检验结果，请对测量的信度和效度做出评价。

表 11.5 信效度检验结果

KMO 值	巴特利特球形检验			克龙巴赫 α 系数
	近似卡方	自由度	显著性概率	
0.968	6031.15	946	0.000	0.869

注：KMO 全称为 Kaiser-Meyer-Olkin。

8. 小李也对"消费者使用共享经济平台意愿"的研究很感兴趣，因为他正在创业，想做一个关于共享婚纱的平台。他对 60 名 24~35 岁、未来 5 年内有结婚打算的女士进行了一次访谈并录音，问了她们对于共享婚纱平台的使用意愿，哪些因素会影响她们采用共享婚纱平台的意愿，以及平台的运营方式、价格水平、婚纱的品牌和质量对她们使用共享婚纱意愿的影响等。小李将录音转为文字，进行编码，最终得出了一套"提升共享婚纱平台采用意愿的机制"。

（1）小李采用的研究方法是什么？简述小李的编码过程。
（2）如果小李想要探究哪些因素是影响顾客采用共享婚纱平台的核心因素，这些因素怎样组合能够得出高意愿，他可以采用什么方法？具体怎么做呢？

9. 请简述你对大数据的理解，即回答：什么样的数据是大数据，针对大数据分析在商业中的应用举一个例子。

10. 请选取一个你熟悉的网络购物平台，运用大数据爬虫软件，针对该平台上最新推出的热门款式商品，精准爬取其销售数据（如销量、销售额、销售趋势等）或者用户评价数据（如评价内容、评分、评价数量等），进行商业数据分析及可视化，挖掘一些有商业价值的结论。

第三篇 报告撰写篇

本篇学习目标
- 掌握商业研究计划、商业研究论文的撰写
- 了解商业计划书和商业调查报告的撰写要求

第 12 章　商业研究计划的撰写

在实际研究中，研究者往往需要将自己的研究设计和研究计划写出来，形成一种书面报告，这就是研究计划书。从大的方面说，研究计划书中应当包括如下内容。①说明研究课题的目的和意义，即说明为什么要进行这项研究，从事这项研究在理论上或在实践上有什么样的价值。②说明研究的内容，研究内容是对研究问题的具体分解和细化。在研究计划书中，要详细说明研究的内容，这是落实目标十分重要的一环。研究的内容包括研究的假设、研究设计、数据搜集方案、拟采用的研究方法、预期结果等。③时间进度的安排，列出一些里程碑，整理报告的大纲。④如果有需要还要指出研究人员的组成、组织结构及培训安排、经费使用计划。

12.1　商业研究计划的作用

如果你想要申请一个学位，无论是学士或硕士学位，在撰写毕业论文之前，你都需要提交一个开题报告，如果你作为科研人员，想要开展一个研究项目，申请研究基金，就需要写一个申请书，如果你为了自己的研究开展顺利，提前制订了一个计划，这些都是研究计划。当你的研究是商业主题的时候，这个研究计划就是商业研究计划。可见，商业研究计划并不是一个可以直接获得研究结论的报告，只是保障我们研究能获得支持，并顺利开展的一环，为什么我们需要撰写专门的商业研究计划呢？

（1）明确研究方向和目标。商业研究计划能够清晰地定义研究的主要方向和目标，确保研究工作有的放矢，不偏离预定的轨道。这有助于研究人员集中精力解决关键问题，提高研究效率。

（2）指导数据收集和分析。计划中会详细列出需要收集的数据类型、来源以及分析方法。这确保了研究过程的科学性和系统性，使得收集到的数据更加准确、全面，并能够有效地支持研究结论。

（3）优化资源分配。通过制订详细的研究计划，企业可以更加合理地分配人力、物力和财力资源。这有助于避免资源的浪费，确保研究工作在预算和时间表内进行。

（4）风险管理。研究计划中通常会包含风险评估和应对策略，这有助于企业提前识别和应对可能出现的问题与挑战，降低研究过程中的不确定性。

（5）增强决策的科学性。商业研究计划最终服务于企业的战略决策。通过系统的研究和分析，企业可以更加科学地评估市场机会、竞争态势和客户需求，从而做出更加明智的决策。

（6）沟通与协调。研究计划可以作为团队成员之间沟通和协调的工具。它确保了每个成员都明确自己的职责和任务，有助于形成统一的研究方向和行动方案。

（7）提供文档记录。研究计划是项目执行过程中的重要文档，可以记录研究的目的、方法、结果等重要信息，供未来参考和回溯。

总的来说，商业研究计划在企业或者研究者进行市场调研、竞争分析、产品开发和战略规划等方面发挥着至关重要的作用，它能够帮助企业或研究者更加科学、系统地开展研究工作，提高决策的准确性和有效性。

12.2 商业研究计划的结构

商业研究计划的格式各有不同，特别是当你申请学位或者申请基金的时候，一般都有学校或者相关机构的具体要求，如果你是给投资者看，还要就他们关心的内容详细展开，就主体内容来说，大致包括以下结构。

12.2.1 摘要

摘要是对整个研究计划的简要总结，通常位于计划开头部分。它用精练的语言概括了研究的主要内容、研究目的、采用的方法和预期的研究结果。摘要的作用是让读者能够快速了解计划的核心要点，无须阅读全文即可对研究有大致的了解。对于忙碌的决策者或投资者来说，摘要是他们判断研究项目价值和意义的重要依据。

12.2.2 引言或研究背景

这部分介绍研究的背景信息，解释了为什么进行这项研究以及它的重要性和现实意义。在这里，需要明确阐述研究问题的提出背景和研究的动机。读者可以更好地理解研究的出发点和目的，为后续内容的展开奠定基础。商业研究的背景部分需要引述商业数据、政策背景，最好能够展示一些图表，展示行业的发展或者商业面临的严峻现实。

12.2.3 研究问题与目标

在这一部分，你要清晰地界定研究要解决的具体问题或要验证的假设。研究问题应该具有针对性和明确性，能够引导整个研究工作的方向。同时，你要列出具体、明确、可量化的研究目标，这些目标将指导你在研究过程中收集和分析数据，以确保研究结果的准确性和有效性。商业研究一定要说明这项研究能解决什么商业问题，这个商业问题的解决能带来什么效益，能为企业带来什么决策支持的信息。

12.2.4 文献综述

文献综述是研究计划中的重要部分，它回顾了与研究问题相关的已有研究、理论和数据。通过深入分析前人的研究成果，你可以确定自己研究的空白点和定位，避免重复劳动,并从前人的研究中汲取经验和教训。文献综述不仅展示了你对研究领域的了解程度,还为你的研究提供了理论支持和依据。这部分的撰写可以参考本书的 6.2 节部分。需要强调的是,文献综述绝不是简单的文献罗列,需要总结前人的研究进展,对你所探究的商业问题做了哪些工作,你可以进一步探究的方向,以及从哪些角度提供新的洞见,强调研究的贡献。

12.2.5 研究设计

这部分详细描述你将采用的研究设计、数据收集方法和工具以及数据分析方法和技术。研究设计可能包括实验设计、调查研究、案例研究等,具体选择哪种设计取决于你的研究问题和目标。在数据收集方面,你可以选择合适的工具和方法来获取信息,如问卷、访谈、观察等。数据分析方法和技术则用于处理与分析收集到的数据,以提取有意义的结果和结论。最好是对所选择的方法和技术做可行性和适用性说明,这样可以更好地证明整个研究是可行的。这部分的设计越详细越好,如问卷怎么设计、怎么发放,怎么确定样本量,怎么找到访谈的被访者,怎么确定被访者有能力进行有效答复等。如果已设计好问卷或访谈提纲,不妨放在附录中,如果已完成一些预调研或数据实验,也可以放在这部分,证明方案可行。

12.2.6 研究时间表

研究时间表提供了详细的研究进度安排,包括各个阶段的起止时间和关键任务。通过合理规划时间,你可以确保研究能在预定的时间内完成,并及时调整进度以应对可能出现的问题。时间表不仅有助于自我管理,还能让团队成员和利益相关者了解研究的进展情况。这部分可以画出甘特图或网络图,直观展示研究进度计划。

12.2.7 预期结果与贡献

在这一部分,你需要预测研究可能得出的结论或发现,并讨论这些结果对理论、实践或政策的可能贡献。预期结果应该与研究问题和目标紧密相连,而贡献则体现了你的研究在推动相关商业领域发展方面的价值。通过明确预期结果与贡献,你可以更好地聚焦研究重点,确保研究工作的针对性和实效性。如果是应用研究,这部分需预计出该研究能带来的企业收益,以及对于企业竞争力、顾客忠诚度、市场占有率等企业关注的核心指标的效果。

12.2.8 资源需求与预算

资源需求与预算部分需要列出研究所需的人员、物资、设备和资金等资源,并制订详细的预算计划。通过合理规划和分配资源,可以确保研究的顺利进行,并避免由资源不足而导致的延误或失败。同时，预算计划也是向资助机构或投资者展示研究可行性和价值的重要依据。

12.2.9 风险评估与应对策略

风险评估与应对策略部分识别了研究过程中可能遇到的风险和挑战，并提出了相应的应对策略和解决方案。这些风险可能包括数据收集困难、研究进度延误、预算超支等。通过提前识别和规划应对策略，你可以更好地应对这些潜在问题，确保研究的顺利进行并取得预期成果。

12.2.10 参考文献

参考文献部分列出了你在研究计划撰写过程中引用的所有文献和资料。这些文献不仅为你的研究提供了理论支持和依据，还展示了你在相关领域的知识储备和学术素养。正确引用参考文献也是学术诚信的重要体现。参见本书 4.4 节部分。如果是更偏学术的基础研究，需要更加注意引用的质量，引用领域内的国内外高水平文献，以及最新的研究成果。如果是更偏应用的应用研究，引用的学术性要求有所降低，但是反映最新发展的行业资料是必需的。

12.2.11 附录

附录部分提供了与研究计划相关的补充材料，如调查问卷的样本、访谈指南等。这些材料对于理解研究方法和数据收集过程具有重要意义。通过将这些内容放在附录中，你可以保持研究计划的主体部分简洁明了，同时为读者提供额外的参考信息。

第 13 章　商业计划书的撰写

13.1　商业计划书概述

商业计划书是包括企业筹资、融资、战略规划与执行等一切经营活动的蓝图与指南，也是企业的行动纲领和执行方案。商业计划书的主要目的是向投资者、合作伙伴和其他利益相关者全面展示企业的商业模式、市场前景、财务预测及战略规划，以吸引投资、建立合作关系，并推动企业的持续发展。

13.2　商业计划书的撰写原则

撰写商业计划书时，有几个原则可以帮助确保其清晰、有说服力。

（1）呈现竞争优势与投资利益。清晰地呈现竞争优势与投资利益是吸引投资者注意力的关键。

（2）呈现经营能力。经营能力直接关系到投资者和贷款机构对企业能否成功运营并实现盈利的信心。

（3）市场导向。市场导向可以充分显示对于市场现状的掌握与未来发展预测的能力及具体成就。

（4）一致。前后基本假设或预估要相互呼应。

（5）实际。一切数字要客观、实际，切勿凭主观意愿估计。

（6）明确。要明确指出市场机会与竞争威胁，并尽量以具体资料来证明。

（7）完整。确保覆盖所有重要方面，不要忽略任何关键信息。

当你站在商业世界的门槛前，一纸商业计划书将成为你迈向成功的敲门砖。这不仅是一份文件，更是你向潜在投资者、合作伙伴和团队展示你的创业理念的关键工具。在编写商业计划书时，应该遵循表 13.1 的要点。

表 13.1　商业计划书的要点

七要	七不要
1. 力求表述清楚、简洁 2. 关注市场，用事实和数据说话 3. 解释潜在顾客为什么会掏钱买你的产品或服务 4. 站在顾客的角度考虑问题，提出引导他们进入你的销售体系的策略 5. 在头脑中要形成一个相对比较成熟的投资退出策略 6. 充分说明为什么你和你的团队最适合做这件事 7. 要声明公司的目标	1. 对产品、服务的前景过分乐观，令人产生不信任感 2. 数据没有说服力，比如拿出一些与产业标准相去甚远的数据 3. 导向是产品或服务，而不是市场 4. 对竞争没有清醒的认识，忽视竞争威胁 5. 选择进入的是一个拥塞的市场，企图后来者居上 6. 忌用含糊不清或无确实根据的陈述或结算表，比如，不要仅粗略说"销售在未来两年会翻两番"又或是在没有细则陈述的情况下就说"要增加生产线" 7. 没有仔细挑选最有可能的投资者，而是滥发材料

13.2.1 自我定位

在商业计划书中,自我定位是至关重要的,它包括阶段定位、市场定位和特色定位。

1. 阶段定位

如果是种子期,要描述企业所处的初创阶段,说明企业的创意、初步实施计划以及当前资金和资源状况。如果是成长期,要强调企业已经开始取得成功,有了一定的市场份额和客户基础。成长期通常伴随着营收增长和业务扩展。如果是扩张期,要说明企业已经在市场占据一席之地,有稳定的盈利能力,同时计划通过扩大产品线、进入新市场等方式实现进一步发展。

2. 市场定位

如果企业市场主要集中在国外,要解释为什么选择在国外市场。可能是由于国际市场对企业产品或服务有更大的需求,或者国外市场取得成功的机会更大;如果主要关注国内市场,要解释选择国内市场的原因,可能由于本土市场的特定需求,或者由于更容易适应本土文化和法规;如果选择在特定地理区域进行市场定位,要说明对该区域的了解,并阐明企业的产品或服务如何满足该区域的独特需求。

3. 特色定位

特色定位主要说明核心优势和劣势。核心优势强调企业的独特优势,可能涉及技术、专业知识、品牌声誉等方面。这有助于建立竞争优势和吸引目标客户。同时,也要诚实地面对可能存在的劣势,这有助于展示企业对自己清晰的认知,并且为可能存在的问题提供解决方案。这也显示了企业的诚实和透明度。

清晰地定义这些定位,可以为读者提供对企业发展阶段、市场选择和特色的深刻理解,增强商业计划的可读性和说服力。

13.2.2 调查研究

调查研究在商业计划中是至关重要的,其可以帮助更好地了解竞争环境、目标市场以及潜在的风险和机遇。

1. 竞争对手

了解竞争对手的生产工艺可以帮助评估其产品质量、效率以及可能的竞争优势。分析竞争对手的成本结构有助于了解行业标准,评估自己的成本水平,并寻找降低成本的机会。了解竞争对手的营销策略、市场定位和销售渠道可以帮助确定自己的市场定位,并制定更有效的营销策略。

2. 消费者群

了解目标市场的消费者结构包括年龄、性别、地理位置、收入水平等方面的分布情况，有助于更精准地定位和满足目标客户群体的需求；分析消费者的心理需求、偏好和购买行为模式，有助于设计更具吸引力的产品和营销活动；预测消费者行为和市场趋势是至关重要的，可以辅助做出长远规划，以适应市场的变化和发展。

3. 市场活力与风险

评估市场的规模、增长趋势、竞争程度以及进入壁垒，有助于确定市场的吸引力和潜在机会；分析市场的风险因素，包括竞争压力、供应链问题、法律法规变化等，有助于制定风险管理策略，降低业务风险。

通过深入的调查研究，可以更好地了解企业所处的行业环境、市场需求和竞争态势，从而更加准确地制订商业计划和战略，提高企业的竞争力和长期发展潜力。

商业计划书中可能包含一些敏感信息，如商业模型、财务数据、战略计划等。为了确保这些信息不被未经授权的人员获取或使用，创业者通常会在商业计划书中设置保密条款。在商业计划书中处理保密问题的方式包括：①要求收件人在一份保密协议上签字；②在商业计划书中添加一段条款，对读者提出保密的约束；③尽量不把敏感信息写进文件（但是文件中必须包括充足的文字才能让人信服）。

保密条款的内容通常包括以下几点。

（1）确定文件中所给信息的界限，并说明该信息非常重要，不能传递给未经授权的第三者。

（2）明确要求商业计划书的阅读者承担以下几个方面的义务：①对该商业计划书（或其中的某个部分）进行保密；②在其业务中不使用该商业计划书（或其中的某个部分）；③只能传给它们的职员和顾问，同时要求他们承担本协议规定的相同的义务。

13.3　商业计划书的内容

根据不同的行业、风险点和运营特点，商业计划书的结构形式和内容不必完全统一，但一些关键的要素必须完备，包括摘要、公司概述、公司的研究和开发、产品或服务、管理团队介绍、市场与竞争分析、生产经营计划、财务分析、风险因素和风险投资的退出方式。商业计划书的内容如图 13.1 所示。

1. 摘要

商业计划书摘要是风险投资者首先看到的内容，它浓缩了商业计划书之精华，反映了商业之全貌，是全部计划书的核心所在。它必须让风险投资者有兴趣并渴望得到更多的信息，其篇幅一般控制在 2000 字左右，主要包括以下几项内容：公司概述、研究与开发、产品或服务、管理团队和管理组织情况、行业及市场、营销策略、融资说明、财务计划与分析、风险因素、退出机制。

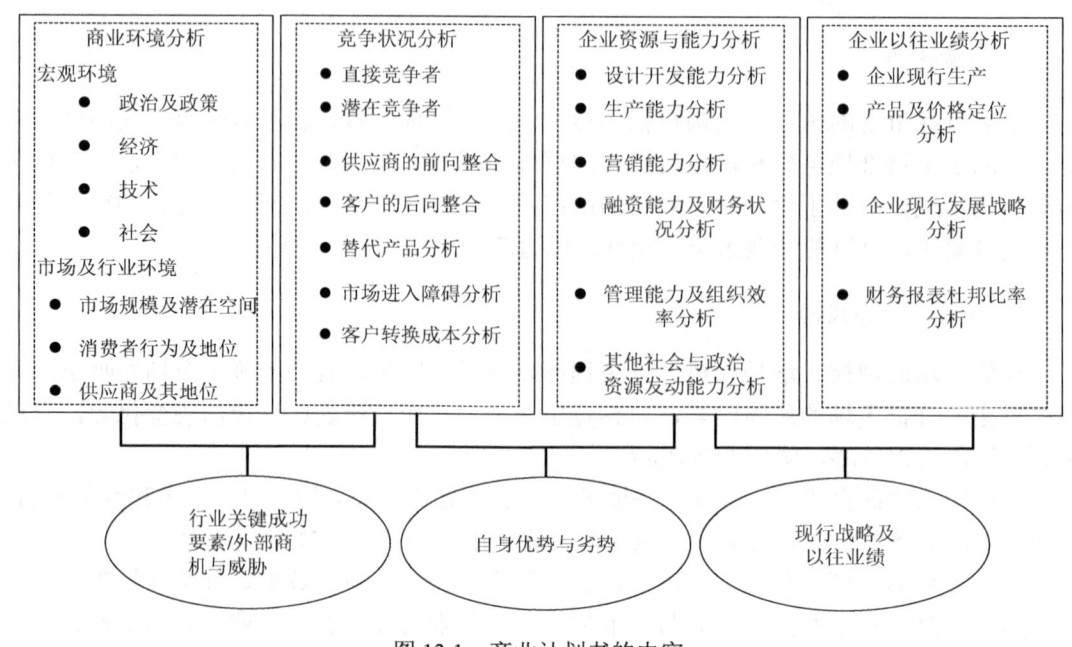

图 13.1 商业计划书的内容

2. 公司概述

公司概述即介绍公司过去的发展历史、现在的情况以及未来的规划。具体而言，主要包括以下几个方面：公司名称、地址、联系方式等；公司的自然业务情况；公司的发展历史；对公司未来发展的预测；公司与众不同的竞争优势或者独特性；公司的纳税情况。

3. 公司的研究与开发

公司的研究与开发即介绍投入研究开发的人员和资金计划及所要实现的目标，主要包括研究资金投入、研发人员情况、研发设备、研发的产品的技术先进性及发展趋势。

4. 产品或服务

创业者必须将自己的产品或服务创意向风险投资者作出介绍。主要有下列内容：产品的名称、特征及性能用途、产品的开发过程、产品处于生命周期的哪一阶段、产品的市场前景和竞争力如何、产品的技术改进和更新换代计划及成本。

5. 管理团队介绍

在风险投资商考察企业时，"人"是非常重要的因素。在某种意义上讲，风险创业者的创业能否成功，最终要取决于该企业是否拥有一个强有力的管理团队，这一点特别重要。全面介绍公司管理团队情况，主要包括：①公司的管理机构，如主要股东、董事、关键的雇员、薪金、股票期权、劳工协议、奖惩制度及各部门的构成等情况都要以明晰的形式展示出来；②要展示公司管理团队的战斗力和独特性及与众不同的凝聚力和团结战斗精神。

6. 市场与竞争分析

市场与竞争分析主要对产品的销售金额、增长率和产品或服务的总需求等，做出有充分依据的判断。目标市场是企业的"经营之箭"将产品送达的目的地，而市场细分是对企业的定位，所以应该细分各个目标市场，并且讨论到底想从目标市场那里取得多少销售总量收入、市场份额和利润。同时估计你的产品真正具有的潜力。

风险投资家是不会因一个简单的数字就相信你们的商业计划的，因此必须对可能影响需求、市场、策略的因素作进一步分析，以使潜在的投资者能够判断公司目标的合理性，以及他们将相应承担的风险，一定要说明你是如何得出这些结论的。

对于目标市场的阐述方面，应包括以下内容：你的细分市场是什么，你的目标顾客群是什么，你的 5 年生产计划是什么以及收入和利润是多少，你拥有多大的市场，你的目标市场份额有多大，你的营销策略是什么。

对于行业分析方面，应该回答以下问题：该行业发展程度如何，现在发展动态如何，该行业的总销售额有多少、总收入有多少、发展趋势怎样，经济发展对该行业的影响程度如何，政府是如何影响该行业的，是什么因素决定它的发展，竞争的本质是什么，你将采取什么样的战略，进入该行业的障碍是什么，以及你将如何克服。

对于竞争分析方面，要回答如下问题：你的主要竞争对手是谁，你的竞争对手所占的市场份额和市场策略，可能出现什么样的新发展，我们的策略是什么，在竞争中你的发展、市场和地理位置的优势所在，你能否承受竞争所带来的压力，产品的价格、性能、质量在市场竞争中所具备的优势。

市场营销是风险投资家十分关心的问题，你的市场营销策略应该说明以下问题：营销机构和营销队伍、营销渠道的选择和营销网络的建设、广告策略、促销策略、价格策略、市场营销中意外情况的应急对策。

7. 生产经营计划

生产经营计划主要阐述创业者新产品的生产制造及经营过程。这一部分非常重要，风险投资者从这一部分要了解生产产品的原料如何采购，供应商的有关情况，劳动力和雇员的情况，生产资金的安排以及厂房、土地等。内容要详细，细节要明确。这一部分是以后投资谈判中对投资项目进行估值时的重要依据，也是风险创业者所占股权的一个重要组成部分。

生产经营计划主要包括以下内容：新产品的生产经营计划、公司现有的生产技术能力、品质控制和质量改进能力、现有的生产设备或者将要购置的生产设备、现有的生产工艺流程、生产产品的经济分析及生产过程。

8. 财务分析

财务分析资料是一个需要花费你相当多时间和精力来编写的部分。风险投资者将会期望从你的财务分析部分来判断公司未来经营的财务损益状况，进而从中判断能否确保自己的投资获得预期的理想回报。财务分析包括以下三方面的内容：①过去三年的历史数据，今后三年的发展预测。主要提供过去三年的现金流量表、资产负债表、损益表，以及年度的财务总结报告书。②投资计划，包括预计的风险投资数额，风险企业未来的筹资资本结构如何安排，获取风险投资的抵押、担保条件，投资收益和再投资的安排，风险投资者投资后双方股权的比例安排，投资资金的收支安排及财务报告编制，投资者介入公司经营管理的程度。③融资需求，包括资金需求计划，为实现公司发展计划所需要的资金额，资金需求的时间性，资金用途（详细说明资金用途，并列表说明）；也包括融资方案，公司所希望的投资人及所占股份的说明，资金其他来源，如银行贷款等。

9. 风险因素

详细说明项目实施过程中可能遇到的风险（如技术风险、市场风险、管理风险、财务风险，以及其他不可预见的风险），提出有效的风险控制和防范手段。

10. 风险投资的退出方式

风险投资的退出方式包括：股票上市，根据商业计划的系统性分析，评估公司上市的可能性，对上市的前提条件做出说明；股权转让，投资商可以通过股权转让的方式收回投资；股权回购，结合商业计划的分析，公司应向投资者清晰说明实施股权回购计划的具体安排；利润分红，投资商可以通过公司利润分红达到收回投资的目的，按照商业计划的分析，公司应向投资者说明股权利润分红计划。

第 14 章　商业调查报告的撰写

对于市场研究人员、商业顾问、商业分析师来说撰写商业调查报告是必要的技能。对于企业家、创业者、银行家来说，商业调查报告是他们了解市场现状，做出明智的商业决策的重要依据。撰写商业调查报告的要点是：清晰概述调查目的、方法与过程，准确呈现数据分析结果，并结合实际情况提出具体可行的建议或策略，以供企业参考并辅助决策。

14.1　商业调查报告的作用及特点

14.1.1　商业调查报告的作用

调查报告是通过文字、图表等形式将商业调查的结果表现出来，以使人们对所调查的市场现象或问题有一个全面、系统的了解和认识。能否撰写出一份高质量的调查报告，是决定商业调查成功与否的重要环节。商业调查报告具备以下一些作用。

1. 将商业信息传递给决策者

将商业信息传递给决策者是商业调查报告最主要的功能。决策者需要的不是商业调查采集的大量信息资料，而是这些商业信息资料所蕴含的商业特征、规律和趋势。商业调查报告能在对信息资料进行分析的基础上形成决策者所需要的结论和建议。

2. 完整地表述调查结果

商业调查报告应对已完成的市场调查作出完整而准确的表述，能够详细地、完整地表述出调查的目标、调查报告的背景信息、调查方法及评价、调查结果、调查结论和建议等内容。

3. 衡量和反映调查活动质量高低的重要标志

尽管商业调查活动的质量还体现在调查活动的策划、方法、技术和资料处理过程中，但调查活动的结论和论断以及总结性的调查报告无疑也是重要的方面。

4. 发挥参考文献的作用

商业调查报告的使命是为决策者和领导者作重大决策时提供参考依据。商业调查报告包含了一系列意义重大的市场信息，决策者在研究问题时，往往要以商业调查报告作为参考。

5. 作为历史资料反复使用

当一项市场营销调查活动完成之后，市场营销调查报告就成为该项目的历史记录和证据。作为历史资料，它有可能被重复使用，从而扩大其使用效果。

14.1.2 商业调查报告的特点

商业调查报告具有针对性、新颖性、时效性、科学性等几个方面的特点。

针对性包括选题的针对性和阅读对象的明确性两方面。首先，调查报告在选题上必须强调针对性，做到目的明确、有的放矢，围绕主题展开论述，这样才能发挥调查应有的作用。其次，调查报告还必须明确阅读对象。阅读对象不同，他们的要求和所关心的问题的侧重点也不同。比如，商业调查报告的阅读者是公司的总经理，那么他主要关心的是调查的结论和建议部分，而不是大量的数字分析等；但如果阅读的对象是具体研究人员，他所需要了解的是这些结论是怎么得来的，是否科学、合理，那么他更关心调查所采用的方法、数据的来源等方面的问题。针对性是商业调查报告的灵魂，必须明确要解决什么问题、阅读对象是谁等。针对性不强的商业调查报告必定是盲目的和毫无意义的。

新颖性是指商业调查报告应从全新的视角去发现问题，用全新的观点去看待问题。调查报告要紧紧抓住商业活动的新动向、新问题等提出新观点。这里的新，更强调的是提出新的建议，即以前所没有的见解。比如，许多婴儿奶粉均不含蔗糖，但通过调查发现，消费者并不一定知道这个事实。有人就在商业调查报告里建议某个奶粉制造商在广告中打出"不含蔗糖，不会让小宝宝的乳牙蛀掉"的宣传，结果取得了很好的效果。

时效性是指商业调查报告需要及时反映市场信息。商业信息千变万化，机遇也是稍纵即逝的，如果市场调查滞后，就失去了其存在的意义。因此，调查行动要快，要将从调查中获得的有价值的内容迅速、及时地反映在市场调查报告中，帮助经营决策者抓住机会，在竞争中取胜。

科学性是指商业调查报告不是单纯报告市场的客观情况，还要通过对事实进行分析研究，寻找市场的发展变化规律。这就需要写作者掌握科学的分析方法，能够得出科学的结论，适用的经验、教训，以及解决问题的方法、意见等。

14.2 商业调查报告的结构

不管商业调查报告的格式或外观如何，每个商业调查报告都应该有特定的议题，即报告本身在结构安排和写作手法上必须能够及时、准确、简洁地把信息传递给决策者。在写报告时，必须考虑到企业的中高层决策者工作繁忙，这就要求所撰写的报告应该尽量简洁，特别要注意避免使用晦涩的文字。调查报告的结构一般由题目、目录、摘要、正文、结论和建议、附录等几个部分组成。但报告的结构不是固定不变的，不同的调查项目、不同的调查者或调查公司、不同的用户以及调查项目自身性质不同的调查报告，都可能会有不同的结构和风格。

14.2.1 题目

题目包括市场调查标题、报告日期、委托方、调查方等，一般应打印在扉页上。标题必须准确揭示报告的主题思想，做到题文相符。标题要简单明了，高度概括，具有较强的吸引力。标题的形式一般有以下三种。

（1）直叙式标题：反映调查意向或指出调查地点、调查项目的标题，如"南京市居民购房需求的调查"等。这种标题的特点是简明、客观。

（2）表明观点式标题：直接阐明作者的观点、看法，或对事物作出判断、评价。例如，"卫岗牛奶销量季节性下滑之原因分析""高档羊绒大衣在南京市场畅销"等，这种标题既表明了作者的态度，又揭示了主题，具有很强的吸引力。

（3）提出问题式标题：以设问、反问等形式，突出问题的焦点和尖锐性，吸引读者阅读、思考，如"消费者愿意到网上购物吗？""南京市二手车市场为什么成交寥寥无几？"等。

标题按其形式又可以分为单行标题和双行标题。单行标题是用一句话概括调查报告的主题或要回答的问题。一般是由调查对象及内容加上"调查报告"或"调查"组成，如"'珠江路数码一条街'调查报告""LG洗衣机在南京市场地位的调查"等。双行标题由主标题加副标题组成。一般用主标题概括调查报告的主题或要回答的问题，用副标题标明调查对象及其内容。例如，"保护未成年人要从规范成年人入手——关于中小学生出入电子游戏厅的调查""南京人的梦中家园——对南京居民住宅择向的调查报告"等。

14.2.2 目录

提交调查报告时，如果涉及的内容和页数很多，为了便于读者阅读，要把各项内容用目录或索引形式标记出来，使读者对报告的整体框架有一个具体的了解。目录包括各章节的标题，主要有题目、大标题、小标题、附录及各部分所在的页码等。具体内容如下：章节标题和副标题及页码；表格目录标题及页码；图形目录标题与页码；附录标题与页码。

14.2.3 摘要

摘要是指市场调查报告的内容提要。摘要的内容主要包括为什么要调查；如何开展调查；有什么发现；其意义是什么；如果可能应在管理上采取什么措施等。摘要不仅为报告的其余部分规定了切实的方向，同时也使得管理者在评审调查的结果与建议时有了一个大致的参考框架。

摘要是指报告中十分重要的一部分，写作时需要注意以下几个问题：一是摘要只给出最重要的内容，一般不要超过2~3页；二是每段要有个小标题或关键词，内容应当非常简练，不要超过三四句话；三是摘要应当能够引起读者的兴趣和好奇心去进一步阅读报告的其余部分。

摘要由以下几个部分组成：①调查目的，即为什么公司要在这方面花费时间和金钱开展调查，想要通过调查得到什么。②调查对象和调查内容，如调查时间、地点、对象、范围、要点及要解答的问题等。③调查研究的方法，如问卷设计、数据处理是由谁完成，采取什么样的问卷结构，有效问卷有多少，抽样的基本情况，研究方法的选择等。

摘要内容与方案设计应保持一致。

14.2.4 正文

正文是商业调查报告的主要部分。对于某些研究人员，如产品经理或营销经理，除了要知道调查报告的结论和建议外，还需了解更多的调查信息。比如，调查结果的逻辑性、在调查过程中有没有遗漏、关键的调查结果是如何得出的等。这时，这些人员会详细地研究调查报告的主体部分，即正文。这就要求正文部分必须正确阐明全部有关论据，包括问题的提出、论证的全部过程、结论的确定、分析研究问题的方法等。

正文包括开头部分和论述部分。开头部分的撰写一般有以下几种形式。①开门见山，揭示主题。文章开始就先交代调查目的或动机，揭示主题。例如，我公司受某公司委托，在消费者中进行一项有关通信市场需求状况的调查，以预测未来消费者对通信产品的需求量和需求的种类，使某公司能根据市场需求及时调整其产品及种类，确定今后的发展方向。②结论先行，逐步论证。先将调查的结论写出来，然后逐步论证。许多大型的调查报告均采用这种形式。特点是观点明确，使人一目了然。例如，我们通过对某乳业公司在南京市的消费情况和购买意向的调查，认为它在南京市场主要存在以下问题，原因主要从以下几方面阐述。③交代情况，逐步分析。先交代背景情况、调查数据，然后逐步分析，得出结论。例如，本次关于三星电子的销售情况的调查主要集中在北京、上海、重庆、天津，调查对象集中于……。④提出问题，引入正题。用这种方式提出人们所关注的问题，引导读者进入正题。

论述部分必须准确阐明全部有关论据，以及根据预测所得出的结论，并建议有关部门采取相应措施，以便解决问题。论述部分主要包括基本情况部分和分析部分。①基本情况部分：对调查所获取的数据资料以及相关背景信息进行详细介绍与说明，在此基础上针对调查所聚焦的问题，做出明确的回答。②分析部分，该部分包含原因剖析、利弊权衡以及预测分析等多个维度。在原因剖析方面，需深入探究问题产生的根源，挖掘背后的深层次因素；利弊权衡则要求全面、辩证地分析问题所涉及的正反两方面影响，为决策提供全面的参考依据；预测分析则基于现有数据和趋势，对问题的未来发展走向进行合理预估，为制定应对策略提供前瞻性指导。

14.2.5 结论和建议

结论和建议应当采用简明扼要的语言。好的结语，可使读者明确题旨，加深认识，启发思考和联想。结论一般包括以下几个方面。①概括全文。经过层层剖析后,综合说明调查报告的主要观点,深化文章的主题。②形成结论。在对真实资料进行深入、细致的科学分析的基础上,得出结论。③提出看法和建议。通过分析,形成对事物的看法,在此基础上,提出建议和可行性方案。④展望未来、说明意义。通过调查分析展望未来前景。

14.2.6 附录

附录是指调查报告正文包含不了或没有提及,但与正文有关而必须加以说明的部分。它是正文报告的补充或更详尽的说明。常见的附录有:调查问卷;技术细节说明,如对一种统计工具的详细阐释;其他必要的附录,如调查所在地的地图等。

14.3 撰写报告应注意的问题

撰写一份好的调查报告不是件易事,调查报告本身不仅显示了调查的质量,也反映了作者本身的水平。在撰写调查报告时,应主要注意以下几个方面的问题。

14.3.1 考虑谁是读者

报告应当是为特定的读者撰写的,读者可能是领导、管理部门的决策者,也可能是一般的用户。不仅要考虑这些读者的专业知识背景和关注的侧重点,还应当考虑他们可能在什么环境下阅读报告,以及他们会如何使用这个报告。有时候,撰写者必须适应几种不同技术水平和对项目有不同兴趣的读者,为此可将报告分成几个不同的部分或干脆完全针对不同对象分别撰写报告。

14.3.2 力求简明扼要,删除一切不必要的词句

调查报告中常见的一个错误认知是报告越长,质量越高。通常针对某个项目进行了几个月的辛苦工作之后,调查者已经全身心地投入,因此,他会试图告诉读者他所知道的与此相关的一切,将所有的过程、证明、结论都纳入到报告当中,从而导致"信息超载"。事实上,如果报告组织得不好,有关方可能连看都不看。总之,调查的价值不是用数量来衡量的,而是以质量、简洁与有效的计算来度量的。调查报告应该是精练的,任何不必要的东西都应省略。不过,也不能为了做到简洁而牺牲了完整性。

14.3.3 行文流畅,易读易懂

报告应当是行文流畅,易读易懂的。报告中的材料要逻辑清晰,使读者能够很容易

弄懂报告各部分内容的内在联系。使用简短的、直接的、清楚的句子把事情说清楚，比用虽然准确但晦涩难懂的词语来表达要好得多。为了检查报告是否易读易懂，最好请两三个不熟悉该项目的人来阅读报告并提出意见，反复修改几次之后再呈交给用户。

14.3.4 内容客观

资料的解释要充分和相对准确。调查报告的突出特点是用事实说话，应以客观的态度来写报告。在文体上最好用第三人称或非人称代词，如"作者发现……""笔者认为……""据发现……""资料表明……"等语句。行文时应尽可能采用做报告的语气，不要力图说服读者同意某种观点或看法。读者关心的是调查的结果和发现，而不是你个人的主观看法。同时，报告应当准确地阐明项目的研究方法和调查结论，不能有任何迎合用户或管理决策部门期望的倾向。

14.3.5 注意充分性和相对准确性

解释充分是指利用图表进行说明时，要对图表作简要、准确的解释；解释相对准确是指在解释数据时，尽量不要引起误解。例如，在一个相对小的样本中，把引用的统计数字保留到两位小数以上常会造成虚假的准确性，假设我们有一个关于某地区小型企业的销售额调查，样本量仅为10家。如果我们计算这些企业的平均月销售额，并保留到小数点后四位，可能会得到类似这样的结果：\$11 234.5678。然而，在这个小样本中，这样的精确度实际上是没有意义的，因为样本量很小，且可能存在较大的变异性。另外，还应注意的是，对名义量表和顺序量表不能进行四则运算，对等距量表只能进行加减运算，不能进行乘除运算，只有比率量表才能进行加减和乘除运算。

14.3.6 引用与注释

报告中引用他人的资料，应加以详细引用或注释。通过注释，指出资料的来源，以供读者查证，同时也是对他人研究成果的尊重。注释应详细、准确，如被引用资料的作者姓名、书刊名称、所属页码、出版单位和时间等都应予以列明。特别是提到的数据，必须要注释来源。

第 15 章 商业研究论文的撰写

商业研究论文的撰写旨在促进商业领域的知识创新和实践进步，为学术界、从业者和政策制定者提供有关商业运作、管理和决策的深入理解。这些论文可能发表在学术期刊、会议论文集或专业报告中，并成为商业领域研究和实践的重要参考资料。商业研究论文的撰写者主要是商业领域的研究人员、学者、咨询顾问，或者商业相关专业的学生。他们通过对特定商业问题的深入研究，形成具有学术价值或实践指导意义的论文。商业研究论文的读者则包括学术界的研究人员、商业从业者、政策制定者以及对商业研究感兴趣的公众。通过阅读这些论文，他们可以了解最新的商业研究成果，获取行业洞察，或者借鉴相关策略和方法来指导实际工作和决策。此外，商业期刊、学术会议和出版社也是商业研究论文的重要读者和传播者，它们通过发表和推广这些论文，促进商业知识和经验的交流与共享。

15.1 商业研究论文的类型和目的

论文主要以逻辑思维的方式作为展开的依据，强调在事实的基础上，展示严谨的推理过程，得出令人信服的科学结论。就其内容来讲，大致可以分为三类：①解决学科中某一问题，用自己的研究成果来加以回答；②只提出学科中某一问题，综合别人已有的结论，指明进一步探讨的方向；③对学科中所提出的某一问题，用自己的研究成果，给予部分的回答。

商业研究论文的写作目的是在学术和实践领域中发挥重要作用，旨在为知识构建、问题解决、学术交流和个人成长提供支持。其主要包括以下几个目的。

（1）贡献知识与理论建构。商业研究论文旨在通过对商业领域特定主题的研究，为学术界提供新的知识、理论或见解。这种贡献可以是对现有理论的扩展、修正或验证，也可以是对新兴趋势或现象的探索和解释。

（2）解决现实问题。商业研究论文也可以致力于解决商业实践中的现实问题。通过对市场、企业、消费者行为等方面的研究，为商业决策者提供实用的建议和指导，帮助他们解决实际遇到的问题并优化业务运营。

（3）推动学术与实践的互动。商业研究论文的撰写旨在促进学术界与商业实践之间的互动与合作。通过将理论与实践相结合，帮助学术界的研究者更好地了解实际商业运作的情况，同时也让商业从业者能够借鉴学术研究成果，改进业务策略和决策。

（4）培养学术素养与研究能力。商业研究论文的写作过程是对作者学术素养和研究能力的锻炼与提升。撰写论文的过程中，作者需要深入研究问题、分析数据、提出论证，并将研究结果以清晰、准确的方式呈现出来，从而可以提高自身的学术水平和研究能力。

15.2 商业研究论文的结构和写作

商业研究论文的结构通常遵循学术写作的标准格式，包括以下几个主要部分。

15.2.1 引言

商业研究论文的引言应简洁明了地阐述研究的背景和重要性，明确指出研究的商业现象或问题，提出研究目的和需要解决的关键研究问题，并简要概述所采用的研究方法和预期的研究结果，从而为读者提供清晰的研究框架和论文的整体方向。

15.2.2 文献综述

文献综述的写作需要注意以下几方面。

一是内容要与所研究的问题直接相关。文献综述的内容必须要与所研究的问题直接相关，切忌泛泛而谈，否则就可能出现应该写的文献综述内容被遗漏，而一些无关紧要的、细枝末节的内容充斥了文献综述。

二是内容要反映近年的主要研究成果。完成文献综述的任务并非一件简单的事情，它要求作者必须查阅大量的前期研究资料。文献资料要尽可能反映该研究领域的前沿动态，应当反映近年的主要研究成果。文献资料要新颖、不陈旧，不要"炒冷饭"或出现观点陈旧和方法落后的情况。

三是内容要按主题而非历史线索来写。文献综述通常按具有内在逻辑联系的若干个主题来写，它与按年代的历史线索的写法有很大的不同。这些主题与所研究的问题密切相关，其实就是研究的问题所涉及的主要领域、内容和变量。

四是文献综述要有一定的批判性。文献综述不仅要列出以往的研究，而且要对其进行分析与评价，说明这些研究的优缺点。当然，每个研究者所关注的角度肯定有所不同，有的着重于分析研究的理论，有的着重于分析研究的结果，有的则着重于考察研究方法的运用，还有的着重于进行综合回顾。但无论着眼于什么，总要与自己的研究目的相一致。如果是一个新的研究课题，那么文献综述则主要集中在对相关研究的评述上，或从不同的角度去审视以往的研究。

15.2.3 研究方法

研究方法部分主要包括介绍和描述问题、假设、采用的研究方法、研究对象、研究工具，采用某种研究方法和选取某个研究对象的原因，以及为提高研究质量对研究方法的具体考虑和做法、调查研究和数据收集过程、数据分析方法等方面的内容。

研究的问题可能分为若干具体的问题，根据已有的研究成果和文献，对每个具体问题还可以作出相应的假设。对于解释性研究，需要对各种社会现象或事物的特性、内在联系、成因和规律作出明晰的理论说明或阐释，其研究设计的关键点是社会现象之间的关系假设理论和解释模型，通常需要对社会现象之间的关系和模型进行假设。

作者必须非常清楚地交代采用现有的研究方法以及选取某个（些）研究对象的原因，这样做可能有客观的原因，如案例研究法选取的对象比较具有典型性；也可能有主观的原因，如作者和导师比较熟悉特定的研究方法，研究方法（如质的研究方法和量的研究方法）通常受到导师的科研训练和研究风格的影响。

当读者对自己所采用的研究方法不太了解和熟悉时，通常可以花一些篇幅介绍该研究方法的主要内容。当然，如果所采用的研究方法比较常见，如文献研究法和案例研究法，评审专家和同行读者比较熟悉和了解，那么直接介绍自己是如何运用该研究方法的情况即可，没有必要花特别大的篇幅介绍该研究方法。

研究过程中肯定会涉及具体的人、事、物、地点等，他们（它们）提供或者带有的信息和数据是作者希望获取的，他们（它们）通常是作者的研究对象。例如，问卷调查过程中的问卷填写者，访谈过程中的被访谈对象，都是研究对象。这些因素有可能对研究结果产生一定的影响，所以作者必须对研究对象的状况、特征、规模、程度加以描述。

研究过程中所采用的仪器设备、测量工具、辅助设备、物资材料等属于研究工具。作者必须对主要的研究工具进行描述，包括它的主要构造、型号、性能、目的、信度、效度。研究工具的先进性和可靠性对研究成果的创新性以及质量具有重要的影响。评审专家和读者也可据此适当推断本论文及其研究成果的质量。

每种研究方法都有自己的使用步骤、程序和规范，作者必须严格按照该研究方法的要求开展研究。为提高研究的质量和研究成果的可靠性，作者必须认真考虑研究方法使用过程中的每个细节，并将它们介绍清楚。

调查研究和数据收集的过程将直接影响数据收集的成功与否以及数据的质量。作者必须如实写出调查研究和数据收集的过程，以便于读者了解和判断数据来源的真实程度以及数据的质量。

无论是定性的数据，还是定量的数据，每一种数据都有相应的数据分析方法。例如，文献研究法、案例研究法的数据可能采用内容分析法；定量的数据可能采用统计分析方法，必要时采用专门的统计软件，如 SPSS、SAS、AMOS、LISERAL、HLM。撰写上述几个方面内容的关键点，除了在于积极和缜密地思考外，还在于如实并详细汇报研究的过程，即具体并详细地描述整个研究过程。

15.2.4 研究结果

研究结果主要包括如下几个方面。

一是陈述主要结果。也就是把与研究问题密切相关的主要结果陈述出来，明确论文的主要研究结果是什么，哪些研究问题得到了解决，哪些研究问题仍未解决，哪些假设得到了验证，哪些假设没有得到验证。有些学位论文将主要结果的陈述放到数据分析和结果表述的小结部分，因此在讨论部分不再赘述。为了更直观和清楚地对主要研究结果进行归纳和整理，必要时可使用图表。

二是解释主要结果与问题和假设的关系。这一部分是讨论的核心部分，要解释主要结果与所研究的问题和假设的关系，解释本论文的结果与已有研究成果的区别和联系，已有研究成果在哪些方面得到了证实或完善，对前人的观点和看法做了哪些修正、补充与发展；解释为何假设得到验证，回答为何假设没有得到验证，甚至为何实际结果与预期的结果完全相反。

三是陈述研究成果的理论意义和实际价值，也就是阐明该研究对本学科的知识发展和研究领域的贡献；诠释研究成果的实际价值、意义和可能的具体运用。一些学位论文容易将这部分内容与导论部分的"研究的目的和意义"混为一谈，其实两者既有联系又有一定的区别。首先，导论部分的"研究的目的和意义"是比较笼统的概括，指明了"研究成果的理论意义和实际价值"的范围和方向；其次，导论部分的"研究的目的和意义"与选题密切相关，受选题的影响很大，而讨论部分的"研究成果的理论意义和实际价值"与研究结果密切相关，该部分设法将学位论文取得的研究成果和所使用过的有效研究工具加以推广和应用，因此受研究成果的影响很大。

15.2.5 讨论

讨论部分对研究结果的合理性、先进性、实用性进行论证。一般来说，可以对比前人研究，将你的研究结果与已有的研究进行比较。指出你的研究与前人研究的一致性和差异性，并探讨这些差异的可能原因。这能够显示你的研究在该领域的定位和价值；可以解释结果的意义，详细解释你的研究结果意味着什么。讨论这些结果如何支持或反驳你的假设，以及它们对理论或实践的可能贡献。此外，也可以探讨这些结果对未来研究或政策制定的启示；有时候还可以做一些灵敏度分析，探讨结果在什么条件下成立，在什么条件下会改变。

此外，还可以讨论研究的局限性和未来研究方向。指出研究过程中存在哪些局限性是有必要的，研究存在的局限性影响到了研究的质量和结论的适用性，给研究遗留了一些仍待解决的问题；指出根据这些局限性，今后做类似研究时，有哪些经验教训值得吸取。一个经典的问题就是"假如让你再做一次这样的研究，你会做哪些方面的改进"，即指出遗留的问题和今后研究的方向。

15.2.6 结论与建议

在撰写结论与建议部分时，贴合商业研究的特点和实践需求十分重要。以下是针对商业研究的结论与建议部分的描述要点。

总结研究中发现的重要结果和洞察，特别是那些对商业决策具有重要意义的发现。突出商业研究对于理解市场、企业行为或消费者行为的贡献。

此外，根据研究结果，可以提出针对企业或行业实践的具体建议。这些建议应该是可操作的，能够帮助企业改进战略、提高绩效或应对挑战。强调实践建议的实用性和可行性，使读者能够直接将研究成果应用到商业实践中。

还可以基于研究结果，探讨市场中的新机会或趋势，并提出企业可以利用的策略或方法，强调商业研究在发现和抓住市场机会方面的重要性，为企业提供竞争优势。提出未来研究的方向和可能的研究议题，填补当前研究中的空白或解决未解决的问题。强调商业研究的持续性和进步性，为未来研究提供指导和启示。

对于应用型商业研究，应强调研究结果对企业的商业价值和影响，说明研究如何帮助企业改善决策、提高效率和创造价值。突出商业研究对企业可持续发展和竞争优势的重要性。结合研究结果，提供对商业决策的支持和指导，帮助企业做出更明智、更有效的决策。强调商业研究对决策制定的决策支持系统的重要性，为企业的战略规划提供依据。

对于基础型商业研究，强调研究结果对商业理论、方法方面的贡献，以及发现了什么新的商业规律，这个发现的重要意义。

15.2.7 参考文献

列出论文中引用的所有参考文献，按照规定的格式排列。这一部分也非常关键，但经常被论文初学者忽略。引用的质量体现了研究者学术的品位，从文献格式是否规范可以看出，研究者有没有受到过良好的学术训练。

15.2.8 附录

附录（可选）包括一些额外的数据、问卷调查、计算方法、图表等，以便读者进一步了解研究的细节。

思考题

1. 在本书的 6 个专题中，选择一个专题，撰写一份商业研究论文或商业研究计划。

2. 假设你为一家成都本地新创咖啡品牌做咨询，你需要调查并分析当前成都咖啡市场的现状、消费者喜好、市场趋势。撰写一份成都咖啡市场调查报告，为该品牌进入市场和制定营销策略提供决策支持。

3. 假设你准备开一家健身中心，撰写一份详细的商业计划书，包括市场分析、营销策略、财务预测等，以吸引投资者，获得资金支持，成功开设并运营一家具有创新特色的健身中心。

4. 假设你想开发一款智能家居产品并推向市场，撰写一份全面的商业计划书，阐述智能家居产品的市场需求、竞争优势、营销策略等。吸引投资者和合作伙伴，推动智能家居产品的研发，并进行市场推广。

参 考 文 献

贝拉斯克斯 M G. 2012. 商业伦理：概念与案例[M]. 7版. 刘刚，程熙镕，译. 北京：中国人民大学出版社.

贝拉斯拉克 M G. 2020. 商业伦理：概念与案例[M]. 8版. 刘刚，张泠然，程熙镕，译. 北京：中国人民大学出版社.

陈三可，赵蓓. 2019. 研发投入、风险投资与企业融资约束：基于中国制造业上市公司的实证分析[J]. 管理评论, 31（10）：110-123.

德伦 D. 2016. 大数据掘金：挖掘商业世界中的数据价值[M]. 北京：中国人民大学出版社.

杜运周，贾良定. 2017. 组态视角与定性比较分析（QCA）：管理学研究的一条新道路[J]. 管理世界, 33（6）：155-167.

风笑天, 1997. 社会调查方法还是社会研究方法?——社会学方法问题探讨之一[J]. 社会学研究,（2）：23-32.

高德纳 D E. 研究之美[M]. 高博，译. 北京：电子工业出版社.

何晓媛，宋永高，王晓军. 2017. 基于消费者视角的集群品牌有效性三阶段实验研究[J]. 浙江理工大学学报（社会科学版）, 43（3）：203-210.

何玉润，林慧婷，王茂林. 2015. 产品市场竞争、高管激励与企业创新：基于中国上市公司的经验证据[J]. 财贸经济, 36（2）：125-135.

蒋婷，苗莉，李春. 2024. 至味在人间：城市烟火气游客体验的探索性研究[J]. 旅游学刊, 39（7）：40-53.

克劳士比 P B. 2011. 质量免费[M]. 杨钢，林海，译. 太原：山西教育出版社.

里豪克斯 B，拉金 C C. 2017. QCA设计原理与应用：超越定性与定量研究的新方法[M]. 杜运周，李永发，译. 北京：机械工业出版社.

吕云翔. 2021. 大数据可视化技术[M]. 北京：人民邮电出版社.

美国医学科学院，美国科学三院国家科研委员会. 2007. 科研道德：倡导负责行为[M]. 苗德岁，译. 北京：北京大学出版社.

齐克芒德 W G，巴宾 B J，卡尔 J C，等. 2012. 商业研究方法[M]. 8版. 刘启，王引，李宇华，等译. 北京：清华大学出版社.

邱锡鹏. 2020. 神经网络与深度学习[M]. 北京：机械工业出版社.

宋晶，李琪，徐晓瑜. 2023. 基于fsQCA的中国跨境电商品牌竞争优势影响因素及路径研究[J]. 软科学, 37（7）：118-125.

宋清，刘奕惠. 2021. 市场竞争程度，研发投入和中小科技企业创新产出：基于风险投资调节的条件过程分析[J]. 中国软科学,（10）：182-192.

王宁韬，钱妍竹. 2020. Python大数据分析与机器学习商业案例实战[M]. 北京：机械工业出版社.

欣德勒 P S. 2021. 管理研究方法[M]. 13版. 李原，于坤，孙健敏，译. 北京：中国人民大学出版社.

许志勇，韩炳. 2023. 资产结构错配与企业高质量发展：技术创新与融资约束的中介效应[J]. 系统工程理论与实践, 43（10）：2881-2907.

杨杰，付渝婷，张昱城，等. 2023. 谦逊型领导与员工主动行为关系及其潜在调节效应的元分析研究[J]. 管理学报, 20（11）：1638-1648.

英克尔斯 I A，史密斯 D H. 1992. 从传统人到现代人：六个发展中国家中的个人变化[M]. 顾昕，译. 北京：中国人民大学出版社.

袁方，王汉生. 1997. 社会研究方法教程[M]. 北京：北京大学出版社.

赵骥，高峰，刘志友. 2016. Excel 2016 应用大全[M]. 北京：清华大学出版社.

赵宇，黄冰冰，邓元慧. 2023. 基于倾向评分匹配的国家双创示范基地内上市公司财务绩效分析[J]. 中国管理科学，31（10）：136-145.

周琦玮，李倩，钱晓烨. 2017. 谦卑领导行为对团队创新影响的实证研究[J]. 科学学与科学技术管理，38（9）：159-172.

Baron R M, Kenny D A .1986. The moderator-mediator variable distinction in social psychological research: conceptual, strategic, and statistical considerations[J].Journal of Personality and Social Psychology, 51（6）：1173.

Booth W C, Colomb G G, Williams J M, et al. 2016. The Craft of Research[M]. 4th ed. Chicago: University of Chicago Press.

Hambrick D C. 1994. Top management groups: a conceptual integration and reconsideration of the "team" label[J]. Research in Organizational Behavior, 16: 171-213.

Hamermesh D S. 2007. Viewpoint: replication in economics[J]. Canadian Journal of Economics, 40（3）：715-733.

Judd C M, Kenny D A.1981. Process analysis: estimating mediation in treatment evaluations[J].Evaluation Review, 5（5）：602-619.

Knuth D E. 1974. Surreal Numbers[M]. Boston: Addison Wesley.

Kretzschmar K, Post Y, Bannier-Hélaouët M, et al. 2018. Profiling proliferative cells and their progeny in damaged murine hearts[J]. Proceedings of the National Academy of Sciences, 115（52）：E12245-E12254.

Likert R . 1932. A technique for the measurement of attitudes[J].Archieves of Psychology, 22（140）：1-55.

Owens B P, Hekman D R. 2012. Modeling how to grow: an inductive examination of humble leader behaviors, contingencies and outcomes[J]. Academy of Management Journal, 55（4）：787-818.

Ragin C C, Rihoux B. 2004. Qualitative comparative analysis （QCA）: state of the art and prospects[J]. Qualitative Methods, 2（2）：3-13.

Sacer I M, Malis S S, Pavic I. 2016. The impact of accounting estimates on financial position and business performance-case of non: current intangible and tangible assets[J]. Procedia Economics and Finance, 39: 399-411.

Sekaran U, Bougie R. 2013. Research Methods for Business: A Skill-Building Approach[M]. 6th ed. New York: John Wiley & Sons.

Sekaran U, Bougie R. 2016. Research Methods for Business: A Skill-Building Approach[M]. 7th ed. New York: John Wiley & Sons.

Stevens S S. 1946. On the theory of scales of measurement[J]. Science, 103（2684）：677-680.